कौटिल्य अर्थशास्त्र

कौटिल्य अर्थशास्त्र

अनिल कुमार मिश्र

प्रकाशक
प्रभात प्रकाशन प्रा. लि.
4/19 आसफ अली रोड, नई दिल्ली–110002
फोन : 011–23289777 • हेल्पलाइन नं. : 7827007777
इ–मेल : prabhatbooks@gmail.com ❖ वेब ठिकाना : www.prabhatbooks.com

संस्करण
2025

पेपरबैक मूल्य
तीन सौ पचास रुपए

मुद्रक
श्री साई प्रिंटर्स, साहिबाबाद

———— ★ ————

KAUTILYA ARTHSHASTRA
by Anil Kumar Mishra

Published by **PRABHAT PRAKASHAN PVT. LTD.**
4/19 Asaf Ali Road, New Delhi-110002
ISBN 978-93-5048-160-8

₹ 350.00 (PB)

विषय-सूची

अर्थशास्त्र—रचना-परंपरा और 'अर्थशास्त्र' का मूल प्रतिपाद्य

प्राचीन काल में 'अर्थशास्त्र' शब्द का प्रयोग आजकल के 'अर्थशास्त्र' के रूप में नहीं होता था, बल्कि राजशास्त्र या राजनीतिशास्त्र के पर्यायवाची के रूप में होता था। राजशास्त्र के लिए कुछ अन्य शब्दों का भी उल्लेख मिलता है। जैसे—शासनशास्त्र, नृपशास्त्र, दंडनीति आदि। साथ ही विभिन्न नीतिशास्त्रीय ग्रंथ भी इसी श्रेणी में परिगणित किए जाते थे।

दंडनीति बनाम अर्थशास्त्र

इनमें से पहले तीन शब्द तो स्पष्ट अर्थ के द्योतक हैं, किंतु दंडनीति और अर्थशास्त्र किंचित् स्पष्टीकरण की अपेक्षा रखते हैं। चूँकि इस शास्त्र में 'दंड' देने की समुचित व्यवस्था होती है, अत: इसे 'दंडनीति' कहा गया है। इस संदर्भ में कौटिल्य का कहना है, ''दंड वह साधन है, जिसके द्वारा आन्वीक्षिकी, त्रयी (तीनों वेदों) एवं वार्त्ता (व्यापार) का स्थायित्व तथा रक्षण होता है। जिसमें दंड-नियमों की व्याख्या होती है, वह दंडनीति है। जिसके द्वारा अलब्ध की प्राप्ति होती है, लब्ध का परिरक्षण होता है, रक्षित का विवर्धन होता है और विवर्धित का सुपात्रों में बँटवारा होता है।'' (अर्थशास्त्र 1/4/1)।

'नीतिसार' (2/15) के अनुसार, ''राजा को 'दंड' की संज्ञा इसलिए मिली है कि उसमें नियंत्रण केंद्रित है। दंड की नीति या नियमों को 'दंडनीति' कहा जाता है।

प्राचीन ग्रंथों में 'अर्थशास्त्र' शब्द को दंडनीति का पर्याय माना जाता रहा है। यह बात अलग है कि आज अर्थशास्त्र को अंग्रेजी के 'इकोनॉमिक्स' का हिंदी रूपांतर माना जाने लगा है। किंतु प्राचीन काल में अर्थशास्त्र मनुष्यों से युक्त भूमि के लाभ और पालन हेतु बनाए गए नियमों का परिचायक था। चूँकि इन नियमों में दंड की भी व्यवस्था रहती

थी; इसलिए इसे 'दंडनीति' का पर्याय भी माना गया है। कौटिल्य द्वारा रचित 'अर्थशास्त्र' को आचार्य दंडी ने 'दंडनीति' ही कहा है—'विष्णुगुप्त ने मौर्य राजा के लिए 6 हजार श्लोकों में दंडनीति का प्रणयन किया।'' (दशकुमारचरितम्, 8)

कौटिल्य ने अर्थशास्त्र की व्याख्या इस प्रकार की है—''अर्थ संपूर्ण मानवों का जीवन या उनकी वृत्ति है अर्थात् मानवों से भरी पृथ्वी अर्थ है। वह शास्त्र जो पृथ्वी की प्राप्ति एवं संरक्षण का साधन है, वह अर्थशास्त्र है।''

''मनुष्याणां वृत्तिरर्थः, मनुष्यवती भूमिरित्यर्थः।
तस्या पृथिव्या लाभपालनोपायः शास्त्रमर्थशास्त्रमिति।।''

शुक्रनीतिसार (4/3/56) के अनुसार—''अर्थशास्त्र वह है, जिसमें राजाओं के आचरण आदि के विषय में ऐसा अनुशासन एवं शिक्षण हो, जो मुझसे एवं स्मृति से भिन्न हो और जिसमें बड़ी दक्षता के साथ संपत्ति प्राप्ति के लिए शिक्षा दी गई हो।''

अर्थशास्त्रीय या राजशास्त्रीय ग्रंथों में राजधर्म

अतः अर्थशास्त्र-रचना की परंपरा का दिग्दर्शन राजशास्त्रीय ग्रंथों के रूप में ही संभव है। इन ग्रंथों का मूल प्रतिपाद्य राजधर्म ही रहा है, जिसे भारतीय धर्म, समाज और इतिहास में सभी धर्मों का 'तत्त्व' या 'सार' कहा गया है; क्योंकि इसके अंतर्गत आचार, विचार, व्यवहार, नीति, प्रायश्चित्त आदि के सभी नियम आ जाते हैं। इसकी महत्ता इस बात से और भी प्रकट होती है कि आदिकाल से ही इस विषय पर पृथक् रूप से ग्रंथों की रचना होती रही है।

यहाँ यह भी गौरतलब है कि प्रायः सभी हिंदू धर्मग्रंथों में राजधर्म-विषयक अनेक तत्त्व परिलक्षित होते हैं। उदाहरण के लिए—'वाल्मीकीयरामायणम्' (अयोध्या तथा युद्ध कांड), 'महाभारत' (वन, अनुशासन, उद्योग, आश्रमवासिक, सभा, शांति आदि पर्व), 'मनुस्मृति', 'याज्ञवल्क्यस्मृति', 'वृद्ध-हारीत-स्मृति' 'बृहत्पाराशर', 'विष्णुधर्मसूत्रम्', 'आपस्तंबधर्मसूत्र', 'गौतमधर्मसूत्रम्', 'शुक्रनीतिसार', वैशंपायनकृत 'नीतिप्रकाशिका', कामंदककृत 'नीतिसार', भोजकृत 'युधिकल्पतरु', सोमदेवकृत 'नीतिवाक्यामृतम्', लक्ष्मीधरकृत 'कृत्यकल्पतरु', चंडेश्वरकृत 'राजनीतिरत्नाकर', मित्र मिश्र कृत 'राजनीतिप्रकाश', अनंतदेवकृत 'राजधर्मकौस्तुभ', केशव पंडितकृत 'दंडनीति' आदि।

इनके अतिरिक्त इस संदर्भ में प्रजापति, विशालाक्ष, इंद्र, बृहस्पति, नंदी आदि आचार्यों का भी नामोल्लेख मिलता है; किंतु इनकी रचनाएँ प्रायः अनुपलब्ध हैं।

'फास्वोल जातक' के अनुसार जातकों की रचना के समय तक अर्थशास्त्र की गणना एक प्रमुख विज्ञान के रूप में होने लगी थी। इसके पश्चात् 200 ईसा पूर्व तक अर्थशास्त्र को एक प्रामाणिक शास्त्र के रूप में भी मान्यता मिल चुकी थी। 'पाराशर

गृह्यसूत्र' में आदित्य नामक एक अर्थशास्त्री का गौरवपूर्ण उल्लेख हुआ है। महाभारत (शांतिपर्व, 58/59) के अंतर्गत भी पुरातन अर्थशास्त्र प्रणेताओं की एक सूची दी गई है।

कौटिल्य से पहले लगभग 20 अर्थशास्त्रीय आचार्य हो चुके थे, जिनका उल्लेख कौटिल्य ने अपने 'अर्थशास्त्र' में 53 बार किया है। किंतु अर्थशास्त्र संबंधी प्रामाणिक एवं महत्त्वपूर्ण ग्रंथ केवल कौटिल्य का ही 'अर्थशास्त्र' मिलता है। कौटिल्य ने ही सर्वप्रथम अर्थशास्त्र को केवल जनपद संबंधी कार्यों के वर्णन तक ही सीमित किया है। कौटिल्य के अनुसार, अर्थ से अभिप्राय है मनुष्यों की बस्ती अर्थात् मनुष्यों के द्वारा निवास के लिए स्वीकृत प्रदेश। इस संदर्भ में राज्य की प्राप्ति और उसके पालन, संरक्षण, संवर्धन आदि के उपायों का वर्णन करनेवाला शास्त्र ही अर्थशास्त्र है।

'अर्थशास्त्र' के मूल प्रतिपाद्य

कौटिल्यकृत 'अर्थशास्त्र' 15 अधिकरणों तथा 160 प्रकरणों में विभक्त है, जिसमें राजा के कर्तव्यों, गुप्तचरों की नियुक्ति, मंत्रियों की नियुक्ति, उनकी समय-समय पर परीक्षा, सैन्य संगठन, कर-विधान; भूमि, दुर्ग व कोष की देखभाल, युद्ध, संधि, घोषित शत्रु एवं छद्म शत्रु की पहचान के उपायों के अतिरिक्त षड्यंत्रकारियों से सावधान रहने की आवश्यकता आदि का विस्तृत विवेचन हुआ है।

इसके साथ-साथ ग्रंथ में कलाओं एवं शिल्पों को समुन्नत करने की अनेक विधियाँ भी बताई गई हैं। मदिरा आदि नशीली वस्तुओं पर नियंत्रण रखने, वनों तथा खानों से लाभ उठाने, सिंचाई के साधनों को अपनाने तथा दुर्भिक्ष के समय जनहितोपयोगी कार्यों आदि का भी वर्णन किया गया है।

ग्रंथ की रचनाशैली सूत्रात्मक है, जिसमें गद्य और पद्य दोनों का सम्मिश्रण है। 'अर्थशास्त्र' के मूल प्रतिपाद्य क्रमशः इस प्रकार हैं—

प्रथम अधिकरण

प्रथम अधिकरण का नाम विनयाधिकारिक दिया गया है। विनय का अर्थ है, राजा द्वारा किया जानेवाला कार्य-व्यवहार। इस अधिकरण को कौटिल्य ने 20 अध्यायों में बाँटा है, जिनके प्रमुख विषय इस प्रकार हैं—

- विद्याविषयक विचार एवं आत्म-विद्या का महत्त्व।
- वेद-विद्या के महत्त्व का प्रतिपादन।
- विद्या के अंतर्गत कृषि, पशु-पालन और दंडनीति के महत्त्व की चर्चा अर्थात् चार विद्याओं-आन्वीक्षकी, त्रयी, वार्त्ता और दंडनीति—में से वार्त्ता और दंडनीति का विवेचन।

- वृद्ध-आयु, बल, बुद्धि तथा अनुभव आदि में ज्येष्ठ-श्रेष्ठ पुरुषों की संगति से होनेवाले लाभ आदि का परिचय।
- पाँच ज्ञानेंद्रियों एवं पाँच कर्मेंद्रियों पर विजय-प्राप्ति के रूप में काम, क्रोध, लोभ, मोह, अहंकार और हर्ष प्रभृति षट् शत्रुओं का परित्याग।
- साधु स्वभाववाले राजा की जीवनचर्या।
- अमात्यों की नियुक्ति से संबंधित निर्देश।
- मंत्रियों तथा पुरोहित की नियुक्ति।
- अमात्यों के आचरण की परीक्षा के गुप्त उपाय।
- गुप्तचरों की नियुक्ति।
- भ्रमणशील गुप्तचरों की नियुक्ति।
- कृत्य-अकृत्य पक्ष की सुरक्षा।
- शत्रु पक्ष के असंतुष्ट प्रजाजनों को अपने अनुकूल बनाना।
- मंत्रणा संबंधी उपाय।
- राजदूतों की नियुक्ति।
- राजपुत्रों से राजा की रक्षा के उपाय।
- बंदी बनाए गए राजकुमार के व्यवहार का वर्णन।
- राजा के करणीय कार्य-व्यापार।
- राजप्रासाद का निर्माण तथा राजा के कर्तव्य।
- राजा के जीवन की रक्षा की व्यवस्था।

द्वितीय अधिकरण

'अर्थशास्त्र' का दूसरा अधिकरण है अध्यक्ष प्रचार, जिसमें जनपदों की स्थापना से लेकर नागरिकों के कर्तव्य तक के विषय 36 अध्यायों में इस प्रकार विभाजित हैं—

- जनपदों की स्थापना।
- ऊसर भूमि के उपयोग।
- दुर्गों के निर्माण का विवरण।
- दुर्ग से जुड़े राजभवनों तथा महत्त्वपूर्ण स्थानों के निर्माण।
- कोषगृह का निर्माण और कोषाध्यक्ष के कर्तव्य।
- समाहर्ता के कर-संग्रह संबंधी कार्य का विवेचन।
- लेखपाल के कर्तव्य-कर्मों का विवरण।
- अध्यक्षों द्वारा गबन किए गए धन को वसूल करने के उपाय।
- राज्य के उच्चाधिकारियों के चरित्र की जाँच।

- शासन का अधिकार।
- कोष में रखने योग्य रत्नों की परीक्षा।
- खानों तथा खनिज पदार्थों की पहचान और उनके विक्रय की व्यवस्था।
- अक्षशाला में सुवर्णाध्यक्ष के कर्तव्य।
- राज्य से संबंधित स्वर्णकारों के कर्तव्य।
- कोष्ठागार के अध्यक्ष के कर्तव्य।
- वाणिज्य अधिकारी के कर्तव्य।
- कुप्य के अध्यक्ष के कर्तव्य।
- शस्त्रभंडार के अध्यक्ष के कर्तव्य।
- तौल और माप के जाँच अधिकारी।
- देश और काल का मान।
- शुल्क वसूली करनेवाले अधिकारी के कर्तव्य।
- कर-वसूली के नियम।
- सूत-व्यवसाय के अध्यक्ष के कर्तव्य।
- कृषि-विभाग के अध्यक्ष के कर्तव्य।
- आबकारी विभागाध्यक्ष के कर्तव्य।
- वधस्थान के अध्यक्ष के कर्तव्य।
- वेश्यालयों के अध्यक्ष के कर्तव्य।
- नौकाध्यक्ष के कर्तव्य।
- पशुविभाग के अध्यक्ष के कर्तव्य।
- अश्वविभाग के अध्यक्ष के कर्तव्य।
- गजशाला के अध्यक्ष के कर्तव्य।
- गजशाला के अध्यक्ष तथा गजों की विभिन्न श्रेणियाँ।
- रथसेना तथा पैदलसेना के सेनापतियों तथा प्रधान सेनापति के कर्तव्य।
- मुद्राविभाग तथा चारागाह विभाग के अध्यक्ष के कर्तव्य।
- समाहर्ता (कलैक्टर) तथा विभिन्न गुप्तचरों के कर्तव्य।
- नागरिक (नगर-निगम अध्यक्ष) के कर्तव्य।

तृतीय अधिकरण

तृतीय अधिकरण में धर्मस्थीय विषयों का विवेचन किया गया है, जिनमें विवाह, विवाह संबंध, संपत्ति, ऋण, श्रम, क्रय-विक्रय आदि प्रमुख प्रकरण इस प्रकार समाहित हैं—

- लेन-देन के सहमति-पत्रों का लेखन तथा व्यवहार संबंधी विवादों का निपटान।
- विवाह संबंध, धर्मविवाह, स्त्रीधन तथा पुनर्विवाह का अधिकार।
- संपत्ति के उत्तराधिकार के सामान्य नियम।
- पैतृक संपत्ति में विशेषाधिकार का क्रम।
- पिता की संपत्ति में पुत्र के उत्तराधिकार का क्रम।
- गृह निर्माण संबंधी विधान।
- आवास-भवनों के क्रय-विक्रय, खेतों की सीमा संबंधी विवाद तथा कर में छूट का निर्णय।
- वास्तुक के अंतर्गत दंड-व्यवस्था।
- ऋण का आदान (लेना)।
- धरोहर रखने के नियम।
- सेवक और श्रमिक रखने के नियम।
- श्रम के नियम और भागीदारी।
- क्रय-विक्रय में पेशगी देने के नियम।
- (क) दान का संकल्प करके धन न देना।
  (ख) स्वामी न होते हुए भी स्वामित्व जतलाना तथा
  (ग) स्वामित्व के निर्णय का आधार।
- खुलेआम दुराचरण करना।
- वाणी की कठोरता।
- दंड की कठोरता।
- द्यूत-क्रीड़ा तथा अन्य फुटकर विषय।

चतुर्थ अधिकरण

चतुर्थ अधिकरण कंटकशोधन है, इसमें राज्य में व्याप्त विभिन्न धूर्तताओं, ठगी, चोरी आदि अपराधों, उनकी छान-बीन एवं दंड निर्धारण का निरूपण है। ये विषय इस प्रकार हैं—

- शिल्पियों की धूर्तता से प्रजाजनों का बचाव।
- व्यापारियों की ठगी से प्रजा के बचाव के उपाय।
- दैवी आपत्तियों से प्रजा की रक्षा।
- गुप्त षड्यंत्र करनेवालों से प्रजा की रक्षा के उपाय।
- सिद्धवेशधारी गुप्तचरों द्वारा दुष्टों अथवा देशद्रोहियों का दमन।
- शंकित पुरुष की, चोर की व चोरी के माल की पहचान।

- अकस्मात् मृत्यु के कारणों की जाँच-परख।
- गाली-गलौच तथा दंड के द्वारा अपराध स्वीकृत कराना।
- सरकारी विभागों एवं छोटे-बड़े कर्मचारियों की निगरानी।
- अंग-भंग करनेवाले व्यक्ति का अंग-भंग करना अथवा अर्थदंड देना।
- शुद्ध दंड और चित्र दंड का विधान।
- अविवाहित कन्या से सहवास का दंड।
- अत्याचार का दंड।

पंचम अधिकरण

पंचम अधिकरण की संज्ञा है, योगवृत्त। यह अधिकरण ज्यादा बड़ा नहीं है। इसमें राजद्रोह, कोष संचय, राजकर्मचारियों के प्रति राजा का व्यवहार आदि का विशेष उल्लेख है। क्रमानुसार प्रकरण इस प्रकार हैं—

- राजद्रोह का दंड।
- कोष के आधिकारिक संग्रह का महत्त्व।
- सेवकों का भरण-पोषण।
- राजकर्मचारियों का राजा के प्रति व्यवहार।
- व्यवस्था का यथोचित पालन।
- विपत्तिकाल में राजपुत्र का अभिषेक तथा एकच्छत्र राज्य की स्थापना।

षष्ठ अधिकरण

षष्ठ अधिकरण में प्रकृतियों एवं षड्गुणों का वर्णन किया गया है। साथ ही शांति और उद्योग का महत्त्व बताया गया है। इस अधिकरण को मंडलयोनि नाम दिया गया है। इसमें दो ही प्रकरण हैं—

- प्रकृतियों के गुणों का वर्णन।
- शांति और उद्योग का महत्त्व।

सप्तम अधिकरण

षष्ठ अधिकरण के 6 गुणों का विस्तार सप्तम अधिकरण में किया गया है। इसीलिए इसे षाड्गुण्य कहा गया है। इसमें निम्नलिखित 18 प्रकरण हैं—

- छह गुणों का उद्देश्य, क्षय, स्थान तथा वृद्धि का निश्चय।
- बलशाली का आश्रय।
- हीन, सम व बलशाली राजाओं के चरित्र तथा हीन राजा के साथ संधि।

- विग्रह तथा संधि करके आसन व यान का अवलंबन तथा पुन: अभियान।
- यान, प्रकृतिमंडल के क्षय, लोभ तथा विराग के कारणों व सहयोगियों के भाग आदि पर विचार।
- सामूहिक प्रयाण व देश, काल एवं कार्य के अनुसार संधियाँ।
- द्वैधीभाव से संबंधित संधि और विक्रम।
- यातव्य-संबंधी व्यवहार तथा अनुग्रह करनेवाले मित्रों के प्रति कर्तव्य।
- मित्रसंधि, हिरण्यसंधि तथा भूमिसंधि।
- भूमि की संधि।
- अनिश्चित संधि।
- कर्मसंधि।
- पार्ष्णि (पिछलग्गू) संबंधी विचार।
- दुर्बल राजा द्वारा शक्ति संचय के उपाय।
- बलवान और विजित शत्रु के साथ व्यवहार।
- विजित के प्रति विजेता का व्यवहार।
- संधिकर्म और संधिमोक्ष।
- मध्यम, उदासीन और मंडल राजाओं का चरित।

अष्टम अधिकरण

अष्टम अधिकरण का नाम व्यसनाधिकारिक है। इसमें युवराज, अमात्य आदि के व्यसन एवं उनके प्रतिकार आदि का उल्लेख किया गया है। इसमें कुल 5 अध्याय हैं—

- युवराज, अमात्य आदि के व्यसन व उनके प्रतिकार।
- राजा व राज्य के व्यसनों का विवेचन।
- सामान्य पुरुषों पर आनेवाले संकट।
- पीड़नवर्ग, स्तंभवर्ग तथा कोष-संगवर्ग।
- सेना व मित्र-संबंधी व्यसन।

नवम अधिकरण

राजनीतिक दृष्टि से यह महत्त्वपूर्ण अधिकरण है। इसमें शक्ति, बलाबल, आक्रमण, सैन्य संग्रह एवं संगठन, अंत: एवं बाह्य संकट आदि के संदर्भ में चर्चा की गई है। इसे अभियास्यत्कर्म कहा गया है। इसके प्रमुख प्रतिपाद्य इस प्रकार हैं—

- शक्ति, देश व काल के बलाबल की तथा आक्रमण के समय की जानकारी।
- सैन्य-संग्रह का समय, सैन्य-संगठन के उपाय तथा शत्रुसेना का सामना करने

की विधियाँ।

- भीतर फैलनेवाले कोप के परिणाम को शमन करने के उपाय।
- क्षय, व्यय व लाभ का विचार।
- बाहरी व भीतरी संकट।
- राजद्रोहियों व शत्रुओं द्वारा उत्पन्न संकट।
- (1) अर्थ, अनर्थ व संशय संबंधी आपत्तियाँ।
  (2) इनके प्रतिकार के उपाय तथा
  (3) इन उपायों से प्राप्त होनेवाली सिद्धियाँ।

दशम अधिकरण

यह अधिकरण संग्राम से संबंधित है, इसलिए इसे सांग्रामिक कहा गया है। इसमें छावनी के निर्माण, सैन्य संचालन, युद्ध की तैयारी, सेनाओं के कर्तव्य, व्यूह रचना आदि का निरूपण किया गया है। इसके प्रमुख प्रतिपाद्य इस प्रकार हैं—

- शिविर (छावनी) का निर्माण।
- छावनी से प्रयाण तथा संकट एवं आक्रमण के समय सेना की सुरक्षा।
- कूट युद्ध का विकल्प, अपनी सेना को प्रोत्साहन देना, अपनी तथा पराई सेना के प्रयोग।
- युद्ध के लिए उपयुक्त भूमि तथा पदाति, अश्व, रथ व सेनाओं के कर्तव्य।
- सेना के परिमाण के अनुसार व्यूह विभाग, सार सेना तथा फल्गु सेना का विभाजन एवं चतुरंगिणी सेना द्वारा युद्ध।
- प्रकृतिव्यूह, विकृतिव्यूह व प्रतिव्यूह।

एकादश अधिकरण

केवल एक अध्याय—फूट डालनेवाले प्रयोग तथा गुप्त दंड में सिमटा यह अधिकरण संघवृत्त के नाम से जाना जाता है। इसमें फूट डालनेवाले प्रयोग तथा गुप्त दंड का विवेचन किया गया है।

द्वादश अधिकरण

युद्ध जीतने के लिए उचित-अनुचित सभी तरह के विधानों का निरूपण इस अधिकरण के अंतर्गत मिलता है। आबलीयस नामक इस अधिकरण में 5 अध्याय हैं—

- दूतकर्म।

- मंत्रयुद्ध।
- सेनापतियों की हत्या तथा राजमंडल की सहायता करना।
- शस्त्र, अग्नि तथा रसों का प्रयोग और वीवध, आसार तथा प्रसार का नाश।
- कपट उपायों, दंड-प्रयोगों तथा आक्रमण द्वारा विजय-लाभ।

त्रयोदश अधिकरण

दुर्गलंभोपाय नामक इस अधिकरण में भी विभिन्न उपायों से युद्ध जीतने और दुर्ग पर अधिकार करने के उपाय बताए गए हैं; जैसे—

- दहशत गड़बड़ी फैलाना।
- कपट उपायों द्वारा राजा को प्रलोभित करना।
- गुप्तचरों का शत्रुदेश में निवास।
- शत्रु के दुर्ग को घेरकर अपने अधिकार में क़रना।
- विजित देश में शांति-स्थापना के उपाय।

चतुर्दश अधिकरण

चतुर्दश अधिकरण औपनिषदिक नाम से जाना जाता है। इसमें शत्रु वध के उपाय और शत्रु द्वारा प्रयुक्त घातक प्रयोगों का निवारण प्रमुख प्रतिपाद्य विषय हैं।

- शत्रुवध के उपाय।
- प्रलंभन के अनोखे उत्पादन।
- भैषज्य मंत्र-प्रयोग।
- शत्रु द्वारा प्रयुक्त घातक प्रयोगों का निवारण।

पंचदश अधिकरण

पंद्रहवें अधिकरण को तंत्रयुक्ति कहा गया है, जिसमें राजनीतिशास्त्र संबंधी युक्तियाँ बताई गई हैं। इसमें केवल एक अध्याय है—

- राजनीतिशास्त्र की युक्तियाँ

□

‘अर्थशास्त्र’ : रचना की पृष्ठभूमि

ई. पू. छठी शताब्दी के भारत में कोई केंद्रीय सत्ता नहीं थी। देश नाम की कोई चीज नहीं थी। छोटे-छोटे राज्य थे, जो एक-दूसरे की भूमि, संपत्ति आदि छीनने के लिए आपस में लड़ते-झगड़ते रहते थे। फिर भी व्यापार की प्रगति, मुद्रा के प्रचलन और नगरों के उत्थान ने धार्मिक-बौद्धिक आंदोलन के रूप में जहाँ एक ओर सामाजिक एवं धार्मिक क्षेत्र में परिवर्तन किए, वहीं उन्हीं परिस्थितियों में राजनीतिक व्यवस्था में भी युगांतरकारी परिवर्तन किए।

सहज ही लौह धातु का व्यापक प्रयोग भी इस परिस्थिति में पृष्ठभूमि के रूप में ज्ञातव्य है। इसने कृषियोग्य भूमि के विस्तार, विशेषकर गंगा की उर्वर घाटी तक पहुँचने का मार्ग प्रशस्त कर और कृषि उत्पादन बढ़ाकर अधिशेष उत्पादन का युग आरंभ किया। कृषि उत्पादन में वृद्धि का एक और कारण धान की बुआई पद्धति का आरंभ भी था।

महाजनपदों का विकास

स्वाभाविक रूप से इस अधिशेष उत्पादन पर नियंत्रण के लिए सामरिक सजगता और साम्राज्य विस्तार की भावना बढ़ी और जन से जनपद तथा जनपद से महाजनपदों के विकास की प्रक्रिया आरंभ हुई। इसमें वह क्षेत्र सबसे आगे निकल गया, जिसकी स्थिति सामरिक शक्ति अर्जित करने की दृष्टि से महत्त्वपूर्ण थी। शक्तिशाली प्रशासन के आधार इसी काल में विकसित हुए।

इसके साथ ही कानून और अदालती व्यवस्था, जो सत्ताधारी वर्ग के हाथों में बल-प्रयोग का जबरदस्त हथियार है, इसी काल में प्रकट हुई। कबीलाई संरचना टूटने के साथ-साथ वैदिक समतावादी कबीलाई कानून भी जाते रहे और ब्राह्मणवादी विचारकों ने जातीय नियम बनाने शुरू कर दिए। अनेक राजतंत्रात्मक व्यवस्थावाले जनपदों का गणराज्यीय

व्यवस्था में संक्रमण और फिर गणराज्यों का बड़े साम्राज्यों द्वारा अधिग्रहण भी इसी काल की देन हैं। कई जनपद लगभग विलुप्त भी हुए।

सोलह महाजनपद

महाभारत तथा बौद्ध ग्रंथों में सोलह महाजनपदों के राज्यों का उल्लेख मिलता है, जिनमें से गोदावरी नदी के तट पर स्थित अश्मक को छोड़कर शेष पंद्रह उत्तर भारत के ही थे। ये महाजनपद इस प्रकार हैं—

काशी

वर्तमान वाराणसी को ही पुरातन काशी माना जाता है, किंतु 'अथर्ववेद' में वाराणसी का उल्लेख काशी राज्य की राजधानी के रूप में हुआ है। काशी राज्य का कोशल राज्य से संघर्ष चलता ही रहता था। कालांतर में काशी का राज्य कोशल के बड़े राज्य में विलीन हो गया। यह बात अलग है कि वाराणसी नगर भारतीय इतिहास में पवित्र नगरी तथा प्रमुख विद्या केंद्र के रूप में विकसित होता रहा।

कोसल

यह राज्य वर्तमान उत्तर प्रदेश के अवध क्षेत्र में फैला हुआ था। बौद्ध ग्रंथों के अनुसार इसकी राजधानी श्रावस्ती थी जबकि भारतीय इतिहास कोश के अनुसार अयोध्या। काशी के साथ तो इसका संघर्ष चलता ही रहता था, मगध से भी इसके संबंध अच्छे नहीं थे। अजातशत्रु के शासन काल (494-467) ई.पू. में मगध ने कोशल को हड़प लिया था।

अंग

वर्तमान पूर्वी बिहार प्राचीन अंग राज्य था इसकी राजधानी थी चंपा। राजा बिंबसार के समय में इसे भी मगध में मिला लिया गया था।

मगध

यह राज्य वर्तमान पटना और गया जिलों में फैला हुआ था। गिरिव्रज या राजगृह इसकी राजधानी थी। बाद में इसकी राजधानी पाटलिपुत्र बनी, इसने धीरे-धीरे पड़ोसी राज्यों को आत्मसात् कर लिया।

वज्जि

इस राज्य में 8 कबीले सम्मिलित थे, जिनमें लिच्छवि और विदेह प्रमुख थे।

इस राज्य के विनष्ट होने पर लिच्छवि आदि आठ स्वतंत्र गणराज्यों का उदय हो गया।

मल्ल

यह एक प्रजातंत्रीय राज्य था, जिसके दो भाग थे। अत: इसकी दो राजधानियाँ थीं—कुशीनगर और पावा। वर्तमान गोरखपुर के निकट स्थित कसिया ही कुशीनगर था और उससे बारह मील उत्तर में स्थित पद्रौण ही पावा था।

चेदि

यह राज्य वर्तमान बुंदेलखंड में था। 'भारतीय इतिहास कोश' के अनुसार गंगा और नर्मदा नदियों के बीच का क्षेत्र 'चेदि' कहलाता था। बौद्ध काल के बाद इस पर कल्चुरियों ने शासन किया था।

वत्स

यह एक राजतंत्र था, जिसकी राजधानी कौशांबी थी, जो इलाहाबाद से कुछ किलोमीटर दूर स्थित आज का कोसाम है। ई.पू. छठी शताब्दी में यहाँ उदयन का राज था। पड़ोसियों के साथ उसके संबंध निरंतर संघर्षमय रहते थे। इसके मगध के राजा अजातशत्रु और अवंति के राजा प्रद्योत के साथ अकसर युद्ध होते रहते थे।

कुरु

इस राज्य का विस्तार वर्तमान दिल्ली और मेरठ जिले में था। छठी सदी में इसका वह महत्त्व नहीं रह गया था जो वैदिक काल में था।

पांचाल

यह राज्य आधुनिक रुहेलखंड डिवीजन में था। कुरु राज्य की तरह ही यह राज्य भी अपनी पुरानी प्रतिष्ठा खो चुका था।

मत्स्य

यह राज्य आधुनिक राजपूताना के पूर्वी भाग में स्थित था। इसकी राजधानी विराट् नगर (वर्तमान जयपुर) थी। कालांतर में यह राज्य मगध राज्य में मिल गया।

शूरसेन

यह राज्य मत्स्य राज्य के दक्षिण में था और इसकी राजधानी मथुरा थी।

अश्मक

इस राज्य को 'अशक' भी कहा जाता है। संभवत: इस पर इक्ष्वाकु परिवार का आधिपत्य था। यह अवंती के पड़ोस में और गोदावरी नदी के तट पर स्थित था। इसे आजकल ट्रावनकोर कहते हैं।

अवंती

वर्तमान मालवा क्षेत्र पुरातन अवंती राज्य था, जिसकी राजधानी उज्जयिनी थी। इस राज्य ने आस-पास के छोटे-छोटे राज्यों को अपने राज्य में मिला लिया था। तब इसकी गणना भारत के चार बड़े राज्यों में की जाने लगी। चंद्रगुप्त मौर्य ने अवंती को जीतकर मगध में मिला लिया था।

गांधार

यह राज्य वर्तमान कश्मीर, पेशावर, रावलपिंडी और तक्षशिला में फैला हुआ था। तक्षशिला ही इसकी राजधानी थी।

कंबोज

यह राज्य सुदूर उत्तर-पश्चिम सीमांत में स्थित था और द्वारिका इसकी राजधानी थी, जो वर्तमान में राजौरी है। इस राज्य में कश्मीर का उत्तरी भाग, पामीर और बदखशाँ के प्रदेश शामिल थे।

उक्त महाजनपदों में वैदिककालीन जनपद कुरु, पांचाल और मत्स्य थे, किंतु 600 ई.पू. तक वे उतने महत्त्वपूर्ण नहीं रह गए थे। गांधार व कंबोज उत्तरापथ में थे और यवनों के आक्रमण भी राजनीतिक गतिविधियों में उतने सक्रिय नहीं दिखाई पड़े। मगध, कोसल, वत्स, काशी और अवंती शक्तिशाली जनपद थे। इनमें राजनीतिक प्रभुत्व के लिए लंबे संघर्ष हुए। मल्ल, वज्जि और अंग भी उन शक्तियों की राजनीतिक महत्त्वाकांक्षा के कारण सक्रिय रहे।

इस प्रकार ई.पू. छठी शताब्दी में जब मगध एकता और उन्नति के पथ पर अग्रसर था। उत्तर-पश्चिमी भारत अनेक छोटे-छोटे राज्यों में विभक्त था, जो परस्पर युद्धरत राज्यों से भरा हुआ था। उनमें राजनीतिक एकता का अभाव था। इस प्रकार भारत की यह सीमा पूरी तरह असुरक्षित थी।

महाजनपदकालीन गणराज्य

इस काल में जहाँ अनेक शक्तिशाली राजतंत्र अस्तित्व में आए, वहीं अनेक गणराज्य भी उदित हुए। वस्तुतः दोनों ही प्रकार की राजनीतिक संस्थाओं की प्रवृत्तियाँ मूलतः वैदिक व्यवस्था में ही देखी जा सकती हैं। यद्यपि वैदिककाल के गणराज्य कुरु, शूरसेन और मत्स्य स्वयं चौथी सदी ई.पू. तक महत्त्वहीन होकर विलुप्त हो गए।

गणराज्य प्रायः हिमालय की तराई में विकसित हुए। संभवतः गंगाघाटी में जब 'जन' से 'जनपद' की प्रक्रिया चल रही थी, तब कबाइली जीवन से प्रभावित लोग हिमालय के अपेक्षाकृत अगम्य प्रदेशों में जाकर बस गए।

शाक्य गणराज्य, पिप्पलिवन का मौर्य, सिंसुमारगिरि का भर्ग या भाग, रामग्राम का कोलिय आदि ऐसे ही गणराज्य थे। उल्लेखनीय है कि ये सभी पहले वंशानुगत राजतंत्र से संबद्ध थे जो कालांतर में राजा की स्वेच्छाचारिता के कारण गणराज्य-पद्धति में आ गए। विदेह इसका स्पष्ट प्रमाण है, जो वज्जि जनपद का एक महत्त्वपूर्ण गणराज्य था। लिच्छवि, मल्ल आदि भी गणराज्यीय व्यवस्था में ही थे।

पांचाल, कंबोज और मल्ल मूलतः राजतंत्रात्मक थे, पर कौटिल्य के समय तक वे गणराज्य में परिणत हो गए थे। इन सभी गणराज्यों की संरचना एक समान नहीं थी।

कुछ गणराज्यों में अनेक जातियों के लोग थे। कुछ गणराज्य पूरी तरह एक संप्रभु इकाई थे तो कुछ पड़ोसी राजतंत्रों की अधीनता स्वीकार करते थे। ये गणराज्य वंशानुगत अधिकारी-तंत्र को नकारते अवश्य थे, पर उनका वंश वास्तव में एक कुलीनतंत्र था, जिसमें अधिकारी प्रायः क्षत्रिय ही होते थे।

हाँ, कुछ बातों में ये गणराज्य समानता अवश्य रखते थे। प्रत्येक गणराज्य में एक 'परिषद्' होती थी, जिसमें वृद्ध, युवक सभी भाग लेते थे। उल्लेख्य है कि अब वैदिक युगीन 'सभा' और 'समिति' महत्त्वहीन हो गए थे। गणराज्य की परिषद् की गणसभा एक संस्थागार में होती थी, जिसकी अध्यक्षता राजा अथवा सेनापति करता था। कई मामलों में केंद्रीय परिषद् के अतिरिक्त स्थानीय परिषद् के गठन के भी संकेत हैं। गणराज्यीय शासन-व्यवस्था की सबसे उल्लेखनीय विशेषता सामूहिक उत्तरदायित्व थी।

द्वितीय नगरीकरण

महाजनपद-युग की एक उल्लेखनीय विशेषता थी—भारत में द्वितीय नगरीकरण। (अभी हाल की पुरातात्त्विक खुदाइयों से कुछ पुरातत्त्वविदों ने द्वितीय नगरीकरण 1400 ई.पू. के आसपास माना है—द्वारका आदि नगरों के आधार पर। इस तरह महाजनपद-युगीन नगरीकरण को तृतीय चरण में माना जा सकता है।) यह नगरीकरण इस दृष्टि से महत्त्वपूर्ण था कि बहुत लंबे समय तक यह नगरीय व्यवस्था कायम रही और इसी काल

में साहित्य की लिपिबद्ध परंपराओं का आरंभ हुआ।

नगर-केंद्रों की मुख्य विशेषता थी कि इनमें शासकों या पुजारियों या व्यापारियों के रूप में गैरकृषक एवं अनुत्पादक वर्ग की प्रधानता होती थी, यद्यपि यहाँ भी बहुत से लोग कृषि से जुड़े हो सकते थे।

नगर-केंद्रों की दूसरी विशेषता थी कि ये अपने साथ-साथ अपनी परिधि के नगरेतर क्षेत्रों की जनसंख्या के संबंध में भी प्रशासनिक, आर्थिक, धार्मिक आदि निर्णय लेते थे।

धनी और गरीब दोनों की उपस्थिति नगरों की एक और विशेषता थी। वर्ण एवं आश्रम-व्यवस्था भी इन नगर-केंद्रों में शिथिल होती थी।

असमतामूलक सामाजिक व्यवस्था

सामाजिक व्यवस्था असमतामूलक और प्रायः अमानवीय थी, जिसने शूद्रों के अतिरिक्त अतिशूद्रों, चांडालों, पुक्कसों आदि को जन्म दिया। ब्राह्मण और क्षत्रिय समस्त कर मुक्त थे। इसका परिणाम यह था कि जिनका सामाजिक शोषण होता था, उन्हीं की करों द्वारा कमर तोड़ी जाती थी। पशुओं की तरह इनसानों का क्रय-विक्रय होता था और दास-प्रथा का प्रचलन था। ऐसे में समाज से पलायन करके संन्यासी बनना बहुत लोकप्रिय हो गया था।

स्त्रियों की दशा बहुत खराब थी, यहाँ तक कि वैदिक धर्म का विरोध करनेवाले बुद्ध भी स्त्रियों को 'संघ' में प्रवेश की अनुमति देने के लिए तैयार नहीं थे। जब आनंद के आग्रह पर उन्हें अनुमति देनी पड़ी तो उन्होंने कई ऐसे नियम बना दिए जो लिंग-आधारित भेदभाव के मुँह बोलते उदाहरण हैं।

अधिकतर लोग गाँवों में रहते थे और उनका व्यवसाय कृषि था। भूमिहीन मजदूरों और दासों को खेती में लगाया जाता था। आमतौर पर गाँव आत्मनिर्भर थे। इसीलिए गाँवों में आपसी सहयोग का अभाव था।

राजनीतिक दृष्टि से छोटे-छोटे राज्यों का आपस में ही निरंतर युद्धों में उलझे रहना, किसी केंद्रीय सत्ता का अभाव होना और सीमाओं के प्रति घोर उपेक्षा का भाव होना विदेशियों को निमंत्रण देना था।

पहला ईरानी हमला

भारत की इन परिस्थितियों का ईरानी हमलावरों ने पूरा-पूरा फायदा उठाया। 558 से 530 ई.पू. भारत पर प्रथम ईरानी हमला साइरस (प्रथम) ने किया था। उसने बैक्टीरिया (हिंदुकुश पर्वत के पार उत्तरी अफगानिस्तान में बल्ख के इर्द-गिर्द का प्रदेश), मीडिया, बेबीलोनिया, असीरिया आदि पर अधिकार करने के बाद हिंदुकुश और काश्यप सागर के

बीच के प्रदेश को जीत कर गांधार पर भी अपना आधिपत्य जमा लिया।

इतिहासकार प्लिनी के अनुसार साइरस ने काबुल घाटी में कापिशि नगर का नाश किया था। एरियन का कथन है कि साइरस ने सिंध के पश्चिम में रहनेवाले भारतीय कबीलों को हराया था। इस तरह काबुल तक के समस्त प्रदेश पर साइरस का अधिकार हो गया था।

साइरस की मृत्यु के बाद उसका पुत्र कैंबिसेज गद्दी पर बैठा। उसने आठ वर्षों तक राज किया, परंतु वह मिस्र में इतना व्यस्त रहा कि भारत की ओर अग्रसर न हो सका। उसकी मृत्यु के बाद डेरियस, साइरस का पोता व एकेमेनियन वंश का तृतीय शासक, सिंहासन पर बैठा। उसने 522 से 486 ई.पू. तक राज किया। उसके बहिस्तान शिलालेख (520-518 ई.पू.), पर्सपोलिस शिलालेख (518-515 ई.पू.) तथा नक्श-ए-रुस्तम शिलालेख (515 ई.पू.) से उसके द्वारा की गई भारत-विजय का पता चलता है।

बहिस्तान अभिलेख में उसके अधीन प्रदेशों में गांधार का नाम आता है। ऐसा प्रतीत होता है कि यह प्रदेश उसे उत्तराधिकार में प्राप्त हुआ था। पर्सपोलिस और नक्श-ए-रुस्तम अभिलेखों में पंजाब को ईरानी साम्राज्य का भाग बताया गया है।

डेरियस की विजय

518 ई.पू. के पश्चात् डेरियस ने सिंधु घाटी पर विजय प्राप्त की। इस बात की पुष्टि हेरोडोटस के कथनों से भी होती है। उसने लिखा कि भारत उसके साम्राज्य का 20वाँ प्रांत है और भारतवासी अन्य लोगों की अपेक्षा ज्यादा शुल्क देते हैं। यह शुल्क लगभग 250 मन (360 टेलैंट) सोना निश्चित किया गया था, जिसका मूल्य आज के दस लाख पौंड से अधिक था। यह उसकी समस्त आय का एक तिहाई था।

517 ई.पू. के लगभग डेरियस ने यूनानी साहसिक यात्री स्काईलैक्स के अधीन एक नाविक अभियान सिंधु नदी की खोज करने के लिए भेजा था। स्काईलैक्स ने पंजाब की नदियों के स्रोत के आसपास के प्रदेश गांधार में एक बेड़ा तैयार किया और तेरह महीनों में समुद्र में पहुँच गया। इस प्रकार डेरियस ने सिंधु घाटी को अपने साम्राज्य में मिला लिया और हिंद महासागर में एक बेड़ा भी भेज दिया।

डेरियस की मृत्यु (486 ई.पू.) के पश्चात् जिरक्सीज के शासनकाल में भी सिंधु प्रदेश पर ईरान का प्रभाव बना रहा। हेरोडोटस के अनुसार, जब जिरक्सीज ने यूनान के विरुद्ध युद्ध लड़ा तो उसने भारतीय सैनिकों का प्रयोग किया था।

ईरान के अखामनी शासकों का भारतीय प्रदेशों पर आधिपत्य डेरियस तृतीय के समय तक चलता रहा। एरियन के अनुसार, ''जब सिकंदर ने 330 ई.पू. में ईरान पर आक्रमण किया तो डेरियस तृतीय ने भारतीय सैनिकों का प्रयोग किया था।''

राजनीतिक ही नहीं, सांस्कृतिक पराजय भी

इस प्रकार सदियों तक ईरानी शासकों का भारतीय प्रदेशों पर शासन बना रहा। यह राजनीतिक पराजय मात्र नहीं थी, बल्कि यह सांस्कृतिक पराजय भी थी। भारतीयों ने पराजित लोगों की तरह विजेताओं की नकल करना शुरू कर दिया। अपनी लिपि छोड़कर ईरानियों की खरोष्ठी लिपि अपना ली, जो दाएँ-से-बाएँ लिखी जाती थी। उत्तरी-पश्चिमी भारत में यह बहुत प्रचलित रही। पंजाब और सिंध प्रांतों में यह ईसा के 300 वर्ष बाद तक भी चलती रही। इसीलिए डॉ. वी.ए. स्मिथ का कहना है कि भारत पर प्रबल ईरानी प्रभाव के अधिक समय तक रहने का प्रमाण खरोष्ठी लिपि के प्रचलन में मिलता है।

ईरान में सोने और चाँदी के सिक्कों का प्रचलन था। इसलिए दोनों ही तरह के सिक्के भारत में भी प्रचलित किए गए। अशोक के स्तंभों के घंटी की आकृति के फलक और शेर या बैलवाले स्तंभ शीर्ष भी ईरानी मूल के हैं। अशोक के आदेशों की शैली भी ईरान से ली गई बताई जाती है। तक्षशिला में पाया गया एक शिलालेख एरामेइक लिपि में है, जिससे ईरानी भाषा के प्रभाव का पता चलता है।

मगध का प्रभुत्व

उपलब्ध साक्ष्यों के अनुसार मगध पर शासन करनेवाला प्रथम शासक हर्यकवंशीय भारतीय इतिहास कोश में 'बिंबसार' नाम मिलता है बिंबिसार नहीं, जो संभवत: 545 ई. पू. में गद्दी पर बैठा था। उसके समय में कोसल पर प्रसेनजित शासन कर रहा था। बिंबिसार ने उसकी बहन से विवाह किया था और उसे दहेज में काशी ग्राम भी मिला था। उसने लिच्छवि गणराज्य और मद्र राज्य से भी वैवाहिक संबंध स्थापित किए थे और अवंती से भी उसके सौहार्द्रपूर्ण संबंध थे। बिंबिसार संभवत: नियमित और स्थायी सेना रखनेवाला भारतीय इतिहास का पहला शासक था। परंतु उसने अपने शासन काल में मात्र अंग प्रदेश पर ही आक्रमण किया था, जो कालांतर में मगध में मिला लिया गया था।

कोसल और मगध में संघर्ष अजातशत्रु के समय आरंभ हुआ, जिसने अपने पिता की हत्या कर दी थी। अजातशत्रु ने काशी को तो पुन: प्रसेनजित से छीन ही लिया, प्रसेनजित के दुर्भाग्यपूर्ण पतन और उसके पुत्र बिंदुदाभ की मृत्यु के बाद अराजक स्थिति में कोसल पर भी अपना अधिकार कर लिया। गंगा नदी पर व्यापारिक गतिविधियों पर नियंत्रण के लिए अजातशत्रु ने वज्जि गणराज्य की आपसी फूट का लाभ उठाकर उसे अपने नियंत्रण में कर लिया।

उसके बाद अवंती जनपद को भी मगध की सहायता से जीत लिया गया। इस प्रकार, अजातशत्रु की मृत्यु ने मगध को एक विशाल साम्राज्य के रूप में संगठित किया।

अजातशत्रु की मृत्यु 461 ई.पू. में हुई। उसके बाद पाँच शासक हुए—उदयन, अनिरुद्ध, मुंड, दर्शक और नागदासक। ये सभी पितृहंता थे।

नंद वंश की स्थापना और मौर्यों का उत्थान

उक्त अराजक स्थिति में 413 ई.पू. में अंतिम राजा को पदच्युत कर काशी के उपराजा शिशुनाग को गद्दी पर बैठाया गया। उसके वंश ने लगभग आधी सदी तक शासन किया। इसी वंश के कालाशोक के समय दूसरी बौद्धसंगीति वैशाली में 383 ई.पू. में हुई थी और संभवतः यही इस वंश का अंतिम शासक था।

इसके बाद महापद्मनंद ने मगध पर अधिकार कर गैरक्षत्रिय राजवंश—'नंद वंश' की स्थापना की। नंदवंश को सबसे बड़े मगध साम्राज्य पर शासन करने का अवसर मिला। नंदों की सेना बहुत विशाल थी, जिसमें दो लाख पैदल, बीस हजार घुड़सवार, तीन हजार हाथी और दो हजार रथ थे। नंदों ने उड़ीसा और दक्कन के भी कुछ भागों को अपने अधिकार में किया था। धननंद इस वंश का अंतिम शासक था, जिसे 321 ई.पू. में चंद्रगुप्त मौर्य ने पदच्युत कर मौर्य वंश की नींव डाली।

327 ई.पू. में सिकंदर के भारत प्रवेश ने भारत में राजनीतिक एकीकरण को गति प्रदान की। इस आक्रमण से स्थल मार्ग से विदेशी व्यापार की बहुत प्रगति हुई, अनेक प्राचीन कबीले समाप्त हो गए और राजनीतिक एकीकरण की प्रक्रिया चल पड़ी। कुछ वर्षों के बाद चंद्रगुप्त मौर्य ने सिकंदर के आक्रमण से उपजे राजनीतिक शून्य का लाभ उठाकर पश्चिमोत्तर भारत को मगध से मिलाकर अत्यंत विशाल साम्राज्य खड़ा कर लिया।

मगध महाजनपद की सफलता के कारण

अन्य महाजनपदों की तुलना में मगध की सफलता के अनेक कारण थे। गंगा के मैदानी भाग की उपजाऊ मिट्टी ने साम्राज्य को कृषि का सुदृढ़ आधार प्रदान किया। गंगा महत्त्वपूर्ण व्यापारिक मार्ग भी थी और बौद्ध साहित्य के अनुसार भूमिकर के अतिरिक्त उद्योग एवं व्यापार पर भी मगध के शासकों द्वारा कर लगा दिए गए थे। 'तुंदिया', 'अकासिया' आदि आधा दर्जन राजस्व अधिकारियों के नाम मिलते हैं।

फिर, सामरिक और आर्थिक दृष्टि से भी गया के दक्षिण-पूर्व की पहाड़ियों से प्राप्त ताँबे एवं लोहे के भंडार ने मगध को बहुत ही शक्तिशाली बना दिया था। गया के पीछे घने जंगलों से इमारती लकड़ियाँ और हाथी भी मगध को बड़े पैमाने पर प्राप्त होते थे।

मगध की राजधानी 'गिरिव्रज' (राजगृह) तो प्राकृतिक सुरक्षा के घेरे में थी ही, अजातशत्रु द्वारा स्थानांतरित पाटलिपुत्र भी भली-भाँति सुरक्षित था और गंगा-सोन के

संगम पर होने के कारण आवागमन की दृष्टि से भी अच्छी स्थिति में था।

मगध के भौतिक उत्कर्ष का एक और महत्त्वपूर्ण कारण यह था कि इस क्षेत्र में कर्मकांड का उतना प्रचलन नहीं था और न ही ब्राह्मण धर्म की वर्जनाएँ थीं—इससे मगध क्षेत्र में आजीविका के चयन और चिंतन में पर्याप्त स्वतंत्रता प्राप्त थी, जो प्रगति के लिए अनुकूल थी।

मौर्यवंश की स्थापना

भारतीय इतिहास में मौर्यवंश के शासन का आरंभ एक अत्यंत महत्त्वपूर्ण घटना है। इसका संस्थापक चंद्रगुप्त मौर्य किसी कुलीन घराने से संबद्ध नहीं था, पर अपनी शक्ति और चाणक्य के सहयोग से वह पहली बार भारतवर्ष की सीमा को उन क्षेत्रों तक पहुँचाने में सफल रहा, जहाँ तक मध्यकालीन शासक और अंग्रेज भी नहीं पहुँच सके।

विलियम जोंस, जस्टिन आदि विद्वानों द्वारा प्रयुक्त सेंड्रोकोट्टस की पहचान चंद्रगुप्त मौर्य के रूप में करना भारतीय इतिहास के तिथिक्रम के लिए एक आधार बिंदु बन गया। प्लूटार्क तथा एपियन ने इसे 'एंडोकोटस' कहा है। 18वीं शताब्दी के रत्नगर्भ ने विष्णु पुराण के आधार पर चंद्रगुप्त मौर्य को नंदराज की पत्नी मुरा की संतान बताया है। ब्राह्मण ग्रंथ चंद्रगुप्त मौर्य को निम्न या शूद्र कुल का घोषित करते हैं। विशाखदत्त के ग्रंथ मुद्राराक्षस में चंद्रगुप्त को वृषल या कुलहीन कहा गया है।

महापरिनिर्वाण सूत्र में मौर्यों को पिप्पलीवन का शासक क्षत्रिय वंश का बताया गया है। बौद्ध ग्रंथ, चंद्रगुप्त मौर्य को क्षत्रिय कुल का मानते हैं। पाटलिपुत्र में धननंद से मगध का सिंहासन छीनने से पहले चंद्रगुप्त पंजाब और सिंध के उन प्रदेशों को जीत चुका था, जहाँ सिकंदर द्वारा नियुक्त क्षत्रप शासन कर रहे थे या राजनीतिक शून्यता जैसी स्थिति थी। वह संभवत: 321 ई.पू. में 25 वर्ष की उम्र में गद्दी पर बैठा।

चंद्रगुप्त मौर्य द्वारा साम्राज्य-विस्तार

चंद्रगुप्त ने अपनी शक्ति का चरमोत्कर्ष 305-04 ई.पू. में दिखाया, जब उसने सिकंदर के उत्तराधिकारी सेल्यूकस को संधि के लिए बाध्य कर दिया। दोनों के बीच वैवाहिक संबंध भी स्थापित हुए, पर उस संबंध का स्वरूप स्पष्ट नहीं है।

हाँ, सेल्यूकस ने मैगस्थनीज को अपने राजदूत के रूप में चंद्रगुप्त मौर्य के दरबार में भेजा, जो संभवत: 304 ई.पू. से 299 ई.पू. तक पाटलिपुत्र में रहा। सेल्यूकस ने चंद्रगुप्त को 'एरिया', 'अराकोसिया', 'जेड्रोसिया' और 'पेरिपेमिसदाई' अर्थात् काबुल, कंदहार, मकरान और हेरात प्रदेश दे दिए।

जहाँ तक अन्य क्षेत्रों में चंद्रगुप्त के साम्राज्य-विस्तार की बात है तो सौराष्ट्र में उसके

गवर्नर पुष्यगुप्त ने सुदर्शन झील पर बाँध बनवाया, इससे पश्चिम में सौराष्ट्र तक उसका शासन माना जा सकता है।

इन्हीं राजनीतिक एवं सामाजिक परिस्थितियों के परिणामस्वरूप कौटिल्य ने 'अर्थशास्त्र' की रचना की थी, जो आज विश्व की महान् कृतियों में गिना जाता है। राजनीति पर आधारित इस ग्रंथ में लगभग 5000 श्लोक हैं। इसमें 15 भाग तथा उपभाग हैं।

□

अर्थशास्त्रकार कौटिल्य : कुटिल या राष्ट्र संगठक?

अर्थशास्त्र का रचनाकार कौटिल्य कौन था? यह प्रश्न प्राय: उठता रहा है, क्योंकि एक ओर उसे कुटिल कूटनीतिज्ञ माना जाता है तो दूसरी ओर बिखरे भारत को एकता के सूत्र में बाँधनेवाला। इस प्रश्न की पृष्ठभूमि में प्राय: वे किंवदंतियाँ रही हैं, जो प्राचीनकालीन विशिष्ट व्यक्तित्वों के बारे में गढ़ ली जाती रही हैं। कौटिल्य भी इसका अपवाद नहीं है।

चाणक्य त्रिवेदज्ञ, शास्त्र पारंगत, मंत्र विद्या विशेषज्ञ, नीति-निपुण राजनीतिज्ञ तथा प्रगाढ़ कूटनीतिज्ञ होने के साथ ही विविध विद्याओं के महापंडित तथा दार्शनिक भी थे। अपनी प्रखर कूटनीति द्वारा आचार्य चाणक्य ने बिखरे हुए भारतीयों को राष्ट्रीयता के मंगलमय सूत्र में पिरोकर, महान् राष्ट्र की स्थापना की। किंतु विशाल मौर्य साम्राज्य के संस्थापक होते हुए भी वे अत्यंत निर्लोभी तथा वीतरागी थे। पाटलिपुत्र के महलों में न रह कर वे गंगातट पर बनी एक साधारण सी कुटिया में रहते थे और गोबर के उपलों पर अपना भोजन स्वयं तैयार करते थे।

चाणक्य द्वारा स्थापित मौर्य साम्राज्य कालांतर में एक महान् साम्राज्य बना। चंद्रगुप्त ने उनके मार्गदर्शन में लगभग 24 वर्ष राज्य किया और पश्चिम में गांधार से लेकर, पूर्व में बंगाल और उत्तर में कश्मीर से लेकर दक्षिण में मैसूर तक एक विशाल साम्राज्य की स्थापना की।

बहुनामावली

कौटिल्य के अनेक नाम मिलते हैं; यथा—वात्स्यायन, मल्लनाग, द्रमिल, पक्षिल स्वामी, चाणक्य, विष्णुगुप्त, अंगल, वराणक और कात्यायन आदि। नीतिसार में इनके

आठ नामों का उल्लेख मिलता है—

'वात्स्यायनो मल्लनाग : कौटिल्यश्चणकात्मजः ॥
द्रमिलः पक्षिलः स्वामी वराणकः गुलोऽअपि वा ॥

अर्थात्—वात्स्यायन, मल्लनाग, कौटिल्य, चाणक्य, द्रमिल, पक्षिलस्वामी, वराणक और गुल। कुछ अन्य ऐतिहासिक स्रोत से पता चलता है कि इनका मूल नाम विष्णुगुप्त था, किंतु चणक के पुत्र होने से यह चाणक्य कहलाए और कुटिल नीति के प्रवर्तक एवं पक्षधर होने के कारण कौटिल्य नाम से अधिक प्रसिद्ध हो गए।

कौटिल्य के जीवन से संबंधित सामग्री का प्रायः अभाव है। जो कुछ बातें उनके जीवन के संबंध में प्रचलित हैं, वे केवल दंतकथाएँ अथवा अनुश्रुतियाँ हैं, ऐतिहासिक और प्रामाणिक नहीं हैं। एक बात जो सारे भारतीय साहित्य में एक स्वर से मिलती है, वह यह है कि कौटिल्य चंद्रगुप्त का समकालीन और उनके मंत्री थे।

जन्म

विश्वप्रसिद्ध कूटनीतिज्ञ एवं राजनीतिज्ञ चाणक्य का जन्म कब और कहाँ हुआ था, इस संदर्भ में प्रामाणिक रूप से कुछ नहीं कहा जा सकता। अनुमानतः उनका जन्म ईसा से 360 वर्ष पूर्व हुआ होगा। कुछ विद्वान् उनका जन्म 400 ई.पू. भी मानते हैं। इसी प्रकार चाणक्य के जन्म-स्थान के संबंध में मतभेद हैं। कुछ विद्वान् उनका जन्म कुसुमपुर, कुछ तक्षशिला और कुछ पाटलिपुत्र में बताते हैं।

यदि जन्म-समय और जन्म-स्थान के विवाद को छोड़ दिया जाए तो इस बात पर सभी विद्वान् प्रायः एकमत हैं कि चाणक्य ने ऐतिहासिक मौर्य वंश की प्रतिष्ठा में और चंद्रगुप्त को सम्राट् बनाने में महत्त्वपूर्ण भूमिका अदा की थी। इसलिए निश्चय ही वे चंद्रगुप्त से पहले पैदा हुए थे।

प्रारंभिक जीवन संबंधी दंतकथाएँ

चाणक्य के प्रारंभिक जीवन के बारे में अनेक दंतकथाएँ प्रचलित हैं। एक किंवदंती के अनुसार चाणक्य काले और कुरूप थे। एक बार उनकी माता उनका मुँह देखकर रो पड़ीं।

चाणक्य ने अपनी माँ को यूँ रोते देखकर जब रोने का कारण पूछा तो माँ ने कहा कि बेटा बड़ा होकर तू राजा बनेगा, तब मुझे भूल जाएगा। यही सोचकर मेरे आँसू निकल आए थे।

यह सुनकर चाणक्य को आश्चर्य हुआ। उन्होंने पूछा—"लेकिन तुम्हें यह कैसे

पता चला कि बड़ा होकर मैं राजा बनूँगा।"

"तुम्हारे सामनेवाले दो दाँत बताते हैं कि तुम राजा बनोगे।"

चाणक्य ने तुरंत बाहर जाकर एक पत्थर से अपने सामने के दोनों दाँत तोड़ डाले और लौटकर माँ से बोले—"देखो, मैंने राजा बनने के लक्षण नष्ट कर दिए हैं। अब मैं राजा कैसे बनूँगा। इसलिए तुम चिंता मत करो, न तो मैं कभी राजा बनूँगा और न तुम्हें छोड़कर जाऊँगा।"

इस कहानी से विदित होता है कि चाणक्य का हृदय बहुत कोमल था। वह अपनी माता को बहुत चाहते थे। किंतु दूसरी ओर एक अन्य कहानी के अनुसार चाणक्य का स्वभाव बहुत कठोर था। उनसे अपना अपमान सहन नहीं होता था। वे स्वाभिमानी, दृढ़संकल्प और लगनशील थे।

पक्का इरादा और शत्रु को समूल नष्ट करने का दृढ़ विश्वास

कौटिल्य के पक्के इरादे और शत्रु को समूल नष्ट करने में उसके दृढ़ विश्वास को रेखांकित करने के उद्देश्य से जो दंतकथा प्रचलित है, उसमें कहा गया है कि वे जब अपना विवाह कराने के लिए जा रहे थे तब मार्ग में कुशा नामक घास से उनके पैर क्षत-विक्षत हो गए और वे जा नहीं पाए। फलत: वे पहले उन कुशाओं को समूल नष्ट करने के लिए उनकी जड़ों को खोद-खोदकर उनमें मट्ठा डालने लगे। इस तरह वे समय पर विवाह के लिए पहुँच नहीं पाए।

कई दंतकथाएँ इस कुशबाधा का संबंध कौटिल्य के अपने रुग्ण पिता को देखने जाने से भी जोड़ती हैं। तदनुसार, वे कुश घास को समूल नष्ट करने में व्यस्त रहे और उधर उनके पिता की मृत्यु हो गई और दोनों मिल नहीं सके।

कुछ विद्वानों की दृष्टि में यह दंतकथा कौटिल्य के दृढ़ इरादे की परिचायक नहीं, बल्कि उसके असंतुलित व्यक्तित्व होने की ओर संकेत करती है। उनके अनुसार प्राथमिकताओं को निर्धारित कर तदनुसार आचरण करना बुद्धिमत्ता होती है, न कि निकलना किसी काम के लिए और करने कुछ और लग जाना।

कुश घास तो जगह-जगह उगी होगी। एक जगह पैर में वह लग गई और आप वहीं डेरा डालकर, अपना गंतव्य भूलकर बैठ गए तो उसमें क्या महानता है ? कुश से बचने के लिए पैरों में जूता पहन लो। जहाँ घाव हुआ वहाँ दवाई लगाओ और अपने रास्ते पर चल पड़ो। लेकिन कौटिल्य ने तो वह किया जिसे भक्त कवियों ने कहा है—

आए थे हरिभजन को, ओटन लगे कपास

यदि कौटिल्य ने वास्तव में वह सब किया जो दंतकथा में कहा गया है तो इससे उनके (विशेष) बुद्धिमान होने का अनुमान नहीं लगता।

यह कहना भी गलत है कि इससे उनके दृढ़ इरादेवाला होने की बात रेखांकित होती है। जिस उद्देश्य के लिए वे जा रहे थे, उसे तो उन्होंने बिलकुल राह में ही छोड़ दिया। इसमें दृढ़ता कहाँ है ? यह तो अस्थिर इरादेवाले व्यक्ति का चित्र है।

डॉ. शांतिस्वरूप त्रिपाठी ने ठीक ही कहा है कि इस प्रकार के उल्लेख चाणक्य (कौटिल्य) के गंभीर व्यक्तित्व में परिहास ही जगाते हैं, यथार्थ पर प्रकाश नहीं डालते।

(आचार्य चाणक्य, पृ. 20)

इस कहानी में कितनी सच्चाई है, यह कहना तो मुश्किल है, किंतु इससे चाणक्य के भयंकर क्रोध का बोध होता है। साथ ही यह भी पता चलता है कि जब वे किसी काम को करने की ठान लेते थे तब वे उसे पूरा किए बिना चैन से नहीं बैठते थे।

शिक्षा-दीक्षा

कहा जाता है कि चाणक्य की शिक्षा-दीक्षा तक्षशिला में हुई थी। तक्षशिला उस समय का विश्वप्रसिद्ध विश्वविद्यालय था। देश-विदेश के विभिन्न छात्र वहीं शिक्षा प्राप्त करने आते थे। ज्यादातर राजाओं के पुत्र ही वहाँ शिक्षा ग्रहण किया करते थे। एक-एक अध्यापक के पास 100 से भी अधिक छात्र हो जाते थे।

इन छात्रों को चारों वेद, धनुर्विद्या, हाथी और घोड़ों का संचालन, अठारह कलाओं के साथ-साथ न्यायशास्त्र, चिकित्साशास्त्र, राजनीतिशास्त्र, सामाजिक कल्याण आदि के बारे में भी शिक्षा दी जाती थी। चाणक्य ने भी ऐसी ही उच्च श्रेणी की शिक्षा प्राप्त की थी। फलतः बुद्धिमान चाणक्य का व्यक्तित्व तराशे हुए हीरे के समान चमक उठा था।

तक्षशिला में अपनी विद्वत्ता और बुद्धिमत्ता का परचम फैलाने के बाद वे वहीं राजनीतिशास्त्र के आचार्य बन गए। देश भर में उनकी विद्वत्ता की चर्चा होने लगी। पाटलिपुत्र भी इसका अपवाद नहीं था। पाटलिपुत्र भी तक्षशिला के समान शिक्षा का सुप्रसिद्ध केंद्र था।

पाटलिपुत्र मगध राज्य की राजधानी था और वहाँ धननंद नाम का राजा राज्य करता था। वह अत्यंत लोभी और भोगविलासी था। जनता उससे संतुष्ट नहीं थी क्योंकि उसने लकड़ी, पत्थर और चमड़े पर भी कर लगा रखा था। वह विद्वानों को सम्मानित कर उन्हें विभिन्न वस्तुएँ भेंट में देता था। यह उसका एक विशेष गुण था।

इस काम के लिए उसने एक परिषद् का गठन किया था। कोई बड़ा विद्वान् ही इस परिषद् का अध्यक्ष होता था। परिषद् के अन्य सदस्य भी विद्वान् होते थे। कहा जाता है कि परिषद् के अध्यक्ष को किसी विद्वान् के सम्मान में दस लाख स्वर्ण मुद्राएँ भेंट करने का अधिकार प्राप्त था। इसी प्रकार परिषद् का कनिष्ठ सदस्य भी एक लाख स्वर्ण मुद्राएँ भेंट में दे सकता था।

कहा जाता है कि इसी परिषद् के अध्यक्ष पद पर चाणक्य को प्रतिष्ठित करने के लिए विद्वानों ने चाणक्य को पाटलिपुत्र में आमंत्रित किया था। जब विद्वानों ने राजा धननंद से चाणक्य को विद्वत् परिषद् के अध्यक्ष पद पर प्रतिष्ठित करने के लिए सिफारिश की तो राजा ने चाणक्य से भेंट करने की इच्छा जाहिर की।

राजा धननंद से भेंट

जब राजा धननंद से चाणक्य की भेंट हुई तो राजा उनकी वेशभूषा और चेहरे से प्रभावित होने के बजाय बहुत खिन्न हुआ। क्योंकि चाणक्य काले और कुरूप थे, इसलिए राजा के मन में चाणक्य के प्रति कुछ विपरीत सी धारणा बन गई। शक्ल-सूरत के साथ-साथ चाणक्य के व्यवहार में भी कुछ अक्खड़पन था, जबकि राजा चापलूसों को पसंद करता था। अत: राजा ने चाणक्य को परिषद् के अध्यक्ष पद पर प्रतिष्ठित नहीं किया और उन्हें अपमानित करके दरबार से निकाल दिया।

एक अन्य किंवदंती के अनुसार चाणक्य देशहित में राजा धननंद को प्रेरित करने आए थे, ताकि वे छोटे-छोटे राज्यों में बँटे देश को आपसी वैर-फूट भूलकर एकसूत्र में पिरो सकें, क्योंकि धननंद ही सबसे बड़े राज्य के शक्तिशाली राजा थे। किंतु राजा धननंद को चाणक्य का यह प्रस्ताव स्वीकार नहीं था, इसलिए उसने चाणक्य को अपमानित करके दरबार से निकाल दिया था।

राजनीतिक चेतना

यह भी कहा जाता है कि महाराज महानंद के यहाँ श्राद्ध के अवसर पर भोजन कराने के लिए जब ब्राह्मणों को बुलाया जा रहा था तब उसका शकटार नामक मंत्री कौटिल्य को निमंत्रण दे आया। वह काले दाँतोंवाला तथा काले रंग का ब्राह्मण था। उसकी आँखें लाल थीं। श्राद्ध में ऐसे ब्राह्मण की उपस्थिति अशुभ मानी जाती है।

अत: राजा महानंद ने उसे उसकी चोटी पकड़कर उठा दिया और घोर अपमान की स्थिति पैदा कर दी। इस पर कौटिल्य ने वहीं अपनी शिखा खोलकर यह घोषणा कर दी कि जब तक मैं नंद वंश को समूल नष्ट नहीं कर लूँगा तब तक शिखाबंधन नहीं करूँगा।

कुछ विद्वानों के विचार से यह कोरी गप है। उनके अनुसार, "यदि यह बात सच्ची है तो इसका अर्थ यही निकलता है कि वह राजनीतिक तौर पर उतना सचेत नहीं था जितना अब उसे बताया जाता है।

यदि राजा ने उसका अपमान न किया होता तो क्या वह चंद्रगुप्त को ढूँढ़ता? क्या उसे राजा बनाने का उपक्रम आरंभ करता? क्या उसे सिकंदर व सैल्यूकस की याद आती? जो कुछ उसने किया बताया जाता है, वह उसकी व्यक्तिगत हठधर्मिता और

बदनाखोरी का तो सूचक है, परंतु उसकी उच्चतर राजनीतिक चेतना का परिचायक कतई नहीं।

यदि यह सच्ची घटना न होकर कौटिल्य की महिमा बढ़ाने के लिए गढ़ी गई दंतकथा मात्र है तो इसके रचयिता की बुद्धि पर दया आती है, जिसने अपने नायक को अपनी कथा से खलनायक बना डाला।"

चाणक्य का संकल्प

अस्तु, कुछ भी हो, इतना अवश्य था कि राजा धननंद ने चाणक्य का अपमान किया था, जिससे चाणक्य बहुत क्रोधित हुए। अपने स्वभाव के अनुकूल चाणक्य ने चोटी खोलकर यह दृढ़ संकल्प कर लिया कि वे धननंद को अपदस्थ करके रहेंगे, साथ ही उनका समूल विनाश भी कर देंगे, तभी चोटी में गाँठ लगाएँगे।

जब राजा धननंद को चाणक्य के संकल्प की बात पता चली तब राजा को और भी क्रोध आ गया। उसने चाणक्य को गिरफ्तार करने का आदेश दे दिया, लेकिन जब तक कोई उन्हें गिरफ्तार करता तब तक चाणक्य वहाँ से नौ दो ग्यारह हो गए। महल से बाहर आते ही उन्होंने संन्यासी का वेश धारण किया और पाटलिपुत्र में ही छिपकर रहने लगे।

बालक चंद्रगुप्त से भेंट

एक दिन चाणक्य की भेंट बालक चंद्रगुप्त से हो गई, जो उस समय अपने हमजोलियों के साथ राजा और प्रजा का खेल खेल रहा था। राजा के रूप में चंद्रगुप्त जिस कौशल से अपने संगी-साथियों की समस्या को सुलझा रहा था वह चाणक्य को भीतर तक प्रभावित कर गया।

चाणक्य को चंद्रगुप्त में भावी राजा की झलक दिखाई देने लगी। चाणक्य ने उसी समय चंद्रगुप्त के बारे में विस्तृत जानकारी हासिल की और उसके संरक्षकों को एक हजार कार्षापण (तत्कालीन मुद्रा) देकर खरीद लिया और उन्हें अपने साथ तक्षशिला ले गए।

वहाँ चाणक्य ने चंद्रगुप्त को वेदशास्त्रों से लेकर युद्ध और राजनीति तक की शिक्षा दी। लगभग आठ साल तक अपने संरक्षण में चंद्रगुप्त को शिक्षित करके चाणक्य ने उसे एक शूरवीर बना दिया।

यूनानी राजकुमार सिकंदर का भारत-विजय के लिए प्रस्थान

उन्हीं दिनों यानी ईसवी सन् से 327 वर्ष पूर्व ग्रीक विजेता, महान् सिकंदर, एशिया माइनर, मिस्र, फारस, अफगानिस्तान और अस्कनियों की राजधानी मस्साग को जीतता

हुआ, एक लाख बीस हजार सेना लिये हुए हिंदुकुश के मार्ग से भारतवर्ष में आ घुसा। विश्व-विजय पर निकले यूनानी राजकुमार सिकंदर गांधार देश के राजा आंभीक के आह्वान पर भारत आया था। आंभीक सिकंदर के माध्यम से अपने पुराने दुश्मन राजा पुरु को सबक सिखाना चाहता था, जबकि सिकंदर भारत पर विजय प्राप्त करके यहाँ से धन-संपदा लूटकर अपने देश ले जाना चाहता था और निरीह जनता को अपना गुलाम बनाना चाहता था। शायद राजा आंभीक ने इस पर गौर नहीं किया था।

चाणक्य को आंभीक की यह योजना किसी तरह पता चल गई थी। वह इस संदर्भ में आंभीक को समझाने के लिए गए। आंभीक से चाणक्य ने इस संदर्भ में विस्तारपूर्वक बातचीत की। उसे समझाना चाहा। विदेशी हमलावरों से देश की रक्षा के लिए उसे प्रेरित करना चाहा, किंतु आंभीक ने चाणक्य की एक बात भी नहीं मानी। वह सिकंदर का साथ देने के लिए कटिबद्ध रहा।

गांधार प्रदेश में सिकंदर का प्रवेश और चाणक्य द्वारा विरोध

कुछ ही दिनों बाद जब सिकंदर गांधार प्रदेश में प्रविष्ट हुआ तो आंभीक ने उसका जोरदार स्वागत किया। आंभीक ने उसके सम्मान में एक विशाल जनसभा का भी आयोजन किया, जिसमें गांधार देश के प्रतिष्ठित व्यक्तियों के साथ-साथ तक्षशिला के आचार्य और छात्र भी आमंत्रित किए गए थे।

इस सभा में चाणक्य और उनके शिष्य चंद्रगुप्त आदि भी उपस्थित हुए। सभा के दौरान सिकंदर के सम्मान में उसकी प्रशंसा के पुल बाँधे गए। उसे महान् बताते हुए देवताओं से उसकी तुलना की गई। सिकंदर ने अपने व्याख्यान में अप्रत्यक्षत: भारतीयों को धमकी सी दी कि उनकी भलाई इसी में है कि वे सिकंदर की सत्ता स्वीकार कर लें। चाणक्य ने सिकंदर की इस धमकी का खुलकर बड़ी ही संतुलित भाषा में विरोध किया। चाणक्य विदेशी हमलावरों से देश की रक्षा करना चाहते थे।

सभा में चाणक्य के समर्थन में चंद्रगुप्त ने भी आवाज उठाई, किंतु अपनी कूटनीति के तहत चाणक्य ने चंद्रगुप्त को अधिक बोलने से रोक दिया। चाणक्य के विचारों और नीतियों से सिकंदर प्रभावित अवश्य हुआ था, किंतु विश्व-विजय की अपनी लालसा के कारण वह युद्ध से विमुख नहीं होना चाहता था।

राजा पुरु से चाणक्य की भेंट

सभा विसर्जन के बाद चाणक्य ने चंद्रगुप्त के सहयोग से तक्षशिला के पाँच सौ छात्रों को संगठित किया और उन्हें लेकर राजा पुरु से भेंट की। राजा पुरु आंभीक का दुश्मन था और दुश्मन का दुश्मन हमेशा दोस्त होता है। इसलिए चाणक्य को देशहित में

पुरु का सहयोग मिलने में कोई कठिनाई नहीं हुई।

जल्दी ही सिकंदर ने पुरु पर चढ़ाई की। पुरु को चाणक्य और चंद्रगुप्त का सहयोग प्राप्त था इसलिए उसका मनोबल बढ़ा हुआ था। युद्ध में पुरु और उसकी सेना ने सिकंदर के छक्के छुड़ा दिए, किंतु अचानक सेना के हाथी विचलित हो गए। जिससे पुरु की सेना में भगदड़ मच गई। सिकंदर ने इसका पूरा-पूरा फायदा उठाया और पुरु को गिरफ्तार कर लिया। बाद में उसने पुरु से संधि कर ली।

यह देखकर चाणक्य ने चंद्रगुप्त को साथ लेकर पुरु का साथ छोड़ देने में ही भलाई समझी। इसके बाद चाणक्य अन्य राजाओं से मिले और उन्हें सिकंदर से युद्ध के लिए प्रेरित करते रहे।

सिकंदर की सेना में फूट

इसी बीच सिकंदर की सेना में फूट पड़ गई। सैनिक लंबे समय से अपने परिवार से बिछुड़े हुए थे और युद्ध से ऊब चुके थे। इसलिए वे घर जाना चाहते थे। फलस्वरूप मैसिडोनिया का वह शक्तिशाली शासक अपनी महत्त्वाकांक्षाओं को अपने साथ लेकर पंजाब के छोटे-छोटे राज्यों से युद्ध करता हुआ सिंधु नदी से पार होकर भारतवर्ष से बाहर निकल गया।

इन छोटे-छोटे राज्यों के साथ युद्ध करते समय सिकंदर एक स्थान पर बुरी तरह फँस गया। उसके शरीर में बहुत से घाव आए। ये घाव अभी अच्छे भी न हो पाए थे कि तैंतीस वर्ष की अवस्था में ही वह बेबिलोनिया में मर गया। इधर चंद्रगुप्त ने देशप्रेमी क्षत्रियों की एक सेना संगठित कर ली थी। अतः चाणक्य ने चंद्रगुप्त को मगध पर आक्रमण करने को प्रेरित किया। अपनी कूटनीति के बल पर चाणक्य ने चंद्रगुप्त को मगध पर विजय दिलवाई। इस युद्ध में राजा धननंद की मौत हो गई।

चंद्रगुप्त मगध का सम्राट् घोषित

चाणक्य ने चंद्रगुप्त को मगध का सम्राट् घोषित कर दिया। बड़े जोर-शोर से उसका स्वागत हुआ। चंद्रगुप्त अपने गुरु चाणक्य को अपना प्रधानमंत्री बनाना चाहता था। किंतु चाणक्य ने यह पद स्वीकार नहीं किया। वह मगध के पूर्व प्रधानमंत्री राक्षस को ही यह पद देना चाहता था। किंतु राक्षस पहले ही कहीं छिप गया था। वस्तुतः वह मौके की तलाश में था कि राजा धननंद की मौत का बदला ले सके।

चाणक्य यह बात समझते थे। उन्होंने राक्षस को खोजने के लिए अपने तमाम जासूस लगा दिए और बड़ी कोशिशों के बाद कूटनीति के बल पर राक्षस को गिरफ्तार कर लिया। लेकिन चाणक्य ने राक्षस को कोई सजा नहीं दी, बल्कि चंद्रगुप्त को सलाह दी कि

वह राक्षस के तमाम अपराध क्षमा करके उसे प्रधानमंत्री पद पर प्रतिष्ठित करे। गुरु की आज्ञा टालना चंद्रगुप्त के बस की बात नहीं थी। उसने राक्षस को अपना प्रधानमंत्री बना लिया। बाद में चाणक्य गंगा के तट पर एक कुटी बनाकर रहने लगे। वहीं से वे राज्य की रीति-नीति का निर्धारण करते और चंद्रगुप्त को यथायोग्य परामर्श देते रहते थे।

इसी बीच ईसवी सन् 306 वर्ष पूर्व सैल्यूकस ने मगध साम्राज्य पर आक्रमण किया। चाणक्य के मार्ग-दर्शन में चंद्रगुप्त ने यूनानी सम्राट् सैल्यूकस को पराजित किया। 327 ईसा पूर्व सैल्यूकस सिकंदर का वीर सेनापति था। सिकंदर के देहांत के बाद वह मैसिडोनियन साम्राज्य का सम्राट् बना था। चंद्रगुप्त से पराजय के बाद उसने सिंधु नदी के पार का सारा प्रदेश चंद्रगुप्त को भेंट कर दिया और अपनी पुत्री कार्नोवालिया (हेलेन) का विवाह भी मौर्य सम्राट् चंद्रगुप्त के साथ कर दिया।

देहांत

चाणक्य के जन्म के समान उनकी मृत्यु आदि के बारे में भी कोई प्रामाणिक जानकारी ऐतिहासिक ग्रंथों में नहीं मिलती।

□

अस्तित्व पर उठे सवाल

ईसा पूर्व 321 में सारे संसार पर यूनानी जाति की धाक थी। यह विजेता जाति अपने आपको सबसे अधिक सभ्य और बलवान मानती थी, परंतु इस पर भी विजय प्राप्त कर लेने से भारत का मस्तक हिमालय की तरह आज तक बड़े गर्व के साथ ऊँचा उठा हुआ है, जिसका सारा श्रेय 'अर्थशास्त्र' को दिया जाता है।

पाश्चात्य देशों को भी अपनी प्रचलित शासन-प्रणाली पर बड़ा गर्व रहा है। वे समझते रहे हैं कि राजा, मंत्री, दूत, भूमि कर, (माल) चुंगीकर, पुलिस, गुप्तचर विभाग (खुफिया पुलिस), व्यापार, जहाज, जंगलात, खान, शराब, वेश्या, कंपनी, चोर-डकैतों को पकड़ने के उपाय, दायभाग, जुआ, जाली सिक्के, सेना, व्यूह निर्माण, शत्रु के घात प्रयोगों से रक्षा के उपाय आदि के नियम जैसे इन्हें ज्ञात हैं, वैसे आज तक किसी को नहीं मालूम हुए, परंतु ज्यों ही उन्होंने इस 'अर्थशास्त्र' को देखा, वे दाँतों तले उँगली दबाकर देखते रह गए।

यह एक विडंबना ही है कि इस महान् ग्रंथ की रचना और रचयिता—दोनों ही लंबे समय से विवादों से घिरे रहे हैं। फिर भी इस बात से इनकार नहीं किया जा सकता है कि 'अर्थशास्त्र' एक प्राचीन राजनीतिक ग्रंथ है और इसके रचयिता कौटिल्य माने जाते हैं।

जाली ग्रंथ?

1923 ई. में डॉ. जॉली ने 'अर्थशास्त्र ऑफ कौटिल्य' लिखकर एक नए विवाद को जन्म दिया था कि न तो अर्थशास्त्र कौटिल्य की रचना है और न ही वास्तव में यह कोई ग्रंथ है। उनकी दृष्टि में 'अर्थशास्त्र' तीसरी सदी में लिखा गया एक जाली ग्रंथ है। उसके रचयिता कौटिल्य को डॉ. जॉली ने एक कल्पित राजमंत्री कहा है। 1927 ई. में डॉ. जॉली के इस मत की पुष्टि डॉ. विंटरनित्स ने भी अपने ग्रंथ 'ए हिस्ट्री ऑफ इंडियन लिटरेचर'

में की है। तत्पश्चात् 1928 ई. में डॉ. कीथ ने यह सिद्ध करने का प्रयास किया कि 'अर्थशास्त्र' की रचना ई.पू. 300 से पूर्व कदापि नहीं हो सकती।

रचनाकाल

भारतीय शिलालेखों आदि उपलब्ध ऐतिहासिक साक्ष्यों के अनुसार चंद्रगुप्त 321 ई.पू. में सिंहासनारूढ़ हुआ और अशोकवर्धन 296 ई.पू. में सिंहासनारूढ़ हुआ। इससे यही निष्कर्ष निकलता है कि कौटिल्य ने 321 ई.पू. और 300 ई.पू. के बीच किसी समय 'अर्थशास्त्र' की रचना की। (कौटिल्य'स् अर्थशास्त्र, अंगरेजी अनु. डॉ. आर. शामशास्त्री, 8वाँ संस्करण, 1967, भूमिका, पृ. 7)।

टी. गणपति शास्त्री, एन.एन. लॉ, स्मिथ, फ्लीट, जायसवाल आदि विद्वानों ने लगभग इन्हीं विचारों का समर्थन किया है। परंतु विंटरनित्स, जॉली, कीथ और भंडारकर का विचार है कि इस पुस्तक की रचना ईसा की प्रारंभिक शताब्दियों में हुई थी, न कि चंद्रगुप्त के राज्य में। उनके अनुसार ईसा पूर्व इस ग्रंथ की रचना यदि कौटिल्य के हाथों हुई होती तो वह चंद्रगुप्त का मंत्री होने के नाते उसके राज्यविस्तार और उसकी राज्यपद्धति का वर्णन अवश्य करता। यदि और कुछ नहीं तो कम-से-कम उसमें मौर्यवंश या चंद्रगुप्त के नाम का तो उल्लेख होता।

रचयिता पर लगा प्रश्न-चिह्न

कुछ विद्वान् कौटिल्य को 'अर्थशास्त्र' का रचयिता नहीं मानते हैं। उनके कतिपय तर्क इस प्रकार हैं—

मेगस्थनीज बनाम कौटिल्य

- मेगस्थनीज द्वारा वर्णित चंद्रगुप्त के राज्य के नगरपालिका मंडलों और सैनिक मंडलों का इस ग्रंथ में उल्लेख तक नहीं मिलता। उधर मेगस्थनीज के विवरणों में कौटिल्य और उसके 'अर्थशास्त्र' का कहीं उल्लेख नहीं। यह संभव नहीं लगता कि चंद्रगुप्त के दरबार में रहनेवाला मेगस्थनीज उसके दरबार के मंत्री और उसके ग्रंथ से परिचित न हो। अत: यह निष्कर्ष निकलता है कि कौटिल्य और उसका 'अर्थशास्त्र' बाद की शताब्दियों की चीजें हैं।
- इस आधार पर कि 'अर्थशास्त्र' के तथ्य मेगस्थनीज के तथ्यों से मेल नहीं खाते 'अर्थशास्त्र' को अप्रामाणिक नहीं कह सकते, क्योंकि मेगस्थनीज की कृति अपने वास्तविक और पूर्ण रूप में नहीं मिल पाई है। मेगस्थनीज की कृति के कुछ अंशों को ही लेकर किसी प्रकार के तथ्य स्थिर करना उचित नहीं है।

अन्य पुरुष की पद्धति

- हिलब्रैंड का कथन है कि 'अर्थशास्त्र' में 'इति कौटिल्य' और 'नेति कौटिल्य' 72 बार आए हैं। इस प्रकार अन्य पुरुष के प्रयोग से कदाचित् 'अर्थशास्त्र' कौटिल्य की नहीं, वरन् उसके संप्रदाय के शिष्यों की रचना प्रतीत होती है।
- हिलब्रैंड के इस तर्क में जरा भी बल नहीं है। अन्य पुरुष के रूप में आत्मकथन की भारतीय परिपाटी रही है। वात्स्यायनकृत 'कामसूत्रम्' आदि अनेक ग्रंथों से इस तथ्य की पुष्टि की जा सकती है।
- संस्कृत लेखकों की यह प्रवृत्ति रही है कि वे लेखन कार्य करते समय अपने आपको उत्तम पुरुष बहुवचन में रखने के स्थान पर अन्य पुरुष एकवचन में ही रखते हैं। अत: कौटिल्य के अपने आपको अन्य पुरुष एकवचन के रूप में प्रस्तुत करने को लेकर उसके 'अर्थशास्त्र' के रचयिता होने में संदेह करना एक भारी भूल होगी।

कौटिल्य की राजनीतिज्ञता

- 'अर्थशास्त्र' से यह ज्ञात नहीं होता कि इस ग्रंथ का रचयिता राजनीति के क्षेत्र का अच्छा खिलाड़ी रहा होगा। अत: यह स्वीकार्य नहीं कि कौटिल्य ने इस ग्रंथ की रचना की हो और उसमें व्यक्तिगत गंध तक को न आने दिया हो।
- हाँ, यह संभव है कि कौटिल्य ने राजनीति की सूक्तियों या सूत्रों को एक पुस्तक के रूप में संग्रह करने का कार्य किया हो और 'अर्थशास्त्र' के लेखक ने अन्य लेखकों के साथ-साथ कौटिल्य के उद्धरण कुछ अधिक मान्यता से दिए हों, किंतु यह सिद्ध करने का कोई साधन नहीं है कि यही कौटिल्य चंद्रगुप्त मौर्य का प्रधानमंत्री भी था।
- डॉ. जॉली का विचार है कि 'अर्थशास्त्र' का लेखक एक राजनीतिज्ञ होने की अपेक्षा सिद्धांतों का निर्माता अधिक था। हो सकता है कि वह किसी छोटी-मोटी रियासत का अधिकारी रहा हो। बाद में इस पुस्तक को कौटिल्य की रचना इसलिए बना दिया क्योंकि उस मंत्री के विषय में असंख्य राजनीतिक दंतकथाएँ प्रचलित थीं। अत: उसे ही कानून, राजपद्धति और नीतिशास्त्र संबंधी ज्ञान का ज्ञाता मान लिया गया है।
- कौटिल्य संबंधी परंपरागत विवरण से कोई ऐसा संकेत नहीं मिलता जिससे यह कहा जा सके कि उसने इस प्रकार के साहित्य की रचना की थी। 'अर्थशास्त्र' में भारत संबंधी जो विवरण मिलता है, उससे तो यह सिद्ध नहीं होता कि इस पुस्तक का लेखक चौथी सदी ईसा पूर्व रहा होगा।
- कौटिल्य के बारे में यह कहना कि उसे किसी विशाल साम्राज्य का ज्ञान था या वह किसी छोटे से राज्य का कोई अधिकारी था, उचित नहीं क्योंकि उसने तो स्वयं लिखा है कि 'चक्रवर्ती क्षेत्र' हिमालय से लेकर महासागर तक एक हजार योजन में फैला

हुआ है। चंद्रगुप्त मौर्य के बहुत से पड़ोसी राज्य उत्तर–पश्चिम और दक्षिण की ओर फैले हुए थे।

पतंजलि द्वारा कौटिल्य का उल्लेख नहीं

- पतंजलि ने अपने महाभाष्य में मौर्यों और चंद्रगुप्त की सभा का वर्णन किया है, किंतु उसने कौटिल्य का कोई उल्लेख नहीं किया। कौटिल्य नाम वास्तव में एक उपनाम है, जिसमें कल्पना और असत्य का पुट अधिक है। अत: इस पुस्तक को किसी राजनीतिज्ञ की कृति कहना उचित प्रतीत नहीं होता।
- अत: डॉ. जॉली का विचार है कि 'अर्थशास्त्र' की रचना तृतीय शती ईसवी में हुई थी। उनका कहना है कि कौटिल्य और भास का एक पद्य (नवम् शरावं) लगभग एक सा ही है। हो सकता है कि उसने भास के उद्धरणों को ग्रहण किया हो क्योंकि वह तृतीय शती में हुआ था। इस बात की संभावना भी है।
- यह ठीक है कि पतंजलि ने कौटिल्य का वर्णन नहीं किया, किंतु इसका अर्थ यह कदापि नहीं कि उससे पूर्व कौटिल्य था ही नहीं। पतंजलि ने तो अशोक, बिंदुसार और बुद्ध का भी जिक्र नहीं किया। इसका अर्थ यह तो नहीं लिया जा सकता कि ये महान् व्यक्ति उससे पूर्व थे ही नहीं।
- जहाँ तक 'नवम् शरावं' (10/3) श्लोक का संबंध है, इसके बारे में कोई प्रमाण नहीं मिलता कि कौटिल्य ने इसे भास से ग्रहण किया था। यह संभव है कि उसने इसे प्रचलित स्मरणीय पद्यों से ग्रहण किया था। कौटिल्य ने जहाँ दो पद्यों को उद्धृत किया है, वहाँ भास ने केवल एक पद्य लिखा है। अत: उससे कौटिल्य के ग्रहण करने का प्रश्न ही नहीं पैदा होता।

कामशास्त्र के वैशिक अधिकरण

- 'अर्थशास्त्र' में पुराणों का वर्णन है। अत: उसका काल गुप्त काल के ही निकट ठहरता है।
- 'अर्थशास्त्र' में कामशास्त्र के वैशिक अधिकरण का भी उल्लेख है।
- वैशिक ग्रंथ की रचना दत्तक ने वात्स्यायन से पूर्व की थी। अत: यह नहीं कहा जा सकता कि 'वैशिक' की रचना 300 ई.पू. में नहीं हुई थी। पाणिनि की रचना में कोई ऐसी बात नहीं जो इस तथ्य के विपरीत हो कि कौटिल्य का संबंध चंद्रगुप्त मौर्य के समय से था।

कौटिल्य और याज्ञवल्क्य के नियमों के आधार

- कौटिल्य और याज्ञवल्क्य के नियमों के आधार एक से हैं। कौटिल्य ने तो केवल याज्ञवल्क्य के नियमों को सूत्रों का रूप दिया है। याज्ञवल्क्य तृतीय शती ईसवी में हुए थे।
- यह ठीक है कि कौटिल्य के 'अर्थशास्त्र' और याज्ञवल्क्य की रचना में बहुत कुछ मिलता-जुलता है, किंतु इसका यह अर्थ कदापि नहीं लिया जा सकता कि कौटिल्य चौथी शती ई.पू. से संबंध नहीं रखता। कौटिल्य ने 'युक्त' शब्द का प्रयोग किया है जिसका अर्थ है कर्मचारी। अशोक के शिलालेखों में 'युत' शब्द का प्रयोग हुआ है। अशोक द्वारा अंकित इस शब्द के अर्थ को तभी समझा जा सका जब 'अर्थशास्त्र' प्रकाश में आया, क्योंकि यह शब्द व्यवहार से बहुत दूर जा चुका था।
- याज्ञवल्क्य कौटिल्य द्वारा प्रयुक्त इस शब्द को न समझ सके। इसलिए उन्होंने 'योग्य' शब्द की सृष्टि कर डाली। इसी प्रकार याज्ञवल्क्य ने वहाँ 'अयोग्य' शब्द का भी व्यवहार किया है, जहाँ कौटिल्य ने 'अयुक्त' शब्द का प्रयोग किया है। अत: यह कहना गलत है कि याज्ञवल्क्य ने कौटिल्य के नियमों को श्लोकों का रूप दिया, क्योंकि वे तो कई स्थानों पर उन्हें समझ भी नहीं सके।

'महाभारत' का राजधर्म

- कौटिल्य के 'अर्थशास्त्र' के समक्ष 'महाभारत' का राजधर्म बिलकुल साधारण और गौण ठहरता है।
- इस बात का कोई प्रमाण नहीं कि 'महाभारत' में दिया गया राजधर्म अपनी प्राथमिक अवस्था में है। सिद्धांत विभाग में दिए सिद्धांत 'अर्थशास्त्र' में दिए गए नियमों से कहीं अधिक उन्नत हैं।

कौटिल्य की बहुज्ञता

- 'अर्थशास्त्र' के लेखक को संस्कृत व्याकरण और पाणिनि की 'अष्टाध्यायी' की भी अच्छी-खासी जानकारी है।
- इनके अतिरिक्त भविष्यवाणी, ज्योतिष और ग्रहों तक का भी उसे ज्ञान था।
- भवननिर्माण, खानों की खुदाई, जौहरी विद्या और रसायनशास्त्र के साथ-साथ उसे धातुशोधन का भी ज्ञान था। 'सुलभ धातुशास्त्र' का जिक्र 'अर्थशास्त्र' में हुआ है।
- शकुन विद्या उतनी ही पुरानी है जितना अथर्ववेद। ज्योतिष शास्त्र का आरंभ भी अत्यंत प्राचीन काल में हुआ था। नक्षत्र ज्ञान से किसी बात को प्रमाणित नहीं किया जा सकता। मौर्यों के काल में ही पाटलिपुत्र में कच्चा लोहा पाया जाता था। डॉ. स्पूनर ने

बताया है कि मौर्यकाल और उससे पूर्व भी कच्चे शीशे की खोज हो चुकी थी। यजुर्वेद में सात धातुओं का वर्णन है। मौर्यों के काल की कच्ची धातु की ढाली हुई मुद्राएँ बिलकुल उसी आकार में मिली हैं, जिनका वर्णन 'अर्थशास्त्र' में हुआ था।

- 'अर्थशास्त्र' रचनात्मक बौद्धिक कृति होने की अपेक्षा लंबी अवधि तक राजनीतिक क्षेत्र में साहित्यिक गतिविधि का परिणाम प्रतीत होता है।
- यूनानियों ने कौटिल्य का कोई उल्लेख नहीं किया, यह तथ्य सिद्ध करता है कि वास्तव में यह बहुत बाद की रचना है।

भारत की स्थिति का वर्णन

- 'अर्थशास्त्र' में वर्णित भारत की स्थिति न तो मेगस्थनीज के विवरण से मेल खाती है और न ही अशोक के शिलालेखों द्वारा उसको प्रमाणित ठहराया जा सकता है। भारत के जिस चरम उत्कर्ष का वर्णन कौटिल्य ने किया है, वैसी स्थिति का समर्थन तो अशोक के शिलालेख भी नहीं करते।
- कुछ ऐसी ठोस और साझी बातें अवश्य हैं जिन्हें कौटिल्य और मेगस्थनीज दोनों ने स्वीकार किया है। मेगस्थनीज ने नगर-अधिकारियों और ग्राम-अधिकारियों की चर्चा की है। ठीक इसी तरह कौटिल्य ने 'दुर्ग' और 'राष्ट्र' का जिक्र किया है और 'नागरिक' तथा 'समाहर्त्ता' के कर्तव्यों को स्पष्ट किया है। नगर और सेना में निभाए जानेवाले प्रशासनिक कर्तव्यों से कौटिल्य पूर्णतः परिचित था।

लेखनकला

- 'अर्थशास्त्र' में लिखित लेखों का उल्लेख है, किंतु मेगस्थनीज के अनुसार भारतीय उस समय तक लिखना जानते ही नहीं थे। उनके पास लेखनकला का अभाव था।
- मेगस्थनीज ने जुए और शराब इत्यादि नशीली वस्तुओं पर टैक्स की बात नहीं लिखी, किंतु कौटिल्य ने इनका उल्लेख किया है।
- कौटिल्य ने पाटलिपुत्र का जिक्र तक नहीं किया।
- भौगोलिक दृष्टि से इस पुस्तक की परीक्षा करने से ज्ञात होता है कि इसकी रचना दक्षिण में हुई होगी।
- जहाँ तक लेखनकला का प्रश्न है, अशोक के शिलालेख ही इस बात का प्रमाण हैं कि उस समय के लोगों के पास लेखनकला का अभाव नहीं था। पाटलिपुत्र का वर्णन न होने से किसी प्रकार के प्रमाण की कल्पना नहीं की जा सकती। इसके अतिरिक्त कौटिल्य ने काशी, नेपाल, कुकुर, लिच्छवी, मल्ल, पांचाल, सौराष्ट्र, कुरु, कंबोज, मद्र इत्यादि का वर्णन भी किया है। इन सब तथ्यों के आधार पर यह कहा जा सकता

है कि कौटिल्य का दृष्टिकोण निश्चय ही दक्षिणी न होकर उत्तरी था।

- 'युक्त' शब्द का प्रयोग और गणतंत्रों के प्रति नीति को भौगोलिक क्षेत्र के आधार पर निर्धारित करने का संकेत एकमात्र मौर्य काल की ओर है। प्रथम शती ईसा पूर्व और प्रथम तथा द्वितीय शती ई. में कोई ऐसा सम्राट् नहीं हुआ, जिसने विदेह से अफगानिस्तान तक राज्य किया हो। अन्य किसी शासक के लिए संघवृत्त नीति का कौटिल्य द्वारा प्रयोग होना संभव नहीं था।
- 'युग' शब्द, जिसका अर्थ है पाँच वर्ष, यह केवल 'वेदांग ज्योतिष' में मिलता है। आरंभिक शताब्दियों के साहित्य में इस शब्द का पता नहीं चलता। कौटिल्य के समय में वर्षाकाल का आरंभ श्रावणमास में होता था।
- इसी तथ्य से पता चलता है कि कौटिल्य चार शती ई.पू. रहा होगा। आजकल वर्षा ऋतु का आरंभ आषाढ़ के मध्य में होता है। प्रत्येक शती के बाद ऋतु एक दिन पीछे चली जाती है। कनिंघम के अनुसार, आज की अपेक्षा सिकंदर और अशोक के समय में वर्षाकाल एक मास पूर्व आरंभ होता होगा।
- जैन, ब्राह्मण और बौद्ध साहित्य निश्चित रूप से बताते हैं कि कौटिल्य चंद्रगुप्त का मंत्री था। बौद्ध और जैन ग्रंथों ने कौटिल्य को धोखेबाज कहकर पुकारा है। उनके उसे धोखेबाज कहने का आधार यह है कि वह धन के लालच में पड़कर मुद्राओं में खोट अधिक मिला दिया करता था और हर अनुचित ढंग से धन एकत्रित करता था।
- इससे ज्ञात होता है कि कौटिल्य नाम का कोई व्यक्ति अवश्य था। पुराणों ने उसे अत्यंत योग्य मंत्री कहकर पुकारा है। इस प्रकार जहाँ तक कौटिल्य के चंद्रगुप्त के काल से संबंधित होने का प्रश्न है, पुराण, बौद्ध और जैन ग्रंथ एकमत हैं।

राज्य पद्धति विषयक मानक ग्रंथ

- ज्ञातव्य है कि कौटिल्य का 'अर्थशास्त्र' राज्य पद्धति के विषय को लेकर लिखी गई एक मानक पुस्तक है। इसे आधार मानकर कोई भी स्वतंत्र राष्ट्र अपना कार्य चला सकता है।
- मेगस्थनीज ने भी अपनी पुस्तक में उस राजनीतिक ढाँचे का वर्णन किया है, जिसे उसने लगभग 300 ई.पू. स्वयं देखा था। इतने लंबे-चौड़े यूनानी साम्राज्य के बारे में मेगस्थनीज का अपना विचार भी रहा होगा, क्योंकि देखा गया है कि उसने अपने से पूर्व सिकंदर के साथ भारत आनेवाले यूनानी लोगों के भारत संबंधी विवरणों की जहाँ-तहाँ आलोचना भी की है।

समग्रत: कौटिल्य के 'अर्थशास्त्र' का संबंध मौर्यकाल से अवश्य रहा है और कौटिल्य के विचारों को निश्चय ही इस पुस्तक में स्थान दिया गया है। इसके साथ ही यह

भी ध्यान रहे कि बाद के युगों में, समय-समय पर, इसमें कुछ प्रक्षेप भी होते रहे हैं, जैसे अन्य अनेक ग्रंथों में हुए हैं। उन्हीं के कारण ई.पू. चौथी शताब्दी की रचना में परवर्ती ऐतिहासिक तथ्य भी देखने को मिलते हैं।

'अर्थशास्त्र' में 15 अधिकरण, 180 प्रकरण, 150 अध्याय और 380 कारिकाएँ (श्लोक) हैं। यदि सारे ग्रंथ के वर्णों को इकट्ठे करके 32 अक्षरों के अनुष्टुप श्लोक बना दिए जाएँ तो 6000 श्लोक बनेंगे।

शास्त्रसमुद्देशः पञ्चदशाधिकरणानि,
सपञ्चाशदध्यायशतं साशीतिप्रकरणशतं षट् श्लोकसहस्राणीति।

(अर्थशास्त्र, प्रथम अधिकरण)

□

राज्य के सात अंग

प्रायः सभी राजनीतिशास्त्रों ने राज्य के सात अंग बताए हैं—स्वामी (शासक या सम्राट्), अमात्य, जनपद या राष्ट्र, दुर्ग, कोष, दंड और मित्र। कौटिल्य भी इसके अपवाद नहीं हैं। उन्होंने अंगों की जगह प्रकृति शब्द प्रयोग किया है—

स्वाम्यमात्यजनदुर्गकोशदंडमित्राणि प्रकृतयः।

(अर्थशास्त्र 6/1/1)

1. स्वामी (राजा)

राजनीतिज्ञों ने स्वामी, यानी शासक राजा को सप्तांगों में श्रेष्ठ माना है। कौटिल्य ने तो राजा को ही संक्षेप में 'राज्य' कह डाला है—

राजा राज्यमिति प्रकृतिसंक्षेपः। (अर्थशास्त्र, 8/2/1) कौटिल्य के अनुसार, राजा ही मंत्रियों, कर्मचारियों एवं अधीक्षकों की नियुक्तियाँ करता है। वही प्राकृतिक प्रकोप से पीड़ितों की सहायता करता है। यदि राजा समृद्धिशाली है तो वह अपनी प्रकृतियों (राज्य के अंगों) को भी समृद्ध करता है। प्रकृतियों को वही गौरव प्राप्त है, जो राजा को है। अतः राजा सुस्थिर और शक्ति का केंद्र है। (अर्थशास्त्र 8/1/1-20)

वेतनभोगी राजा

कुछ ग्रंथों में राजा को प्रजा का नौकर कहा गया है, जिसे रक्षा करने के कारण वेतन रूप में कर दिया जाता है। कौटिल्य ने भी राजा के वेतन का संकेत दिया है—

'समानविद्याभ्यासिगुणवेतनो राजा राजसूयादिषु क्रतुषु।'

अर्थात् राजसूय तथा अन्य यज्ञों में राजा को तत्समान विद्वानों की अपेक्षा तीन गुना वेतन मिलता है।

डॉ. जायसवाल ने अर्थशास्त्र के इस उद्धरण के आधार पर राजा को भी मंत्रियों एवं

प्रधान सेनापति के समान वेतनभोगी की संज्ञा दी है।

(देखिए, हिंदू पॉलिटी, भाग-2, पृ. 136)

कौटिल्य ने प्रकारांतर से अन्यत्र भी इस सिद्धांत का प्रतिपादन किया है कि राजा वेतनभोगी होता है। 'अर्थशास्त्र' में लिखा है कि सदाचारी राजा को युद्ध के आरंभ में अपने सैनिकों को इस प्रकार प्रेरित करना चाहिए—"मैं भी तुम लोगों के समान वेतनभोगी हूँ। इस राज्य का उपभोग मुझे तुम लोगों के साथ ही करना है। तुम्हें मेरे द्वारा बताए गए शत्रु को हराना है।"

तुल्यवेतनोऽस्मि, भवद्भिः सह भोग्यमिदं राज्यं,
मयाभिहितः परोऽभिहन्तव्यः।

(अर्थशास्त्र 10/3/12)

अच्छे राजा के गुण

राजनीति विषयक प्रायः सभी प्राचीन ग्रंथों में अच्छे राजा के गुणों पर चर्चा हुई है। 'अर्थशास्त्र' (6/1) में भी यह विषय विस्तार से उठाया गया है। इसमें राजा के गुणों की सूची कई दृष्टिकोणों से दी गई है। सबसे पहले ऐसे गुणों का निरूपण किया गया है, जिनके द्वारा राजा लोगों के दिलों को जीत सके। यथा—कुलीनता, धर्मपरायणता, प्रफुल्लता, अग्रजों से विचार-विमर्श की प्रवृत्ति, सदाचारिता, सत्यवादिता, वचनबद्धता, कृतज्ञता, उत्साह, अप्रमाद, विशालचित्तता, दृढ-संकल्पता, स्वानुशासनप्रियता, सामंतों को वश में रखने की क्षमता आदि। इन गुणों को अभिगमिक गुण कहा गया है।

कुछ अन्य गुण इस प्रकार हैं—

उत्साह संबंधी गुण—

पराक्रम, दूसरे के पराक्रम के प्रति असहिष्णुता, कार्यचपलता एवं उद्योग।

बुद्धि विषयक गुण—

सीखने की आकांक्षा, अध्ययन एवं समझने की प्रवृत्ति, धारण करने की शक्ति, सुविचारण, वाद-विवाद के बाद सिद्धांतों के प्रति श्रद्धा।

राजा की शिक्षा-दीक्षा

अर्थशास्त्र के अनुसार राजा को सुशिक्षित होना चाहिए। चौल कर्म के बाद राजकुमार को लेखन एवं अंकगणित का ज्ञान कराना चाहिए। उपनयन के उपरांत उसे शिष्ट लोगों (वेदज्ञों) से वेद, आन्वीक्षिकी का ज्ञान कराना चाहिए, विभिन्न विभागों के अधीक्षकों से

वार्त्ता, व्यावहारिक राजनीतिज्ञों एवं व्याख्याताओं से दंडनीति का अध्ययन कराना चाहिए।

सोलह वर्षों तक चार विद्याओं का अध्ययन करके राजकुमार को विवाह कराना चाहिए। उसे सदैव शिष्ट लोगों के बीच में रहकर अपने ज्ञान को भाँजते रहना चाहिए।

राजा को दिन के प्रथम भाग में हाथी, घोड़े, रथ की सवारी तथा अस्त्र-शस्त्र का अभ्यास करना चाहिए। दिन के अगले भाग में इतिहास, पुराण आदि का पाठ सुनना चाहिए।

राज्य के कर्तव्य एवं दायित्व

राजा का मुख्य कर्तव्य है प्रजा-रक्षण। 'अर्थशास्त्र' का कहना है कि प्रजा के सुख में राजा का सुख है, प्रजा के हित में राजा का हित है।

प्रजासुखे सुखं राज्ञः प्रजानां च हिते हितं

(अर्थशास्त्र 1/19/5)

कौटिल्य ने राजा की तुलना यज्ञ करनेवाले से की है। राजा का सदैव क्रियाशील रहना ही व्रत है। उसका शासन कार्य के लिए अनुशासन पर चलना ही यज्ञ है। उसकी निष्पक्षता ही यज्ञ-दक्षिणा है। उसका राज्याभिषेक ही यज्ञ करनेवाले का स्नान है।

राज्ञो हि व्रतमुत्थानं यज्ञः कार्यानुशासनम्।
दक्षिणा वृत्तिसाम्यं च दीक्षितस्याभिषेचनम्॥ 4॥

(अर्थशास्त्र, 1/19/4)

वस्तुतः 'अर्थशास्त्र' में राजा के कर्तव्यों और उत्तरदायित्वों का कदम-कदम पर वर्णन किया गया है। कुछ कार्यों की सफलता के लिए विभिन्न उपाय भी बताए गए हैं।

2. मंत्रिगण

राज्य के सात अंगों में से दूसरा है अमात्य, जिसे सामान्यतः 'सचिव' या मंत्री भी कहा जा सकता है। आपस्तंब, कामंदक आदि कुछ ग्रंथों में अमात्य, सचिव और मंत्री को समानार्थक रूप में प्रयोग किया गया है, किंतु कौटिल्य ने अमात्यों और मंत्रियों में अंतर किया है। उन्होंने मंत्रियों को अमात्यों की अपेक्षा अधिक उच्च पदाधिकारी माना है।

विभज्यामात्यविभवं देशकालौ च कर्म च।
अमात्याः सर्व एवैते कार्याः स्युर्न तु मंत्रिणः॥ 2॥

(अर्थशास्त्र 1/8/11)

जिस प्रकार एक पहिए से गाड़ी नहीं चल सकती, उसी प्रकार अकेला राजा भी राजकाज नहीं कर सकता। उसे अमात्यों के परामर्श तथा आचार्यों के दिशा-निर्देशन के रूप में सहयोग की अपेक्षा सदैव बनी रहती है—

सहायसाध्यं राजत्वं चक्रमेकं न वर्तते।
कुर्वीत सचिवांस्तस्मात्तेषां च शृणुयान्मतम् ॥ 2 ॥

(अर्थशास्त्र, 1/7/6)

मंत्रिपरिषद् के सदस्यों की संख्या के संदर्भ में आचार्यों में पर्याप्त मतभेद रहा है। बार्हस्पत्यों के अनुसार 13, औशनसों के अनुसार 20, मनु के अनुसार 7-8 13, औशनसों के अनुसार 20, मनु के अनुसार 7-8 मंत्री होने चाहिए। किंतु कौटिल्य का कहना है कि यथासामर्थ्य अर्थात् आवश्यकतानुसार सदस्य नियुक्त करने चाहिए और कम-से-कम 3-4 मंत्रियों से परामर्श अवश्य करना चाहिए। यह परामर्श एकांत में ही लेना चाहिए। मंत्रणा या परामर्श के बाद ही शासन संबंधी कार्य आरंभ करने चाहिए।

(अर्थशास्त्र 1/14/1-2)

कौटिल्य ने जिस प्रकार राजा के गुणों को सूचीबद्ध किया है, उसी प्रकार अमात्यों के गुण भी बताए हैं, जैसे—देशवासी, कुलीन, प्रभावशाली, कलानिपुण, दूरदर्शी, समझदार, अच्छी स्मृतिवाला, सतत जागरूक, अच्छा वक्ता, निर्भीक, मेधावी, उत्साही, प्रतापपूर्ण, धैर्यवान, विनयशील, स्वस्थ, चरित्रवान, तेजस्वी आदि। *(अर्थशास्त्र 1/8/1)*

कौटिल्य के अनुसार राजा को सभी कार्य मंत्रियों की उपस्थिति में ही संपन्न करने चाहिए। यदि कोई मंत्री किसी कारणवश उपस्थित न हो सके तो उसकी लिखित सम्मति प्राप्त कर लेनी चाहिए। किसी आकस्मिक घटना के समय भी मंत्रियों को बुलाकर उनसे विचार-विमर्श कर लेना चाहिए और बहुमतीय निर्णय को ही कार्यान्वित करना चाहिए।

(अर्थशास्त्र 1/8/1)

3. राष्ट्र या राज्य

जिस प्रकार एक राज्य के लिए राजा और अमात्य आवश्यक हैं, उसी प्रकार किसी परिमाण में भूमि और बड़ी जनसंख्या भी आवश्यक है। जब तक भूमि और उसपर रहनेवाले लोग नहीं होंगे तब तक कथित राजा किस पर शासन करेगा और किसे अपना राज्य कहेगा?

प्राचीन काल में प्रत्येक राज्य में कई देश थे और देशों में कई इकाइयाँ थीं। कौटिल्य का कथन है कि राज्य में ग्रामों के दल बनाए जाने चाहिए। प्रत्येक दल में एक मुख्य नगर या दुर्ग होना चाहिए। दस ग्रामों के दल को 'संग्रहण', 200 ग्रामों के दल को 'खार्वटिक', 400 ग्रामों के दल को 'द्रोणमुख' कहा जाना चाहिए। 800 ग्रामों के मध्य एक स्थानीय होना चाहिए।

(अर्थशास्त्र, 2/1/3)

4. दुर्ग (किला या राजधानी)

प्राचीन काल में राज्यों के दुर्ग को किला या राजधानी भी कहते थे। प्रायः सभी कालों में राजधानी ही शासन-तंत्र की धुरी रही है। युद्ध के दौरान राजधानी पर विजय पाने का अर्थ होता है, संपूर्ण राज्य पर विजय। प्राचीन युद्ध परंपरा तथा उत्तर भारत की भौगोलिक स्थिति के कारण ही राज्य के तत्त्वों में राजधानी दुर्गों को इतनी महत्ता दी गई है। एक तरह से राजधानी देश की संपत्ति का दर्पण होती थी, उसके चारों ओर ऊँची-ऊँची सुदृढ़ दीवारें होती थीं जो सुरक्षा का कार्य करती थीं।

कौटिल्य ने दुर्गों के निर्माण एवं उनमें से किसी एक में राजधानी बनाने का निर्देश दिया है। अर्थशास्त्र (2/3/1) के अनुसार, चार प्रकार के दुर्ग होते थे—

1. औदक दुर्ग, जो जल से सुरक्षित रहते थे अर्थात् द्वीप की तरह जिनके चारों ओर जल भरा रहता था।
2. पर्वत, जो प्रायः पहाड़ों पर या गुफाओं में होते थे।
3. धान्वन, जो मरुभूमि में झाड़-झंखाड़ों से घिरे होते थे।
4. वनीय दुर्ग, जो वनों में बनाए जाते थे।

कौटिल्य के अनुसार, प्रथम दो प्रकार के दुर्ग जल-संकुल स्थानों की सुरक्षा के लिए हैं और अंतिम दो जंगलों की रक्षा के लिए हैं।

राजा की राजधानी दुर्ग के भीतर या स्वतंत्र रूप से अन्यत्र भी निर्मित हो सकती थी। कौटिल्य ने राजधानी बनाने के संबंध में विस्तार से व्यवस्था दी है।

उनके अनुसार राजधानी में पूर्व से पश्चिम तीन राजमार्ग और उत्तर से दक्षिण तीन राजमार्ग होने चाहिए। इस प्रकार राजधानी में 12 द्वार होने चाहिए। उसमें गुप्त भूमि और जल भी अपेक्षित है। द्रोणमुख, स्थानीय, राष्ट्र चरागाहों की ओर जानेवाले भागों की चौड़ाई 4 दंड (16 हाथ) होनी चाहिए। राजा का प्रासाद पूर्वाभिमुख या उत्तराभिमुख होना चाहिए। इसका क्षेत्रफल संपूर्ण राजधानी के क्षेत्रफल का 1/10 होना चाहिए। यह राजधानी के उत्तर में होना चाहिए। राजप्रासाद के उत्तर में राजा के आचार्य, पुरोहित और मंत्रियों के गृह, यज्ञस्थल एवं जलाशय होने चाहिए। इसके बाद प्रासाद के चारों ओर अध्यक्षों, व्यापारियों, शिल्पकारों ब्राह्मणों, क्षत्रियों, वैश्यों, वेश्याओं, बढ़इयों, शूद्रों आदि के आवास अपेक्षित हैं। *(अर्थशास्त्र, 2/4/1-3)*

5. कोष

प्राचीन भारतीय राज्यों के दो प्रमुख स्तंभ थे—कोष और सैन्यबल। विष्णुधर्मोत्तर पुराण (2/61/17) के अनुसार, कोष राज्य के वृक्ष की जड़ है। कोष भरने का प्रमुख साधन है—कर-ग्रहण। कर-ग्रहण का सिद्धांत था कि राजा मनमाने कर नहीं लगा

सकता। वह केवल स्मृतियों द्वारा निर्धारित कर व्यवस्था लागू कर सकता था। कर की मात्रा वस्तुओं के मूल्य तथा समय पर निर्भर थी। राजा साधारणतया उपज का छठा भाग ले सकता था। 'अर्थशास्त्र' का कथन है कि राजा अनुर्वर भूमि पर कर नहीं लगा सकता था। साथ ही विपत्ति काल में राजा को एक से अधिक बार कर नहीं लगाना चाहिए। कोष में कमी आने पर राजा को तत्काल उसपर ध्यान देना चाहिए। प्रचुर अनाज उत्पाद क्षेत्रों की प्रजा से सहमति के आधार पर उत्पादन का 1/3 या 1/4 भाग कर के रूप में लेना चाहिए। *(अर्थशास्त्र 5/2/1-2)*

'अर्थशास्त्र' में यह भी लिखा है कि जब कोष खाली हो और अचानक विपत्ति आ जाए तो राजा कृषकों, व्यापारियों, मद्यविक्रेताओं, वेश्याओं, सूअर बेचनेवालों, पशु पालकों से विशिष्ट याचना करने के उपरांत धनिकों से यथासामर्थ्य स्वर्ण देने का अनुरोध कर सकता है और दरबार में उन्हें कोई ऊँचा पद, छत्र या पगड़ी आदि सम्मान देकर बदला चुका सकता है। *(अर्थशास्त्र 5/2/16-17)*

राज्य की आय के प्रमुख एवं सतत चलनेवाले साधन तीन थे—उपज पर राजा का भाग, चुंगी एवं दंड से प्राप्त धन।

6. सैन्यबल

राज्य का छठा महत्त्वपूर्ण अंग है, सैन्यबल। आसपास के राजाओं पर दबदबा बनाए रखने के लिए अधिक सैन्य बल अपेक्षित है। सेना ही शत्रुओं से राज्य के धन और जन की ही नहीं, सीमाओं की रक्षा भी करती थी।

प्राचीन काल में प्राय: छह प्रकार की सेनाएँ होती थीं—

मौल (वंश परंपरागत), भृत्य (वेतनभोगी सैनिकों का दल), श्रेणी (व्यापारियों या अन्य जन समुदाय की सैन्य), मित्र (मित्रों या सामंतों की सेना), अभिन्न (ऐसी सेना, जो कभी शत्रुपक्ष की थी) और आटविक (जंगली जातियों की सेना)।

'अर्थशास्त्र' में मौल सेना की महत्ता का प्रचुर गुणगान किया गया है, क्योंकि यह राजा द्वारा प्रतिपालित होती है और इसके सैनिक सदा व्यायाम और अभ्यास करते रहते हैं।

(अर्थशास्त्र 9/2/1-2)

सेना के चार भाग होते थे—हस्ती, अश्व, रथ और पदाति। ऐसी सेना को 'चतुरंगिणी' कहते थे। कौटिल्य के अर्थशास्त्र में राजा की सेना के प्रबंध आदि का विशद वर्णन मिलता है। यथा—सेना का प्रबंध कैसा हो, आक्रमण के लिए प्रस्थान कब और कहाँ होना चाहिए, बाह्य एवं आंतरिक आपत्तियाँ और विपत्तियाँ तथा उन्हें दूर करने के उपाय, देशद्रोहियों और शत्रुओं के साथ कैसा व्यवहार करना चाहिए, सेनाओं की स्कंधावार

कैसा हो, व्यूह-रचनात्मक युद्ध कैसे किया जाए, कौन से युद्धस्थल अच्छे हैं, सेना का निवासस्थान कैसा हो आदि।'' *(अर्थशास्त्र—9/1-7, 10/1-6)*

7. सुहृद् या मित्र

राज्य में मित्रों या सुहृदों का भी महत्त्वपूर्ण स्थान रहा है। यदि राजा के मित्र न हों तो शत्रुओं से उसकी कब तक और कैसे निभेगी? शत्रुतापूर्ण जीवन दूभर हो जाएगा? राज्य भी कितने दिन टिकेगा? इसीलिए मनु ने मित्र बनाने की आवश्यकता पर बल देते हुए राजा के लिए अच्छे मित्रों के गुणों का वर्णन इस प्रकार किया है, ''राजा सोना एवं भूमि पाकर उतना समृद्धिशाली नहीं होता, जितना अटल मित्र पाकर; भले ही वह मित्र अधिक धनवान न हो। एक दुर्बल मित्र भी श्लाघनीय है, यदि वह गुणवान एवं कृतज्ञ हो। उसकी प्रजा उससे संतुष्ट हो और वह अपने हाथ में लिये हुए कार्य को अंततः पूर्ण करनेवाला, यानी दृढ़प्रतिज्ञ हो।'' *(मनुस्मृति, 7/208)*

इस संदर्भ में कौटिल्य का विचार कुछ भिन्न है। उनका कहना है कि भूमिलाभ हिरण्यलाभ और मित्रलाभ से श्रेयस्कर है तथा हिरण्यलाभ मित्रलाभ से श्रेयस्कर है—

संहितप्रयाणे मित्रहिरण्यभूमिलाभानामुत्तरोत्तरो लाभः श्रेयान्।
मित्रहिरण्ये हि भूमिलाभाद् श्रेयान् भवतः।
मित्र हिरण्यलाभाद्यो वा लाभः सिद्धः शेषयोरन्तरं साधयति।

(अर्थशास्त्र, 7/91)

फिर भी यह नहीं कहा जा सकता कि कौटिल्य ने मित्रों की सर्वथा उपेक्षा की है। वस्तुतः उन्होंने मित्रता को शत्रुता के परिप्रेक्ष्य में देखा है। उनकी दृष्टि में विजिगीषु राजा का निकटतम पड़ोसी राजा प्राकृतिक रूप में शत्रु होता है, किंतु पड़ोसी शत्रु राज्य की सीमा के उस पार का राजा विजिगीषु का सहज मित्र होता है।

तस्य समन्ततो मण्डलीभूता भूम्यनन्तरा अरिप्रकृतिः।
तथैव भूम्येकान्तरा मित्रप्रकृतिः।

(अर्थशास्त्र 6/2/8)

'अर्थशास्त्र' में तीन प्रकार के मित्रों का उल्लेख किया गया है—सहज, कृत्रिम और प्राकृत। सहज मित्र वे होते हैं, जो माता-पिता के संबंध से प्राप्त होते हैं। यथा—मामा या मौसा के पुत्र आदि।

कृत्रिम मित्र वे होते हैं, जो प्राप्त किए जाते हैं अर्थात् जो विजिगीषु को अपनी सहायता से अनुगृहीत करते हैं या जो स्वयं अनुग्रहीत होते हैं।

प्राकृत मित्र वे होते हैं, जो पड़ोसी राज्य की सीमा से सटे हों।

समग्रतः 'अर्थशास्त्र' में राज्य के सातों अंगों का समुचित निरूपण किया गया है।

□

राज्य की शासन-व्यवस्था

प्राचीन शासन-व्यवस्था में मंत्रिपरिषद् का महत्त्वपूर्ण स्थान था, क्योंकि राष्ट्र-संगठन की दृष्टि से यह आवश्यक था। यूँ देखा जाए तो मंत्रिपरिषद् की उत्पत्ति वैदिकयुगीन राष्ट्रीय सभा से हुई थी। बाद में हिंदू राज्यों के अभ्युदय और उन्नयन की दृष्टि से उपयोगिता निरंतर बढ़ती गई।

यही कारण है कि धर्म, अर्थ, शासन, न्याय आदि विषयों पर लिखे गए ग्रंथों पर इस विषय में गंभीरता से विचार किया गया है और एक चिरस्थायी एवं सर्वांगीण साम्राज्य की सुरक्षा-व्यवस्था के लिए उसकी आवश्यकता पर बल दिया गया। 'अर्थशास्त्र' में मंत्रियों की उस राष्ट्रीय सभा को मंत्रिपरिषद् कहा गया है। जबकि अशोक के शिलालेखों तथा जातकों में यह क्रमशः 'परिसा' और 'महावस्तु' कहलाई। धर्मसूत्रों, धर्मशास्त्रों और अर्थशास्त्रों में स्पष्ट कहा गया है कि मंत्रिपरिषद् की स्वीकृति तथा उसके सहयोग के बिना राजा को कोई कार्य नहीं करना चाहिए।

कौटिल्य एक राज्य-शासनप्रणाली के समर्थक थे, जिसमें राजा ही कर्ता-धर्ता होता है; फिर भी मंत्रिपरिषद् की अनिवार्यता को उन्होंने स्वीकार किया है। कौटिल्य के अनुसार राजा को अपने प्रत्येक महत्त्वपूर्ण कार्य मंत्रिपरिषद् के परामर्श के बिना नहीं करने चाहिए। राजा और मंत्रि साम्राज्यरूपी गाड़ी के दो पहिए हैं, जिनके बिना राज्य आगे नहीं बढ़ सकता।

मंत्रिपरिषद् में कितने मंत्री होने चाहिए। इस संबंध में कौटिल्य ने बृहस्पति और शुक्राचार्य को ही उद्धृत किया है अन्य किसी को नहीं।

'अर्थशास्त्र' के अनुसार मंत्री के पाँच अंग बताए गए हैं—कार्य आरंभ करने का तरीका, योग्य पुरुष का सहयोग, द्रव्य संचय, देश तथा काल का विचार, अनर्थों से आत्मरक्षा और अभीष्ट सिद्धि का विचार। कौटिल्य ने मंत्रिपरिषद् के 4 सदस्य बताए हैं—मंत्री, पुरोहित, सेनापति और युवराज। (अर्थशास्त्र-पृ.-33)

इनके अतिरिक्त पौर और जानपद आदि भी परिषद् के सदस्य होते थे।

राज्य की शासन व्यवस्था को सुचारु रूप से चलाने के लिए जिन अधिकारियों को नियुक्त करने का परामर्श दिया गया है वे इस प्रकार हैं—

1. मंत्री
2. पुरोहित
3. सेनापति—सेना विभाग का मंत्री
4. युवराज
5. दौवारिक—राजप्रासाद का प्रधान अधिकारी
6. अंतर्वंशिक—राजवंश के गृहकार्यों का प्रधान अधिकारी
7. प्रशास्तृ या प्रशास्ता—कारागारों का प्रधान अधिकारी
8. समाहर्ता—माल विभाग का मंत्री
9. सन्निधाता—राजकोष का मंत्री
10. प्रदेष्टा—राजाज्ञाओं का प्रचार करनेवाला
11. नायक—सैनिकों का प्रधान अधिकारी
12. पौर—राजधानी का प्रधान शासक
13. व्यावहारिक—न्यायकर्ता, न्यायाधीश
14. कार्मान्तिक—खानों और कारखानों आदि का प्रधान अधिकारी
15. सभ्य—मंत्रिपरिषद् का अध्यक्ष
16. दंडपाल—सेना के निर्वाह का कार्य करनेवाला प्रमुख अधिकारी
17. अंतपाल या राष्ट्रांतपाल—सीमाप्रांतों का प्रधान अधिकारी
18. दुर्गपाल—शत्रुओं से देश की रक्षा करनेवाला अधिकारी

इन 18 राज्याधिकारियों को कौटिल्य ने तीन वर्गों में वर्गीकृत किया है—

1. मंत्री, पुरोहित, सेनापति और युवराज
2. दौवारिक, अंतर्वंशिक, प्रशास्तृ, समाहर्ता और सन्निधाता
3. प्रदेष्टा, नायक, पौर, व्यावहारिक, कार्मांतिक, सभ्य, दुर्गपाल और अंतपाल।

राजदूत

आज के राजदूतों के समान प्राचीनकाल में भी राजदूतों को गौरव प्राप्त था। कौटिल्य ने दूतों को राजा का मुख माना है, क्योंकि अपने राज्य में राजा जैसे नीति-नियम करता है, परराष्ट्र में वही कार्य राजदूत करता है। वहाँ वह राजा का प्रतिनिधि होता है।

इसीलिए कौटिल्य ने राजदूत के आचार-व्यवहार पर अत्यंत बारीकी से विचार किया है। कौटिल्य के अनुसार परराष्ट्र में प्राणों का भय होने पर भी राजदूत को अपने राजा

का संदेश अविकल रूप में दूसरे राजा के समक्ष प्रस्तुत करना चाहिए।

कौटिल्य ने राजदूत को कुछ विशेषाधिकार दिए हैं, जैसे आत्मरक्षा। प्राय: सभी धर्मशास्त्रों में तथा राजनीति के शास्त्रों में राजदूत को अवध्य घोषित किया है। कौटिल्य ने तो यहाँ तक कह दिया है कि राजदूत चांडाल ही क्यों न हो, वह अवध्य है, क्योंकि उसका कार्य तो अपने मालिक का संदेश पहुँचाना है। महाभारत, रामायण आदि की विभिन्न कथाओं से इस तथ्य की पुष्टि होती है।

राजदूत की अवध्यता अंतरराष्ट्रीय स्तर पर स्वीकृत थी। अगर कोई राजदूत वैधानिक दृष्टि से अक्षम्य अपराध कर बैठता था, तब भी उसे सजा दी जाती थी किंतु प्राणदंड नहीं।

'अर्थशास्त्र' के अनुसार राजदूत की तीन श्रेणियाँ थीं—

1. निसृष्टार्थ,
2. परिमितार्थ और
3. शासनहर

पहली श्रेणी के दूत राजा का संदेश लाने-ले जाने का कार्य करते थे। राजा के कार्य की सिद्धि के लिए वे अपनी ओर से भी बात करते थे। दूसरी श्रेणी के दूत की पहुँच कुछ निर्धारित सीमाओं तक ही सीमित थी। तीसरी श्रेणी के दूत केवल संदेश का आदान-प्रदान करते थे।

गुप्तचर व्यवस्था

कौटिल्य की राजनीति में गुप्तचरों का महत्त्वपूर्ण स्थान था। वे शासक को प्रजा के कष्टों, क्लेशों और पीड़ाओं से अवगत कराते थे। अराजक तत्त्वों और राजकीय नियमों का पालन न करनेवालों पर रोक लगानेवालों का गमन कैसे हो, इसकी सूचना राजा तक पहुँचाना गुप्तचरों का प्रमुख कार्य था।

कौटिल्य ने कार्यभेद के आधार पर गुप्तचरों के निम्निलिखित नौ विभाग किए हैं—

1. कापटिक
2. उदास्थित
3. गृहपतिक
4. वैदेहक
5. तापस
6. सत्री
7. तीक्ष्ण
8. रसद
9. भिक्षुकी

□

वर्णाश्रम-व्यवस्था

भारतीय सामाजिक इतिहास में वर्णाश्रम-व्यवस्था का विशेष महत्त्व रहा है। यहाँ तक कि वर्ण-विरोधी बौद्ध एवं जैन धर्म भी इसका पूर्ण रूप से त्याग नहीं कर सके। अपने दीर्घकालीन इतिहास के सम-विषम पथ पर संघर्ष-विघर्ष का सामना करती हुई यह व्यवस्था निरंतर चलती रही। सदी-दर-सदी बीत गईं, देश में अनेक राजनीतिक एवं धार्मिक परिवर्तन हुए, नए-नए राज्य बनते और बिगड़ते रहे, नए-नए धर्मों की उन्नति और अवनति होती रही, किंतु वर्णाश्रम-व्यवस्था का विलोप न हो सका।

हाँ, देश-काल में परिवर्तन होने पर परिवर्तन अवश्य हुए, एक वर्ण पर दूसरे का और दूसरे पर तीसरे का प्रभाव घटता-बढ़ता रहा। भारतीय इतिहास में प्रभाव एवं प्रभुत्ता के लिए वर्णों का यह पारस्परिक संघर्ष उतना ही महत्त्वपूर्ण रहा है, जितना राजनीतिक इतिहास में सिंहासनों के लिए राजवंशों का पारस्परिक संघर्ष आज भी तमाम कानूनों और जातिवादी राजनीतिक दलों के बावजूद यह व्यवस्था विद्यमान है।

चार वर्ण

इस परंपरागत वर्ण-व्यवस्था में प्रमुखतः चार वर्णों का उल्लेख किया जाता है—ब्राह्मण, क्षत्रिय, वैश्य और शूद्र। इन चारों में ब्राह्मण को सर्वोच्च स्थान प्राप्त है। कार्य निर्धारण की दृष्टि से ब्राह्मण को समाज में ज्ञान-प्रचार का कार्य सौंपा गया था। क्षत्रिय अपने बाहुबल से ब्राह्मण तथा अन्य वर्णों की रक्षा करते थे। वैश्य व्यापार करके राज्य की अर्थव्यवस्था को व्यवस्थित रखने में योगदान करते थे और शूद्र उपर्युक्त तीनों वर्णों की सेवा से बँधे थे।

राजा की आय का प्रमुख साधन राजकर होता था। आज भी सरकार की आर्थिक नीति करों पर ही आधारित है। अर्थशास्त्र के अनुसार सैल्यूकस के आक्रमण के समय जब प्राप्त राजकर से कार्य नहीं सध पाया तो कौटिल्य ने प्रजा से धन-संग्रह करने के लिए

आकाश-पाताल एक कर दिया था। उसने बड़े विलक्षण उपाय खोजे, यहाँ तक कि चंद्रगुप्त ने अपनी प्रजा से भिक्षा माँगते हुए कहा था कि आप लोग मुझ पर अपना प्रेम सूचित करने के लिए धन दें। इस विपत्ति से छुटकारा पाने के लिए देवमंदिरों तक से धन वसूल किया था।

'अर्थशास्त्र' के अनुसार राजा का कर्तव्य है कि वह यह देखे कि हर वर्ण अपने धर्म के अनुसार चलता है या नहीं। जो राजा वर्ण-व्यवस्था की रक्षा करता है, वह श्रेष्ठ राजा है।

'अर्थशास्त्र' में चारों वर्णों के धर्मों का प्रतिपादन किया गया है—

स्वधर्मो ब्राह्मणस्याध्ययनमध्यापनं यजनं याजनं दानं प्रतिग्रहश्चेति।
क्षत्रियस्याध्ययनं यजनं दानं शस्त्राजीवो भूतरक्षणं च।
वैश्यस्याध्ययनं यजनं दानं कृषिपाशुपाल्ये वणिज्या च।
शूद्रस्य द्विजातिशुश्रूषा वार्ता कारुकुशीलवकर्म च।

(अर्थशास्त्र, 1/4/3)

(ब्राह्मण का धर्म है—अध्ययन-अध्यापन, यज्ञ करना-कराना, दान देना व लेना। क्षत्रिय का धर्म है—पढ़ना, यज्ञ करना, दान देना, शस्त्र बल से जीवन निर्वाह करना और प्राणियों की रक्षा करना। वैश्य का धर्म है—पढ़ना, यज्ञ करना, दान देना, कृषि करना, पशुपालन और व्यापार। इसी प्रकार शूद्र का धर्म है—द्विजातियों (ब्राह्मण, क्षत्रिय और वैश्य) की सेवा करना, वार्त्ता (खेती व पशुपालन), शिल्प, गायन, वादन एवं चारणभाट आदि का कार्य।)

वर्णों के कार्य

'अर्थशास्त्र' के अनुसार, ब्राह्मण का पुत्र ब्राह्मण का ही कार्य करे और शूद्र का पुत्र शूद्र का ही पेशा अपनाए, जो ऐसा करता है, वह स्वर्ग को प्राप्त करता है, उसे मोक्ष की प्राप्ति होती है। यदि वर्णों के धर्मों का पालन न किया जाए तो लोक नष्ट हो जाता है। समाज में अव्यवस्था फैल जाती है। अतः राजा वर्णों के धर्मों का कड़ाई से पालन कराए; शूद्र के पुत्र को द्विजातियों की सेवा में ही लगाए। ऐसा राजा ही श्रेष्ठ है और वह परलोक में सुख पाता है—

स्वधर्मः स्वर्गायानन्त्याय च,
तस्यातिक्रमे लोकः संङ्करादुच्छिद्येत।
तस्मात्स्वधर्मं भूतानां राजा न व्यभिचारयेत्।
स्वधर्मं सन्दधानो हि प्रेत्य चेह च नन्दति॥

(अर्थशास्त्र, 1/2/9-10)

(अपने वर्ण का धर्म पालन करने से स्वर्ग और मोक्ष की प्राप्ति होती है। उसका पालन न करने से वर्णों और कर्मों में संकरता आती है। (अंतरजातीय विवाहों से वर्णसंकर संतानें पैदा होती हैं), जिससे लोक (संसार/समाज) का नाश हो जाता है। इसलिए राजा का कर्तव्य है कि वह प्रजा को अपने वर्ण धर्म से इधर-उधर न होने दे। अपनी प्रजा को वर्ण धर्म और वर्ण कर्म में प्रवृत्त रखनेवाला राजा लोक और परलोक में सुखी रहता है।)

वर्ण-व्यवस्था को लागू करने के लिए 'अर्थशास्त्र' ने प्रलोभन और भय दोनों दिखाए हैं तथा राजशक्ति का भी सहारा लिया है। पहले तो वह वर्ण के अनुसार पेशा आदि अपनानेवाले को स्वर्ग व मोक्ष का प्रलोभन देता है, फिर यह सोचकर कि संभव है स्वर्ग आदि के झाँसे में लोग न आएँ, वह लोक के नाश का भय दिखाता है। फिर वह राजशक्ति द्वारा समाज में विघटन के लिए अग्रसर होता है। वह राजा को भी स्वर्ग, परलोक आदि के सब्जबाग दिखाता है ताकि उनके प्रलोभन में आकर ही वह वर्ण-व्यवस्था को लागू करे।

वर्ण-व्यवस्था को लागू करवाने के लिए भाँति-भाँति के हथकंडे अपनाने के पीछे रहस्य यह है कि वह अपने वर्णहितों को हर तरह से सुरक्षित करना चाहता है, ताकि उसके वर्ण के विशेषाधिकारों, उसकी सुरक्षाओं और उसकी सुख-सुविधाओं का जीवनबीमा हो जाए।

धर्म-प्रवर्तक राजा

वर्ण-व्यवस्था को स्थापित व सख्ती से लागू करने के लिए 'अर्थशास्त्र' राजा को बार-बार प्रेरित करता है। वह उसे 'धर्म का प्रवर्तक' घोषित करता है—

राजधर्मप्रवर्तकः

(अर्थशास्त्र, 3/3/19)

ब्राह्मणों की महत्ता

'अर्थशास्त्र' के अंतर्गत चारों वर्णों में ब्राह्मणों को सर्वाधिक महत्त्व दिया गया है। वह कहता है—

पुरोहितमुदितोदितकुलशीलं षड्ङ्गे वेदे दैवे निमित्ते दण्डनीत्यां,
चाभिविनीतमापदां दैवमानुषीणाम् अथर्वभिरुपायैश्च प्रतिकर्तारं कुर्वीत।
तमाचार्यं शिष्यः, पितरं पुत्रो, भृत्यः स्वामिनमिव चानुवर्तेत।

(अर्थशास्त्र, 1/9/4)

(राजा उच्च कुलोत्पन्न, शीलवान, वेदज्ञ, ज्योतिषशास्त्र-शकुनशास्त्र-दंडनीति में

पारंगत, अथर्ववेद में निर्दिष्ट उपायों (टोने-टोटके आदि) द्वारा दैवी तथा मानुषी विपत्तियों का प्रतिकार करनेवाले ब्राह्मण को पुरोहित नियुक्त करे। जैसे गुरु के पीछे शिष्य, पिता के पीछे पुत्र और स्वामी के पीछे भृत्य चलता है, वैसे ही राजा को पुरोहित के पीछे-पीछे, उसके कहे अनुसार, चलना चाहिए।)

राजा को प्रलोभन दिया गया है कि यदि तुम पुरोहित के निर्देशानुसार चलोगे तो बिना युद्ध किए ही विजयी होते हुए तुम अलभ्य वस्तुओं को आसानी से प्राप्त कर लोगे।

ब्राह्मणेनैधितं क्षत्रं मन्त्रिमन्त्राभिमन्त्रितम्।
जयत्यजितमत्यन्तं शास्त्रानुगमशस्त्रितम्॥

(अर्थशास्त्र, 1/9/5)

(ब्राह्मण पुरोहित से संवर्धित, योग्य मंत्रियों से अभिरक्षित और शास्त्रों में वर्णित अनुष्ठानों (पूजापाठ आदि) का आचरण करनेवाला राजा बिना युद्ध के ही अजेय एवं अलभ्य वस्तुओं को भी सहज में ही प्राप्त कर लेता है।)

'अर्थशास्त्र' राजा को इस तरह समझाने के साथ ही उसे धमकाता भी है कि यदि वह ब्राह्मण-पुरोहित के निर्देशों का पालन नहीं करेगा तो उनके श्राप से उसी तरह नष्ट हो जाएगा, जैसे भोजवंशीय दांडक्य नामक राजा ब्राह्मण की कन्या का अपहरण करने के अपराध में उस (कन्या) के पिता के श्राप से सपरिवार एवं सराष्ट्र विनष्ट हो गया था, जैसे ब्राह्मणों से कलह करनेवाला राजा जनमेजय उनके श्राप से नष्ट हो गया था और जैसे भृगुवंशियों से कलह करनेवाला तालजंघ तबाह हो गया था।

ब्राह्मणों के प्रति राजा के कर्तव्य

कौटिल्य ने राजा की जो दिनचर्या निर्धारित की है, उसमें भी यज्ञ, हवन करनेवाले ब्राह्मण (ऋत्विजों), पुरोहित, वेदपाठी, पुजारी आदि को विशेष महत्त्व दिया गया है—

अष्टमे ऋत्विगाचार्यपुरोहितसखः स्वस्त्ययनानि प्रतिगृह्णीयात्।
चिकित्सकमाहानसिकमौहूर्त्तिकांश्च पश्येत्।
तस्माद् देवताश्रमपाषंडश्रोत्रियपशुपुण्यस्थानानां
बालवृद्धव्याधितव्यसन्यांनाथानां स्त्रीणां च क्रमेण कार्याणि पश्येत्।

(अर्थशास्त्र, 1/19/3,5)

(राजा रात के अंतिम (आठवें) भाग में अर्थात् तड़के हवन आदि करनेवाले ऋत्विक, आचार्य और पुरोहित से स्वस्तिवाचन सहित (वेदमंत्रों के उच्चारण के दौरान) आशीर्वाद ग्रहण करे। इसी समय वह वैद्य, प्रधान रसोइए, ज्योतिषी आदि से भी तत्संबंधी बातों पर परामर्श करे। राजा के लिए उचित है कि देवालय, ऋषिआश्रम, पशुशाला, वेदपाठी ब्राह्मणों के संस्थान आदि के कार्यों का स्वयमेव विधिपूर्वक निरीक्षण करे।)

अग्न्यागारगतः कार्यं पश्येद् वैद्यतपस्विनाम्।
पुरोहिताचार्यसखः प्रत्युत्थायाभिवाद्य च॥ 2॥

(अर्थशास्त्र, 1/19/7)

(राजा को चाहिए कि पुरोहित एवं आचार्य के साथ यज्ञशाला में उपस्थित होकर उन विद्वानों और तपस्वियों के कार्यों को खड़े-खड़े अभिवादनपूर्वक देखे।)

'अर्थशास्त्र' ने राजा के लिए यह व्यवस्था बनाई है कि वह दंड एवं कर से मुक्त भूमियों का दान करे।

ऋत्विगाचार्यपुरोहितश्रोत्रियेभ्यो ब्रह्मदेयान्यदण्डकराण्यभिरूपदायकानि प्रयच्छेत्।

(अर्थशास्त्र, 2/1/5)

(राजा ऋत्विक, आचार्य, पुरोहित, श्रोत्रिय आदि ब्राह्मणों को भूमिदान करे, किंतु उनके कर आदि न ले और न उस भूमि को ही वापस ले।)

इसके अतिरिक्त, जिस अकृष्य भूमि में पशुओं की चरागाहें बनवाई जाएँ, उनमें 8-10 किलोमीटर जगह वेदपाठी ब्राह्मणों और सोमयाग करनेवालों तथा तपस्वियों के लिए छोड़ देनी चाहिए—

अकृष्यायां भूमौ पशुभ्यो विवीतानि प्रयच्छेत्।
प्रदिष्टाभयस्थावरङ्गमानि च ब्राह्मणेभ्यो ब्रह्मसोमारण्यानि,
तपोवनानि च तपस्विभ्यो गोरुतपराणि प्रयच्छेत्।

(अर्थशास्त्र, 2/2/1)

(जिस भूमि में कृषि न होती हो, उसमें चरागाहें बनवाई जाएँ। जिस भूमि को वृक्ष, लता एवं मृग आदि के लिए छोड़ दिया गया हो, ऐसे दो कोस तक फैले हुए वन को वेदाध्यायी ब्राह्मणों को वेदाध्ययन एवं सोमयाग के लिए दे देना चाहिए। इसी प्रकार, तपोवन गोशालाओं को भूमि दी जानी चाहिए।)

ये ऋत्विक, पुरोहित आदि देवपूजा के समय पुजारी की, श्राद्ध के समय श्राद्ध खानेवालों की तथा दान दिए जाने के समय दान ग्रहण करनेवालों की भूमिका निभाते थे। इसलिए व्यय की मदें गिनाते हुए 'अर्थशास्त्र' कहता है—

देवपितृपूजादानार्थं स्वस्तिवाचनम्...चेति व्ययशरीरम्।

(अर्थशास्त्र, 2/22/6)

(देवपूजा, पितृपूजा, (श्राद्ध आदि), दान, स्वतिवाचन आदि धार्मिक कृत्य—ये सब व्यय के स्थान हैं।)

भावार्थ यह कि इन अवसरों पर राजा को पर्याप्त खर्च करना चाहिए।

रनिवास को सुरक्षित करने के लिए, उसे अग्निप्रतिरोधक बनाने के लिए पुरोहित के मंत्रोच्चारण की सहायता ली जाए और कुछ एक लालबुझक्कड़ी नुस्खे अपनाए जाएँ। यथा—

मानुषेणाग्निना त्रिरपसव्यं परिगतमन्त:पुरमग्निरन्यो न दहति:,
न चात्रान्योऽग्निर्ज्वलति, वैद्युतेन भस्मना मृत्संयुक्तेन करकवारिणाऽवलिप्तं च।
(अर्थशास्त्र, 1/20/3)

(यदि 'अथर्ववेद' के मंत्रों का उच्चारण करते हुए और बाईं ओर से तीन बार परिक्रमा करते हुए, मनुष्य की हड्डी में बाँस के रगड़ने से उत्पन्न अग्नि का अंत:पुर (रनिवास) से स्पर्श कराया जाए तो उसे आग जला नहीं सकती और न ही दूसरी अग्नि वहाँ जल सकती है। यदि बिजली के गिरने से जले हुए पेड़ की राख में उतनी ही मिट्टी मिला दी जाए और दोनों को धतूरे के पानी के साथ गूँथकर उसका दीवारों पर लेप कर दिया जाए तो वहाँ दूसरी अग्नि असर नहीं कर सकती।)

चार आश्रम

प्राचीन काल में वर्ण-व्यवस्था द्वारा जहाँ समाज में कार्य विभाजन किया गया था, वहीं आश्रम-व्यवस्था द्वारा पद्धति-निरूपण भी किया गया था। एक प्रकार से आश्रम-व्यवस्था मनुष्य के जीवन का पूरा समय-चक्र थी। इसके अंतर्गत समाज के प्रति व्यक्ति के कर्तव्य एवं उनका समय निर्धारित किया गया था। इस व्यवस्था की पृष्ठभूमि में लोक-संग्रह की भावना तथा राष्ट्र के उत्थान की उद्दाम चिंता थी।

'आश्रम' शब्द की व्युत्पत्ति 'श्रम' धातु से हुई है। अत: 'आश्रम' शब्द का अभिप्राय ऐसी व्यवस्था से है, जिसमें व्यक्ति श्रम करे। प्राचीन आचार्यों ने इस श्रम को चार भागों में बाँटा था—ब्रह्मचर्य, गृहस्थ, संन्यास और वानप्रस्थ। यह वर्गीकरण मनुष्य की आयु 100 वर्ष मान कर किया गया था। अर्थात् 25-25 वर्ष के क्रमश चार आश्रम निर्धारित किए गए थे।

जब आचार्य कौटिल्य ने वर्ण-व्यवस्था को अपनाकर सामाजिक परंपरा का निर्वाह किया था, तब कर्म और श्रम को महत्त्व देनेवाली आश्रम-व्यवस्था को 'अर्थशास्त्र' में समुचित स्थान न देने का प्रश्न ही नहीं उठता। उन्होंने वर्ण-व्यवस्था के साथ-साथ आश्रम-व्यवस्था का भी विवेचन किया है।

ब्रह्मचर्याश्रम

यह जीवन का प्रथम आश्रम है। इसके लिए जन्म से लेकर 25 वर्ष की उम्र तक का समय निर्धारित किया गया है। कौटिल्य ने ब्रह्मचारी का धर्म यानी कर्तव्य कर्म निर्धारित करते हुए लिखा है—

ब्रह्मचारिण: स्वाध्यायोऽग्निकार्याभिषेकौ भैक्षव्रतत्वमाचार्ये
प्राणान्तिकी वृत्तिस्तदभावे गुरुपुभे सब्रह्मचारिणी वा।
(अर्थशास्त्र, 1/2/5)

(ब्रह्मचारी नित्य स्वाध्याय, यज्ञ-भाग तथा स्नान करे। भिक्षावृत्ति अपनाकर क्षुधा-निवृत्ति करे। ब्रह्मचर्य की अवधिपर्यंत गुरु के, गुरु की अनुपस्थिति में गुरुपुत्र के अथवा समान शाखावाले अपने वरिष्ठ समपाठी के समीप (अनुशासन का संरक्षण) रहे।

गृहस्थाश्रम

ब्रह्मचर्य के बाद व्यक्ति गृहस्थाश्रम में प्रवेश करता है। चारों आश्रमों में इसे प्रधान माना गया है, क्योंकि अन्य आश्रमों का आधार यही है। शायद इसीलिए आपस्तंब ने आश्रमों की चर्चा करते हुए सर्वप्रथम इसी आश्रम का उल्लेख किया है। गौतम और बौधयन ने भी इसी आश्रम को प्राथमिकता दी है।

कौटिल्य ने भी सर्वप्रथम गृहस्थाश्रम का उल्लेख किया है, उसके बाद ब्रह्मचार्य का। गृहस्थ के कर्तव्यों का उल्लेख करते हुए उनका कथन है कि उसे अपनी पैतृक-परंपरा से चला आ रहा व्यवस्था आनाकर जीविकोपार्जन करना चाहिए। उसे परिस्थिति के अनुसार स्वजातीय अथवा विजातीय कुलीन और रूपवती कन्या से विवाह करना चाहिए पत्नी के ऋतुमती होने के बाद ऋतुस्नात्म होने पर ही, उसके साथ समागम करके संतान उत्पन्न करना चाहिए। उसे देवों, पितऍं, अतिथियों और सेवकों के लिए अन्न, जल आदि की व्यवस्था के उपरांत ही अवशिष्ट भोजन ग्रहण करना चाहिए।

गृहस्थस्य स्वकर्माजीवस्तुल्यैरसमानर्षिभिर्वैवाह्य मृतुगामित्वं
दे वपित्रतिथिभृत्येषु त्याग-शेषभोजनं च।

(अर्थशास्त्र, 1/3/4)

वानप्रस्थाश्रम

गृहस्थाश्रम के सुखोपभोग करने के बाद वानप्रस्थाश्रम की व्यवस्था प्राचीन ऋषि-मुनियों ने की थी। गौरतलब है कि ऋग्वेद-काल में इस आश्रम का उल्लेख नहीं मिलता। परवर्ती वैदिक साहित्य में वानप्रस्थ के लिए 'वैखानस' शब्द का प्रयोग हुआ था। गौतम और बौधायन ने इसी शब्द का प्रयोग किया है। वैदिककालीन वैखानस से ही परकालीन वानप्रस्य का विकास हुआ है वैदिक साहित्य में वानप्रस्थ का सर्वप्रथम स्पष्ट उल्लेख 'ज्मबालोपनिषद्' में मिलता है—

'ब्रह्मचर्यें परिसमाप्य गृही भवेद्,
गृही भूत्वा वनी भवेद्वनी भूत्वा प्रव्रजेत्।

(जाबालोपनिषद्, 4)

सामान्यत: इस आश्रम में ब्राह्मण और क्षत्रिय ही प्रवेश करते थे। वैश्यों में कदाचित वानप्रस्थाश्रम अधिक प्रचलित नहीं था। वैश्यों में कदाचित वाप्रस्थाश्रम का एककाम उदाहरण

श्रवण कुमार के पिता का ही मिलता है। शूद्रों के लिए तो केवल गृहस्थाश्रम की ही शास्त्रीय व्यवस्था थी।

कौटिल्य के अनुसार, वानप्रस्थी को ब्रह्मचर्यपूर्वक जीवन व्यतीत करना चाहिए, अर्थात समीसंग से दूर रहना चाहिए। स्वाध्याय तथा यज्ञमदि का नित्य अनुष्ठान करना चाहिए। उसे भूमि पर सोना चाहिए और मृगचर्म धारण करना चाहिए। उसे प्रतिदिन स्नान, अग्निहोत्र, देवों, पितऐं और अतिथियों की सेवा करनी चाहिए।

कंदमूल फल खाकर ही जीवन बिताना चाहिए—

वानप्रस्थस्य ब्रह्मचर्यं भूमौ शय्या जटाऽनिधारण-
मग्निहोत्राभिषेकौ देवतापित्रतिथिपूजा वन्यश्चाहोरः।

(अर्थशास्त्र, 1/3/6)

संन्यासाश्रम

वानप्रस्थ के समान संन्यास्त्रश्रम की ऋग्वेद काल के बाद की देन है। वैसे ऋग्वेद में ऋषियों और मुनियों का उल्लेख मिलता है, जिसे परवर्ती संन्यासश्रम की आधार पीठी का कहा जा सकता है। संन्याश्रम का प्रथम स्पष्ट उल्लेख बृहदारण्यक उपनिषद् में मिलता है इस आश्रम की विशेषता यह थी कि इसमें ब्रह्मचर्याश्रम अथवा गृहस्थाश्रम के पश्चात् स्थियों प्रवेश भी संभव था। इसके लिए प्रथम तीन आश्रमों से होकर गुजरना आवश्यक नहीं था। यह आश्रम एवं इसमें दीक्षित मनुष्य कई नामों से संबोधित होते थे, यथा-मौन, परिव्रातक, भिक्षु, अति, संन्यासि आदि।

इस दृष्टि से 'अर्थशास्त्र' में 'परिव्राजक' शब्द का प्रयोग किया गया है—

परिव्राजकस्य संयतेन्द्रियत्वमनारम्भो
निष्किञ्चनत्वां सङ्गत्यागो भैक्षमनेकभरण्ये वासो
बाह्यभाम्यन्तरं च शौचम्।

(अर्थशास्त्र, 1/3/7)

(संन्यासी का धर्म है कि उसे जितेंद्रिय होना चाहिए। उसे न तो किसी नए कार्यों के आरंभ करने की बात सोचनी चाहिए और न ही संग्रहशील होना चाहिए। उसे समुदाय से अलग अकेले रहते हुए भिक्षा माँगकर अपना निर्वाह करना चाहिए। उसे प्राणरक्षा के लिए अल्प मात्रा में ही भोजना करना चाहिए। उसे वन में भी एक ही स्थान पर स्थायी रूप से नहीं रहना चाहिए। उसे मंद वचन और कर्म से पवित्र रहना चाहिए।

वानप्रस्याश्रम और संन्यासाश्रम में मूलभूत अंतर यह प्रतीत होता है कि वानप्रस्थी का संबंध अपने घर-परिवार से बना रह सकता था, जबकि संन्यारणश्रम में यह संबंध बिलकुल नहीं रह सकता था।

□

धर्म और राजनीति

धर्म और राजनीति दो अलग-अलग बातें हैं। धर्मपरायण लोग राजनीति से प्रायः दूर ही रहते हैं—'सतन कौं सीकरी सौं का काम है।' किंतु विडंबना यह है कि राज-काज में किसी एक को अपना कर सफलता नहीं मिल सकती। एक ओर राजा को व्यवस्थित राजकाज के लिए राजनीति का सहारा लेना पड़ता है, तो दूसरी ओर जनहित में धर्म-कर्म करते हुए धर्म की रक्षा भी करनी पड़ती है। इसीलिए कौटिल्य ने 'अर्थशास्त्र' में राजा को धर्म के सहारे राजनीति करने की सलाह दी है।

'अर्थशास्त्र' कहता है के सहारे धर्म की आड़ में राजा को स्वयं भी और अपने मंत्रियों व गुप्तचरों द्वारा भी राजनीति करनी-करानी चाहिए। कौटिल्य ने अपने 'अर्थशास्त्र' के कई अध्यायों में धर्म और राजनीति पर चर्चा की है। यहाँ ध्यान देने की बात यह है कि 'अर्थशास्त्र' की राजनीति और कूटनीति व्यवस्थित राजकाज के साथ-साथ शत्रु राजा के विनाश को ध्यान में रखकर विवेचित है।

धार्मिक स्थलों पर विन्मश के उपाय कौटिल्य ने राजा को सलाह दी है कि धार्मिक स्थलों पर सलाह दी है कि धार्मिक स्थलों पर शमु राजा का विनाश सहज संभव है।

देवतेज्यायां यात्रायाममित्रस्य बहूनि पूज्यागमस्थानि भक्तितः।
तत्रास्य योगमुब्जयेत्।

(अर्थशास्त्र, 12/5/1)

(देवपूजन अथवा देवयात्रा के ऐसे अनेक अवसर आते हैं जब शत्रु राजा अपनी भक्ति के अनुसार पूजा के लिए वहाँ आता-जाता है। ऐसे ही अवसरों पर कूट उपायों द्वारा उसके विनाश का यत्न करना चाहिए।)

देवतागृहप्रविष्टस्योपरि यन्त्रमोक्षणेन गूढभित्तिं शिलां वा पातयेत्। देवतादेहस्थप्रहरणानि वास्योपरिष्टात्पातयेत्।…रसमतिचारयेत् पुष्पचूर्णोपहारेण वा।

(अर्थशास्त्र, 12/5/2)

(जब शत्रु राजा देवगृह (मंदिर आदि) के अंदर प्रविष्ट हो तब उसके ऊपर यंत्र छोड़कर गूढ़भित्ति (गुप्तदीवार) और शिला को गिरा दिया जाए, या देवता की देह पर बँधे हुए हथियार उस पर गिरा दिए जाएँ, या देवता के प्रसाद के रूप में उसे फूलों की विष मिली बुकनी दी जाए।)

दैवतोपहारश्राद्धप्रवहणेषु वा रसविद्धमन्नपानमवसृज्य
कृतोपजापो दूष्यव्यञ्जनैर्निष्पत्य गूढसैन्योऽभिहन्यात्।

(अर्थशास्त्र, 12/5/15)

(देवताओं को उपहार चढ़ाने, श्राद्ध तथा प्रवहण आदि के अवसरों पर शत्रु को विषाक्त अन्नादि देकर गुप्तचरों द्वारा शत्रुपक्ष में उपजाप करके, उनके लोगों को बहकाकर व राजा के विरुद्ध भड़काकर, छिपी हुई सेना को लेकर धावा बोल दे।) अर्थात् जब शत्रु राजा देवतापूजन, श्राद्ध आदि में व्यस्त हो, तक उससे राजनीति करे।

विजय के इच्छुक राजा का दुर्ग जब शत्रु ने हथिया लिया हो तब वह धर्म का किस प्रकार अपने हित में प्रयोग करे, इस बाबत बताते हुए 'अर्थशास्त्र' कहता है—

एवं गृहीतदुर्गो वा प्राश्यप्राशं चैत्यमुपस्थाप्य दैवतप्रतिमाच्छिद्रं प्रविश्यासीत, गूढभित्तिं वा दैवतप्रतिमायुक्तं भूमिगृहम्। विस्मृते सुरुंगया रात्रौ राजावासमनुप्रविश्य सुप्तमित्रं हन्यात्।

(अर्थशास्त्र, 12/5/16)

(शत्रु द्वारा अपना दुर्ग ले लिए जाने पर विजिगीषु (विजय के इच्छुक) राजा को चाहिए कि वह पर्याप्त खाद्य सामग्री रखकर किसी देवालय की प्रतिमा में छेद करके उसके भीतर घुसकर बैठ जाए, तथा किसी दीवार में छेद करके वहाँ बैठ जाए, या किसी देवप्रतिमा से युक्त तहखाने में बैठ जाए। वहाँ काफी देर रहे। जब शत्रु राजा, विजिगीषु को सर्वथा नष्ट हुआ जानकर सर्वथा भुला दे तब सुरंग द्वारा रात में राजा के शयनगार में प्रविष्ट होकर वहाँ राजा को मार डाले।)

सर्वज्ञाता का प्रचार

शत्रु के गाँव या नगर पर अधिकार करने के इच्छुक राजा को चाहिए कि वह स्वयं को सर्वज्ञ तथा देवता के दर्शन करनेवाला प्रचारित करके अपने पक्ष को उत्साहित और शत्रुपक्ष को निरुत्साहित करें—

विजिगीषुः परग्राममवाप्तुकामः सर्वज्ञदैवतसंयोगख्यापनाभ्यां
स्वपक्षमुद्धर्षयेत्, परपक्षं चोद्वेजयेत्।

(अर्थशास्त्र, 13/1/1)

विजयेच्छुक राजा अपने आपको 'सर्वज्ञ' कैसे प्रचारित करे, इसकी विधियाँ भी

कौटिल्य ने बताई हैं—

सर्वज्ञख्यापनं तु गृहगुह्यप्रवृत्तिज्ञानेन प्रत्यादेशमुख्यानां,
कण्टकशोधनापसर्पागमेन प्रकाशनं राजद्विष्टकारिणां।
विज्ञाप्योपायनख्यापनमदृष्टसंसर्गविद्यासंज्ञादिभिः,
विदेशप्रवृत्तिज्ञानं तदहरेव गृहकपोतेन मुद्रासंयुक्तेन॥

(अर्थशास्त्र, 13/1/2)

(अपनी सर्वज्ञता का प्रचार-प्रसार करने के लिए विजयेच्छुक राजा को चाहिए कि वह अपने गुप्तचरों द्वारा, प्रमुख व्यक्तियों के घरों में गुप्त रूप में होनेवाले बुरे कामों का पता लगाकर, उन व्यक्तियों को उस तरह के कार्य करने से वर्जित करे। (वे हैरान रह जाएँगे कि राजा को कैसे पता चला। राजा उन्हें बताए कि मैंने योग साधना से सारा पता लगाया है, मुझे देवी की सिद्धि प्राप्त है, वह सबकुछ बता देती है, आदि।) इसी तरह (अपने शत्रुओं को प्रभावित व अपनी सर्वज्ञता से हतप्रभ करने के लिए) वह अपने शत्रुओं की गुप्त बातों को अपने गुप्तचरों द्वारा जानकर उन्हें उनके सामने प्रकट करे और उन्हें ऐसा करने से रोके। दूसरे लोगों के नाचने-गाने के संकेतों द्वारा अथवा गुप्तचरों से पता लगाकर भेंटस्वरूप आनेवाली वस्तुओं को वह पहले ही बतला दे। विदेश (अर्थात् भारत के ही दूसरे राज्य में या अपने राज्य के ही दूरस्थ ग्राम व नगर) में घटित होनेवाली घटना को वह कबूतर के माध्यम से भेजे संदेश द्वारा जानकर अपने घर पर बैठा ही बतला दे।)

दैव साक्षात्कार

जहाँ सर्वज्ञता से काम न चले, वहाँ वह दैव साक्षात्कार अर्थात् देवता के दर्शन का नाटक रचे। लोगों में प्रचारित करवाए कि उसने देवता के दर्शन कर लिये हैं और उस देवता की शक्ति राजा में लोकोत्तर शक्ति पैदा करती है, जिससे वह अतिभौतिक/पराभौतिक शक्तिसंपन्न व्यक्ति है।

अपने तथा कथित दैव साक्षात्कार की बात वह किस प्रकार फैलाए, इसके विषय में 'अर्थशास्त्र' में अनेक विधियाँ बताई गई हैं—

सुरुंगामुखेनाग्निचैत्यदैवतप्रतिमाच्छिद्रानुप्रविष्टैरग्निचैत्यदैवतव्यं जनैः संभाषणं पूजनं च,
उदकादुत्थितैर्वा नागवरुणव्यञ्जनैः संभाषापूजनं च,
रात्रावंतरुदके समुद्रवालुकःकोषं प्रणिधायाग्निमालादर्शनम्,
...तैर्वरुणनागकन्यावाक्यक्रिया संभाषणं च, कोपस्थानेषु मुखादग्निधूमोत्सर्गः।

(अर्थशास्त्र, 13/1/3)

(अपने दैव साक्षात्कार के प्रचार-प्रसार के लिए विजिगीषु राजा को चाहिए कि

सुरंग द्वारा आग के बीच में, देवताओं की अंदर से पोली मूर्तियों के बीच में और चैत्य (चिताभस्म आदि पर बनाई गई ईंटगारे की समाधि अथवा मजार) के बीच में अपने गुप्तचर को छिपाकर बैठाए और फिर राजा उससे बात करे (जब राजा बुलाए, मूर्ति के अंदर छिपकर बैठा हुआ गुप्तचर बोले और राजा प्रजा को दिखाए कि देखो देवता मेरे साथ बात करता है, मैंने यह देवता 'सिद्ध' कर रखा है। यह सदा मेरे काम करता है, मुझे गुप्त सूचनाओं से अवगत कराता है) और उस मूर्ति का पूजन करे। अथवा, पानी से नागदेव तथा वरुणदेव के वेश में (पहले से वहाँ छिपकर बैठे) निकलनेवाले गुप्तचरों से बातचीत करे और उनकी पूजा करे (ताकि लोग समझें कि राजा ने इन देवताओं को सिद्ध कर रखा है तभी तो वे उसकी बातों का इनसान की तरह उत्तर देते हैं।) रात में ऐसी मजबूत पेटियों में रेत भरकर उन्हें पानी में छिपा दिया जाए जिनके अंदर पानी प्रविष्ट न हो सके। फिर उनके द्वारा पानी में आग लगाकर दिखाई जाए। जल में तैरते हुए गुप्तचर रात को वरुण कन्याओं और नागकन्याओं जैसी आवाजें निकालें। राजा उनके साथ बातचीत करे। क्रोध में आकर वह औषधियों की सहायता से मुँह से आग और धुआँ उगले (ताकि लोग समझ सकें कि राजा भी कितना दैवीशक्ति संपन्न है।)

भीड़ जुटाने के उपाय

जब राजा इस तरह धर्म से राजनीति कर रहा हो, धर्म के नाम पर लोगों को बुद्धू बनाकर अपनी सर्वज्ञता, अपने दैवी साक्षात्कार आदि का प्रदर्शन कर रहा हो, तब वहाँ लोगों की संख्या थोड़ी ही होगी, क्योंकि न पहले मुनादी करके सबको बुलाया जा सकता है और न उन छोटे स्थानों पर सबके खड़े होने के लिए स्थान ही संभव है।

ऐसे में राज्य भर में लोगों को यह सब चामत्कारिक घटनाक्रम कैसे ज्ञात होगा? 'अर्थशास्त्र' ने इस प्रश्न की उपेक्षा नहीं की है। उसने लिखा है—

> तदस्य स्वविषये कार्तान्तिक-नैमित्तिक-मौहूर्तिक-पौराणिक-ईक्षणिक-गूढपुरुषः साचिव्यकरास्तद्दर्शिनश्च प्रकाशयेयुः। परस्य विषये दैवतदर्शनं दिव्यकोषदण्डोत्पत्तिं चास्य ब्रूयुः, दैवतप्रश्ननिमित्तवायसाङ्गविद्यास्वप्नमृगपक्षिव्यास हारेषु चास्य विजयं ब्रूयुः, विपरीतममित्र स्य सदुन्दुभिमुल्कां च परस्य नक्षत्रे दर्शयेयुः।
>
> (अर्थशास्त्र, 13/1/4)

(राजा की इस तरह की आश्चर्यजनक बातों को उसके सहायक तथा दैवज्ञ (भविष्यवक्ता), नैमित्तिक (शुभाशुभ फल को बतानेवाले), मौहूर्तिक (मुहूर्त निकालने/बतानेवाले), पौराणिक (कथावाचक), प्रश्नवक्ता (प्रश्न लगानेवाले ज्योतिषी) और गुप्तचर सर्वत्र प्रचारित करें। शत्रु के राज्य में भी ये लोग राजा के दैवी साक्षात्कार, उसकी

दैवी सेना व उसके दिव्यकोष की सनसनीपूर्ण खबरें फैला दें। वे दैवतप्रश्न (भाग्य प्रश्न), शकुन (निमित्त), काकविद्या (कौए के बोलने आदि से भविष्य बताना), अंगविद्या (शरीर के अंगों को देखकर भविष्य बताना), स्वप्न आदि सभी निमित्तों (शकुनों) से राजा की भावी विजय का प्रचार करें तथा उल्कापात आदि को दिखाकर यह बात फैलाएँ कि उस (शत्रु) का कोई बहुत बड़ा अनिष्ट होनेवाला है।)

कुल मिलाकर 'अर्थशास्त्र' का मंतव्य, धार्मिक अंधविश्वास, टोने-टोटके आदि होता है। शायद यही तत्कालीन आपसी बैर-फूट का लक्ष्य भी था।

□

कौटिल्यकालीन शस्त्रास्त्र यानी यंत्र

जैसा कि पूर्वोल्लिखित है कि 'अर्थशास्त्र' की रचना राजनीतिक दृष्टि से की गई थी। अत: इसमें जब युद्ध संबंधी विवरण दिया गया है तब युद्ध में प्रयुक्त होनेवाले विभिन्न अस्त्रों-शस्त्रों का भी वर्णन स्वाभाविक है। 'अर्थशास्त्र' में मुख्यत: षड्वर्गीय शस्त्रास्त्रों का निरूपण किया है—अचल, चल, हलमुख, धनुष-बाण, खड्ग, क्षुरवर्गीय। गौरतलब है कि कौटिल्य ने शस्त्रास्त्रों के लिए प्राय: 'यंत्र' शब्द का प्रयोग किया है इस वर्ग के अंतर्गत वे यंत्र उगते हैं, जो प्राय: एक स्थान पर रखे तथा हाथ में लेकर प्रहार के लिए प्रयोग किए जाते हैं। टीकाकारों ने इन्हें 'स्थित यंत्र' भी कहा है। कौटिल्य ने 'अर्थशास्त्र' में इस वर्ग के अंतर्गत निम्नलिखित दस शस्त्रास्त्रों का उल्लेख किया है—

सर्वतोभद्रजामदग्न्यबहुमुखविश्वासघाटीयानक
पर्जन्यकबाहूर्ध्वबाह्वर्धबाहूनि स्थिरयन्त्राणि।

(अर्थशास्त्र, 2/18/2)

स्थितयंत्र दस प्रकार के होते हैं, जिनका विवरण इस प्रकार है—1. सर्वतोभद्र (मशीनगन), 2. जामदग्न्य (जिसमें बीच के छेद से बड़े-बड़े गोले निकलें), 3. बहुमुख (किले की दीवारों में ऊँचाई पर बनाए गए वे स्थान, जहाँ से सैनिक गोलीवर्षा कर सकें), 4. विश्वासघाती (नगर के बाहर तिरछी बनावट का एक ऐसा यंत्र, जिसको छू लेने से ही प्राणांत हो जाए), 5. संघाटि (लंबे-ऊँचे बाँसों से बना हुआ वह यंत्र, जो महलों के ऊपर रोशनी फेंके), 6. यानक (पहियों पर रखा जानेवाला यंत्र), 7. पर्जन्यक (वरुणास्त्र, फायर ब्रिगेड), 8. बाहुयंत्र (पर्जन्यक की भाँति, किंतु उसका आधा), 9. ऊर्ध्वबाहु (ऊपर स्तंभ की आकृति का नजदीक की मार करनेवाला यंत्र) और 10. अर्धबाहु (ऊर्ध्वबाहु का आधा)।

कुछ पुरातनवादियों ने कौटिल्य के इन यंत्रों में आधुनिक मशीनगन, फायरब्रिगेड, तोप, बंदूक की गोलियाँ आदि खोजकर अनेक भ्रांतियों को जन्म दे दिया है। इसे हरे चश्मे

की करामात ही कहा जा सकता है, अन्यथा जिन यंत्रों या अस्त्र-शस्त्रों का आविष्कार मुश्किल से 500 वर्ष पूर्व हुआ हो वे दो-ढाई हजार साल पहले कौटिल्य के समय में कैसे हो सकते थे।

अत: 'अर्थशास्त्र' की विभिन्न टीकाओं की सहायता से उन शस्त्रास्त्रवाचक शब्दों के तुलनात्मक अर्थ जान लेना अप्रासंगिक नहीं होगा ?

(क) सर्वतोभद्र

1. मशीनगन (गैरोला)।
2. जिससे चारों ओर गोला आदि फेंका जा सके, जैसे मशीनगन (द्विवेदी)।
3. (श्रीमूला टीका के अनुसार 'सर्वतोभद्र' छकड़े के पहिए के समान होता है। इसके किनारे तेज होते हैं। यह दीवार या रेंड के पेड़ पर रखा जाता है। घुमाने से यह सब ओर पत्थर बरसाता है। दूसरे विद्वान् कहते हैं कि यह छोटे-छोटे कंकड़ आदि फेंकता है और इसे 'सिद्धभूमिका यंत्र' कहते हैं।
4. 'सर्वतोभद्र' में चक्र होता है। अत: इसे चाहे किसी भी तरह स्थापित किया जा सकता है, यह बाण छोड़ता है। दूसरे विद्वान् कहते हैं कि इस धनुष को घुटने पर रखकर इस पर ऊपर, नीचे अथवा आड़ी मुट्ठी चलाने पर यह बाण छोड़ता है। इसका एक दूसरा प्रकार भी है, पत्थर फेंकनेवाला धनुष अर्थात् इसके द्वारा पत्थर फेंके जाते हैं। (चाणक्य टीका)
5. दूसरे विद्वान् कहते हैं कि यह भ्रमरिका यंत्र है, जिससे छोटे-छोटे कंकड़ फेंकते हैं। (एक डेढ़ मीटर रस्सी के दोनों सिरे पकड़कर बीच में कंकड़ रखकर रस्सी को घुमाते हैं और फिर एक सिरा छोड़ दिया जाता है। इससे कंकड़ काफी दूर जाकर गिरते हैं। कई स्थानों पर आज भी किसान पक्षियों से फसल की रक्षा के लिए इसका प्रयोग करते हैं। जब फसल में दूर से फेंके कंकड़ आकर गिरते हैं, पक्षी डरकर उड़ जाते हैं।)(प्रतिपद पंचिका टीका)

(ख) जामदग्न्य

1. जिसमें बीच के छेद से बड़े-बड़े गोले निकलें (गैरोला)
2. बाण बरसानेवाला बड़ा यंत्र, इसे महाशरयंत्र भी कहते थे। (द्विवेदी)
3. ऐसा यंत्र जिसके बीच के छेद से बड़े-बड़े तीर निकलें (श्रीमूला)
4. सब तरह के आयुध छोड़नेवाला (चा.टी.)
5. महल आदि के छेद से बड़े-बड़े तीर छोड़नेवाला यंत्र (प्र.प.पं.)

(ग) बहुमुख

1. किले की दीवारों में ऊँचाई पर बनाए गए वे स्थान जहाँ से सैनिक गोलीवर्षा कर सकें। (गैरोला)
2. चहारदीवारी की ऊँचाई के ऊपर बनी हुई गोलाकार, चमड़े से लिपटी हुई तीन-चार मंजिला अटारी जहाँ से धनुर्धर सब ओर तीर चलाते हैं। (श्रीमूला)
3. अटारी आदि धनुर्धरों का स्थान, जहाँ बहुत से छेद हों। (चा.टी.)
4. प्रतिपद पंचिका टीका में श्रीमूला की बात ही दुहराई गई है।

(घ) विश्वासघाती

1. नगर के बाहर तिरछी बनावट का ऐसा यंत्र, जिसको छू लेने से ही प्राणांत हो जाए। (गैरोला)
2. नगर के बाहर तिरछा रखा हुआ परिघ (लोहे की छड़ अथवा गदा या लकड़ी का मूसल) जो छू लेने से मारता है। (श्रीमूला)
3. अंदर की वह कील जो छूटने पर नीचे बँधी हुई छड़/गदा आदि से विश्वस्त व्यक्ति को मारती है अर्थात् अनजान व्यक्ति जब उसे उठाता व छूता है, तब कील उछल कर उसे चोट पहुँचाती है। (चा.टी.)
4. प्रतिपद पंचिका टीका में श्रीमूला का ही कथन पुनरुक्त है।
5. दुर्ग के द्वार पर खाई के ऊपर रखी तिरछी मशीन, जिसके स्पर्शमात्र से मृत्यु हो जाए। (द्विवेदी)

(ङ) संघाटि

1. लंबे-ऊँचे बाँसों से बना हुआ वह यंत्र, जो महलों के ऊपर रोशनी फेंके। (गैरोला)
2. लंबा (ऊँचा) और लकड़ी का बना अग्नि यंत्र जिससे अटारी आदि को आग लगाई जाती है। (श्रीमूला)
3. दीवार, चहारदीवारी आदि। (चा.टी.)
4. लंबा (ऊँचा) व लकड़ी का बना हुआ अग्नि यंत्र जो अटारी आदि को जलाता था। (प्र.प.पं.)

(च) यानक

1. पहियों पर रखा जानेवाला लंबा यंत्र। (गैरोला)

2. पहिए पर रखा दंड-सा लंबा फलक (तख्त/शिला) के कक्षवाला या चपटे कक्षवाला। (श्रीमूला)
3. चमड़े में लिपटा चहारदीवारी व बड़े मकान के आकार का यंत्र, जिसकी आड़ में युद्ध करते हैं या वृक्ष, कपाट, चहारदीवारी आदि को नष्ट करते हैं। (चा.टी.)
4. पहिए पर रखे डंडे से बँधा मुद्‌गर (प्र.प.पं.)

(छ) पर्जन्यक

1. वरुणास्त्र, फायर ब्रिगेड। (गैरोला)
2. अग्नि बुझाने के लिए जलयंत्र। परंतु दूसरे विद्वानों का कहना है कि यह पचास हाथ लंबा, चहारदीवारी के बाहर फैला हुआ यंत्र है जो छूने पर समीप आए व्यक्ति को मार देता है। विश्वासघाती यंत्र ढका हुआ व अपेक्षाकृत छोटा होता है, जबकि पर्जन्यक उसके विपरीत अनढका व बड़ा होता है। (श्रीमूला)
3. लोहे का मूसल, जिससे चोट मारकर नीचे आए व्यक्ति को शृंखला आदि से ऊपर खींचते हैं।
4. यह वारुण अस्त्र है। आग बुझानेवाला यंत्र, दमकल या फायरब्रिगेड। (द्विवेदी)

(ज) बाहुयंत्र

1. पर्जन्यक की ही भाँति, किंतु उसका आधा। (गैरोला)
2. पर्जन्यक का आधा, इसमें आमने-सामने दो स्तंभ होते हैं जो छूने मात्र से मार देते हैं। (श्रीमूला)
3. यंत्रसंचालित महार्गला (लोहे की छड़) जो तिरछी होती है और दूर से ही प्राणांत करती है। (चा.टी.)
4. प्र.प.पं. में श्रीमूला की पुनरावृत्ति मात्र है।

(झ) ऊर्ध्वबाहु

1. ऊपर स्तंभ की आकृति का, नजदीक की मार करनेवाला यंत्र। (गैरोला)
2. ऊपर की ओर पर्जन्यक जितना महास्तंभ होता है जो समीप आए व्यक्ति को छूने मात्र से मार देता है। (श्रीमूला)
3. आगे से ऊपर को उठा हुआ, पचास हाथ लंबा, कुटज की शाखा जैसा यह रस्सी व कील की सहायता से नीचे खड़े/बैठे पर ऊपर से गिराया जाता है। (चा.टी.)
4. प्र.प.पं. में श्रीमूला की पुनरावृत्ति।

(ञ) अर्धबाहु

1. ऊर्ध्वबाहु का आधा (गैरोला)
2. ऊर्ध्वबाहु का आधा (श्रीमूला) सब यही अर्थ करते हैं।

गौरतलब है कि इनमें से बहुमुख हथियार नहीं है। वह तो केवल एक स्थान है।

वस्तुत: प्राचीन भारत को स्वर्णयुग बतानेवाले अतीतवादी हर पुराने पोथे से आधुनिक वैज्ञानिक उपलब्धियों को यथा तथा सिद्ध करके यह बताना चाहते हैं कि हमारे यहाँ भूतकाल में सबकुछ था, हमारे ग्रंथों में आज भी सबकुछ है। हीनभावना ग्रस्त लोगों में आत्मविश्वास पैदा करने के लिए तो ऐसी बातें सार्थक हो सकती हैं, परंतु ऐतिहासिक व वैज्ञानिक दृष्टि से ये बातें दोषपूर्ण व हास्यास्पद हैं।

चलयंत्र

वे यंत्र, जिन्हें एक स्थान से दूसरे स्थान पर आसानी से ले जाया जा सके, चलयंत्र कहलाते हैं। कौटिल्य ने निम्नलिखित 17 चलयंत्रों का उल्लेख किया है—

पञ्चालिकदेवदण्डसूकरिकामुसलयष्टिहस्तिवारक
तालवृन्तमुद्गरद्रुघणगदास्पृक्तलाकुद्दाला
स्फोटिमौद्धाटिमोत्पाटिमशतघ्नीत्रिशूलचक्राणि चलयन्त्राणि।

(अर्थशास्त्र, 2/18/3)

(ट) पांचालिक

1. बढ़िया लकड़ी पर तेज धार का बना यंत्र, जो परकोटे के बाहर जल के बीच में शत्रु को रोकने के काम आता है। (गैरोला)
2. बढ़िया लकड़ी पर तेज धारवाला यंत्र। यह दुर्ग के बाहर जल के अंदर रखा जाता था। इसको जल सुरंग (माइन) कह सकते हैं। (द्विवेदी)
3. श्रीमूला और प्र.प.पं. में गैरोला का दिया अर्थ ही मिलता है।
4. यह मनुष्य आदि की प्रतिकृति होती है, जो कुतूहलवश छूने पर अंग को पकड़ लेती है या व्याकुल बनाती है। (चा.टी.)

(ठ) देवदंड

1. कीलरहित बड़ा भारी स्तंभ, जो परकोटे के ऊपर रखा रहता है। (गैरोला)
2. श्रीमूला व प्र.प.पं. में गैरोला-सा अर्थ।
3. यंत्र द्वारा फेंकने के लिए हाथ भर लंबा लकड़ी का टुकड़ा या गदा। (चा.टी.)

(ड) सूकरिका

1. सूत और चमड़े की या बाँस और चमड़े की बनी हुई मशकरी, जो परकोटे तथा अट्टालक के ऊपर ढककर रखी जाती है। (गैरोला)
2. सूत और चमड़े की बनी, रुई व ऊन से भरी हुई, महाभस्त्रा (बड़ा सा थैला), जो मुख्यद्वार, अट्टालक आदि को ढकने के काम आती है ताकि बाहर से आनेवाले पत्थर को रोका जा सके, ऐसा कुछ विद्वानों का मत है। भट्टास्वामी का मत है कि यह बाँस की बनी, चर्म से ढकी हुई व सूअर के आकारवाली होती है। यह चहारदीवारी को हथियाने से रोकने के लिए इस्तेमाल की जाती है। (श्रीमूला)
3. चा.टी. और प्र.प.पं. ने श्रीमूला-सा ही अर्थ दिया है।

(ढ) मुसलयष्टि

1. खैर की मूसल का बना हुआ डंडा, जिसके आगे शूल लगा हो। (गैरोला)। सभी ने यही अर्थ दिया है।

(ण) हस्तिवारक

1. त्रिशूल या त्रिशूल डंडा। (गैरोला)
2. यह दोमुख या तीन मुखवाला होता है, ऐसा कुछ का मत है। दूसरों का मत है कि यह हाथी पर हमला करने के लिए लोहे की छड़ है। (श्रीमूला)
3. आठ हाथ लंबी शरभ (आठ पैर का काल्पनिक जंतु जो सिंह से भी बलवान कहा जाता है) वैसी आकृतिवाली लोहे की छड़। (चा.टी.)
4. हाथी पर हमला करने के लिए लोहे की छड़। (प्र.प.प्रं)
5. 'वैजयंती' नामक संस्कृत कोश के अनुसार यह शरभ जैसा होता था जिससे हाथी डरता था।

(त) तालवृंत

1. चारों ओर घूमनेवाला यंत्र। (गैरोला)
2. ताड़ के डंठल जैसा चमड़े का बना डंठल या पंखे के समान चमड़े का बना पंखा, जो ढाल की तरह शस्त्र को रोकता था। (चा.टी.)
3. श्रीमूला और प्र.प.प्र. ने तालवृंत का अर्थ पंखा (वातचक्र) किया है।

(थ) मुग्दर/मुद्गर

1. इसकी व्याख्या न हिंदी में की गई है, न संस्कृत-टीकाओं में। आप्टे संस्कृत-हिंदी

कोश के अनुसार इसके अर्थ हैं—हथौड़ा, मोंगरी, गतका, गदा, मिट्टी के ढेले तोड़नेवाली मोंगरी आदि।

(द) द्रुघण

1. मुग्दर के समान यंत्र। (गैरोला)
2. मुग्दर के आकार का। (श्रीमूला)
3. मुग्दर के आकार का सोटा। (प्र.प.पं.)

(ध) गदा

1. मुग्दर। (श्रीमूला)
2. बाँस के डंडे में पहनाया हुआ पत्थर का गोला। इसे फारसी में 'गुर्ज' भी कहते हैं। संस्कृत या हिंदी में इसकी व्याख्या किसी ने नहीं की है, शायद इसलिए कि यह हनुमान के पास आमतौर पर देखी जाती है।

(न) स्पृक्तला

1. काँटेदार गदा। (गैरोला)
2. श्रीमूला ने भी यही अर्थ दिया है।
3. यह पत्थर के तराजू सी है जो पत्थर फेंकती है। (चा.टी.)
4. प्र.प.पं. ने इसका अर्थ छोड़ दिया है।

(प) कुदाल

1. खोदने का यंत्र। (श्रीमूला)
2. उखाड़ने के लिए। (चा.टी.)

(फ) आस्फोटिम

1. कपड़े से बना हुआ चार कोनोंवाला, मिट्टी के ढेले या पत्थर फेंकनेवाला यंत्र। (गैरोला)
2. चमड़े से लिपटा हुआ, चार स्तंभोंवाला, मिट्टी के ढेले या पत्थर फेंकनेवाला यंत्र। (श्रीमूला)
3. चा.टी. व प्र.प.पं. में ऐसा ही अर्थ है।

(ब) उद्घाटिम

1. मुग्दर की आकृति का यंत्र। (गैरोला)
2. ऊपर को खींचकर उखाड़ने में समर्थ श्येन यंत्र। (चा.टी.)
3. यह मुग्दर नामक यंत्र है, जो चारदीवारी आदि ऊँची उठाने के लिए इस्तेमाल किया जाता है। (प्र.प.पं.)

(भ) उत्पाटिम

1. खंभे आदि को उड़ा देनेवाला यंत्र। (गैरोला)
2. खंभे आदि को उखाड़नेवाला श्येन यंत्र। (श्रीमूला)
3. दरवाजे आदि तोड़नेवाला नुकीला यंत्र। (चा.टी.)

(म) शतघ्नी

1. किलों की दीवार के ऊपर रखा जानेवाला बड़े स्तंभ की आकृति का यंत्र। (गैरोला)
2. किले की दीवार पर रखा स्तंभ की आकृति का यंत्र, जिससे एक साथ सौ मनुष्यों को मारा जा सके। (द्विवेदी)
3. मोटे और लंबे कीलों से युक्त महास्तंभ जिसके पार्श्व में छकड़े का पहिया लगा हो। (श्रीमूला)
4. सौ कीलों से युक्त, तख्ते के आकार का, ऊपर से खाली यह यंत्र हाथी आदि को मारता है। (चा.टी.)
5. प्र.प.पं. में श्रीमूला का ही अर्थ है।
6. कई आधुनिक विद्वान् शतघ्नी का अर्थ 'तोप' करने को कूद पड़ते हैं, जबकि किसी भी व्याख्या से वैसा अर्थ संभव नहीं।

(य) त्रिशूल

1. तीन मुखोंवाला (चा.टी.)। शेष सबने या तो इसके अर्थ को छोड़ दिया है। या 'यह प्रसिद्ध ही है' ऐसा लिख दिया है। केवल द्विवेदी ने 'वर्तमान त्रिशूल की आकृति का अस्त्र' लिखकर इसे स्पष्ट किया है।

(र) चक्र

1. तीक्ष्ण धारवाला चक्र। श्रीकृष्ण इसके प्रयोग में सिद्धहस्त थे, अतः उन्हें 'चक्रधर' कहते हैं। (द्विवेदी)
2. चक्र यंत्र घूमकर मारता या व्याकुल करता है। (चा.टी.)

हलमुख हथियार

कौटिल्य ने निम्नलिखित 11 हलमुख हथियारों का उल्लेख किया है— भाले के रूपवाले हथियारों/यंत्रों की गिनती हलमुख वर्ग के अंतर्गत की गई है।

शक्तिप्रासकुन्तहाटकभिण्डिपालशूलतोमरवराहकर्ण
कणपकर्पणत्रासिकादीनि च हलमुखानि।

(अर्थशास्त्र, 2/18/4)

(अ) शक्ति

1. कनेर के पत्ते की आकृति का लोहे का बना हथियार। (गैरोला व द्विवेदी)
2. यह चार हाथ लंबा हथियार है। (चा.टी.)
3. यह नीचे से गाय के स्तनों के समान होता है। (श्रीमूला)

(आ) प्रास

1. चौबीस अंगुल लंबा, दुधारा हथियार जिसकी मूठ बीच में लकड़ी की बनी हो। (गैरोला)
2. यह सारा लोहे का होता है, बीच में लकड़ी होती है। (श्रीमूला)
3. प्रास का दंड लोहे का होता है या यह सारा लोहे का होता है। (चा.टी.)
4. इसकी नोक लकड़ी की होती है। (प्र.प.पं.)
5. इसके कोण दोनों ओर मुड़े होते हैं। (द्विवेदी)

(इ) कुंत

1. सात हाथ का उत्तम, छह हाथ का मध्यम और पाँच हाथ का निकृष्ट (स्मरण रहे, भाले को 'कुंत') कहते हैं। (गैरोला)
2. यह अश्व को नष्ट करनेवाला हथियार है। (चा.टी.)
3. दस हाथ लंबा भाला। (द्विवेदी)

दस हाथ लंबे भाले का कहीं विधान नहीं है, क्योंकि श्रीमूला, चाणक्य टीका और प्रतिपदपंचिका टीकाओं में जो प्राचीन श्लोक उद्‌धृत किया गया मिलता है, उसमें सात हाथ लंबे भाले को उत्तम माना गया है और दस हाथ लंबे कुंत का कहीं उल्लेख नहीं मिलता। कहा गया है—

हस्ताः सप्तोत्तमः कुन्तः षड्ढस्तश्चैव मध्यमः
कनिष्ठः पञ्चहस्तैस्तु कुन्तमानं प्रकीर्तितम्॥

(सात हाथ का कुंत उत्तम, छह हाथ का मध्यम और पाँच हाथ का निकृष्ट होता है।)

(ई) हाटक

1. कुंत के समान तीन काँटोंवाला हथियार (गैरोला)। सभी ने ऐसा ही अर्थ किया है।

(उ) भिंदीपाल

1. कुंत के समान, मोटे फलवाला। (गैरोला)
2. यह क्षेपणीय और लंबे दंडवाला होता है। (चा.टी.)

(ऊ) शूल

1. तेज मुखवाला हथियार (गैरोला)।
2. यह एक मुखवाला और अनियत हाथ लंबा है, कोई निश्चित लंबाई नहीं है। (श्रीमूला)
3. यह लोहे का होता है। (चा.टी.)

(ए) तोमर

1. बाण के समान तेज मुखवाला, जो चार हाथ का अधम, साढ़े चार हाथ का मध्यम और पाँच हाथ का उत्तम समझा जाता है। (गैरोला)
2. इसका मुख 'कणप' (आगे से ओ अक्षर जैसा) का और डंडा लोहे के सिरवाला होता है। (चा.टी.)

(ऐ) वराहकर्ण

1. एक प्रकार का प्रास (भाला) जिसका मुख (फल) शूकर के कान के समान होता है। (गैरोला)
2. यह एक तरह का तोमर ही है। (चा.टी.)

(ओ) कणप

1. लोहे का बना हुआ, दोनों ओर तीन-तीन कांटों से युक्त। 24, 22 और 20 अंगुल का क्रमशः उत्तम, मध्यम एवं अधम होता है। (गैरोला)
2. इसके मध्य में मूठ होती है। (श्रीमूला)

(औ) कर्पण

1. तोमर के समान, हाथ से फेंका जानेवाला बाण (गैरोला)।
2. तोमर जितना लंबा, पंख लगा बाण जिसे हाथ से फेंका जाए। (श्रीमूला)

3. यह तीन तरह का होता है—सात कर्ष (कर्ष =16 माशे) अर्थात् 112 माशे का अधम, दो पल (पल = 16 माशे) अर्थात् 32 माशे का मध्यम और नौ कर्ष अर्थात् 144 माशे का उत्तम। (प्र.प.पं.)

(अं) त्रासिका

1. प्रास जितनी, संपूर्ण लोहे की बनी होती हैं। (गैरोला)
2. श्रीमूला टीका में इसे 'प्रासिका' मानकर व्याख्यात किया है। प्रास से आधी शक्तिवाले हथियार को 'प्रासिका' कहते हैं।
3. यह नोकदार होती है। (प्र.प.पं.)

इन भाला जाति के हथियारों की लंबाई कहीं-कहीं ही बताई गई है। कुछ की माप तो उँगलियों में बताई गई है। ज्यादा-से-ज्यादा 24 उँगली का हथियार है, जो लगभग एक फीट होगा। कुछ की लंबाई हाथों में है और सबसे लंबा सात हाथ (साढ़े दस फीट) का है। ये हथियार सिकंदर के 24 फीट के भालों के सामने कहाँ ठहरनेवाले थे ? इन्हें युद्ध की जरूरतों को ध्यान में रखकर बनाया गया होगा, इसमें संदेह है।

धनुष-बाण

यह सर्वविदित प्राचीन कालीन शस्त्र है। कौटिल्य ने निम्नलिखित चार प्रकार के धनुषों का उल्लेख किया है—

तालचापदारवशार्ङ्गाणि कार्मुककोदण्डद्रूणा धनूंषि।

(अर्थशास्त्र, 2/18/5)

(धनुष चार प्रकार से बनाए जाते हैं—ताल (ताड़ का बना हुआ), चाप (अच्छे बाँस का बना हुआ), दारव (मजबूत लकड़ी का बना हुआ) और शार्ङ्ग (सींगों का बना हुआ) ये पाँच हाथ (साढ़े सात फीट) लंबे होते हैं।)

धनुष के रूप और कार्य की भिन्नता के आधार पर उसके तीन प्रसिद्ध नाम है—कार्मुक, को दंड और द्रूण।

इन धनुषों की डोरी बनाने के लिए 'अर्थशास्त्र' में निम्नलिखित 5 वस्तुएँ बताई गई हैं—

मूर्वार्कशणगवेधुवेणुस्नायूनि ज्याः।

(अर्थशास्त्र, 2/18/6)

मूर्वा (एक लता, इसके रेशों से), अर्क (आक का पौधा), सन, गवेणु (रामबाँस) और तांत (नाड़ी) से धनुष की मजबूत डोरी बनती है।

धनुष और उसकी डोरी के बाद कौटिल्य ने बाणों पर प्रकाश डालते हुए लिखा है—

वेणुशरशलाकादण्डासननाराचाश्च इषवः, तेषां मुखानि छेदनभेदनताडनान्यायसारिथदारवाणि।

(अर्थशास्त्र, 2/18/7)

(1. वेणु (बाँस), 2. शर (नरसल), 3. शलाका (मजबूत लकड़ी), 4. दंडासन (आधा लोहे, आधा बाँस) तथा नाराच (सारा लोहे का)—ये बाणों के भेद हैं। इन बाणों के अग्र भाग में छेदन, भेदन व ताड़न के लिए लोहे, हड्डी तथा लकड़ी की बनी नोक लगी रहती है।)

तलवार

धनुषबाण के बाद कौटिल्य ने खड्ग (तलवार) पर प्रकाश डालते हुए लिखा है कि तलवारें निम्नलिखित प्रकार की होती हैं—

निस्त्रिंशमण्डलाग्रासियष्टयः खड्गाः खड्गमहिषवारणविषाणदारुवेणुमूलानि त्सरवः॥

(अर्थशास्त्र, 2/18/8)

1. निस्त्रिंश (जिसका अगला भाग काफी टेढ़ा हो), 2. मंडलाग्र (जिसका अगला हिस्सा कुछ गोलाकार हो) तथा 3. असियष्टि (जिसका आकार पतला एवं लंबा हो), इनकी मूठें गैंडे व भैंस के सींग, हाथी दाँत, लकड़ी और बाँस की जड़ों की बनवानी चाहिए।)

क्षुरवर्गी हथियार

तलवारों के अतिरिक्त कौटिल्य ने निम्नलिखित हथियारों का भी उल्लेख किया है—

परशुकुठारपट्टिशखनित्रकुद्दालक्रकचकाण्डच्छेदनाः क्षुरकल्पाः,
यन्त्रगोष्पणमुष्टिपाषाणरोचनीदृषदश्चायुधानि।

(अर्थशास्त्र, 2/18/9-10)

(फरसा, कुल्हाड़ा, द्विमुखी, त्रिशूल, फावड़ा, कुदाल, आरा और गंडासा। ये सब छुरे (क्षुर) की धार की भाँति तेज होने के कारण क्षुरकल्प अथवा क्षुरवर्ग के हथियार कहलाते हैं। यंत्रपाषाणा, गोष्फणपाषाण, मुष्टिपाषाण, रोचनी और दृषद् —ये सब आबुध कहलाते हैं।)

क्षुरवर्ग के हथियारों की संख्या बढ़ाने के उद्देश्य से कई हथियारों की पुनरावृत्ति की है, जैसे त्रिशूल, कुदाल आदि। इनका पहले भी उल्लेख हो चुका है।

कौटिल्य ने उपकरणों की सूची देते हुए लिखा है—

हस्तिरथवाजिनां योग्यभाण्डमालङ्कारिकं सन्नाहकल्पनाश्चोपकरणानि।
ऐन्द्रजालिकमौपनिषदिकं च कर्म।

(अर्थशास्त्र, 2/18/12)

(हाथी, घोड़ा, रथ आदि की शिक्षा एवं सजावट के साधन, अंकुश, कोड़े, पताका (ध्वजा), कवच और शरीर की रक्षा करनेवाले अन्य आवरण—ये सब 'उपकरण' कहलाते हैं। ऐंद्रजालिक और औपनिषदिक अर्थात् टोने-टोटके भी 'उपकरण' कहलाते हैं।)

उपर्युक्त विवेचन से स्पष्ट है कि कौटिल्य ने 'अर्थशास्त्र' में तत्कालीन प्रचलित यंत्रों या शस्त्रास्त्रों का नामोल्लेख भर किया है, किंतु टीकाकारों ने अपनी विद्वत्ता प्रदर्शित करने के लिए उनकी स्वरूपगत व्याख्या करते हुए आधुनिक हथियारों से तुलना भी कर दी है, जिससे अनावश्यक भ्रांतियाँ पैदा हो गई हैं।

एक यंत्र एक विद्वान् के अनुसार पत्थर फेंकने के काम आता था तो दूसरे के अनुसार तीर चलाने के। एक पर्जन्यक को आग बुझानेवाला यंत्र कहता है तो दूसरा उसे लोहे का मूसल बताता है। हिंदी में अर्थ करनेवालों ने आधुनिक शब्दावली का प्रयोग किया है, जिससे भ्रांति पैदा होना स्वाभाविक है।

जब 'सर्वतोभद्र' का अर्थ मशीनगन, पर्जन्यक का अर्थ फायर ब्रिगेड किया जाता है और बहुमुख से गोलीवर्षा करवाई जाती है तो सुनने-पढ़ने वाले के आगे आज की मशीनगन, आज के फायरब्रिगेड व आज की गोलियों की वर्षा (जैसे ए.के. 47 करती है) का बिंब उभरता है, जो अनैतिहासिक है, क्योंकि यह सब कुछ तब वास्तव में था ही नहीं, जब कौटिल्य का 'अर्थशास्त्र' लिखा गया था। यदि होता तो सिकंदर के आक्रमण के दौरान इनमें से किसी का तो प्रयोग हुआ होता, कहीं तो इनके प्रयोग का उल्लेख उपलब्ध होता।

□

न्याय एवं दंड-व्यवस्था

अर्थशास्त्र' की न्याय-व्यवस्था भेदभावपूर्ण है, जिसमें ब्राह्मण प्राणदंड से मुक्त है, परंतु शूद्र छोटे से अपराध के लिए भी सख्त दंड का भागी बनता है।

ब्राह्मणमपेयमभक्ष्यं वा संग्रासयत उत्तमो दण्डः।
क्षत्रियं मध्यमः, वैश्यं पूर्वः साहसदण्डः, शूद्रं चतुष्पञ्चशत्पणो दण्डः।

(अर्थशास्त्र, 4/13/1)

(यदि कोई व्यक्ति किसी ब्राह्मण को अभक्ष्य या अपेय वस्तु खिला-पिला दे, उसे 'उत्तम साहस दंड' अर्थात् 500 से 1000 पण तक जुर्माना किया जाए। यदि वह क्षत्रिय को खिलाए-पिलाए तो उसे 'मध्यम साहस दंड' (200 से 500 पण तक जुर्माना) दिया जाए, यदि वैश्य को खिलाए-पिलाए तो उसे 'प्रथम साहस दंड' (48 से 96 पण तक जुर्माना) दिया जाए और यदि शूद्र को खिलाए-पिलाए तो उसे 54 पण दंड दिया जाए।)

भावार्थ यह है कि उच्च वर्ण के व्यक्ति को हानि पहुँचाई जाए तो अपराधी को सख्त दंड दिया जाए, परंतु वह शूद्र को हानि पहुँचाए तो उसे नाममात्र दंड देकर छोड़ दिया जाए।

ब्राह्मण्यामगुप्तायां क्षत्रियस्योत्तमः, सर्वस्वं वैश्यस्य।
शूद्रः कटाग्निना दह्येत।

(अर्थशास्त्र, 4/13/18)

(लोकलाज से रहनेवाली ब्राह्मणी के साथ यदि क्षत्रिय व्यभिचार करे तो उसे उत्तम साहस अर्थात् 500 से 1000 पण तक का दंड दिया जाए, यदि वैश्य उससे व्यभिचार करे तो उसकी सारी संपत्ति छीन ली जाए और यदि शूद्र करे तो उसे तिनकों की आग में जला दिया जाए।)

एक ही अपराध के लिए क्षत्रिय और वैश्य के मामले में जुर्माने का विधान है, तो शूद्र के मामले में उसे तिनकों की आग में जलाकर मारने का आदेश है।

इसी प्रकार चांडाल के लिए भी प्राणदंड का विधान किया गया है, चाहे वह व्यभिचार न भी करे, चाहे वह उस स्त्री की सहमति से ही उससे संभोग करे।

'अर्थशास्त्र' कहता है कि यदि कोई व्यक्ति किसी उच्च जातीय का सामान चुराए तो उसे दंड ज्यादा मिलेगा, परंतु यदि वह शूद्र के यहाँ चोरी करे तो उसे पूर्वोक्त दंड का आधा मिलेगा। अर्थात् शूद्र का सामान चोरी करना कम आपराधिक है। यानी निम्न जाति के पास कोई संपत्ति न छोड़ी जाए।

पञ्चविंशतिपणावरेषु कुक्कुटनकुलमार्जारश्वसूकरस्तेयेषु हिंसायां वा चतुष्पञ्चाशत्पणो दण्डः, नासाग्रच्छेदनं वा। चण्डालारण्यचराणामर्धदण्डाः।

(अर्थशास्त्र, 4/10/2)

(यदि कोई व्यक्ति 25 पण से कम कीमत के मुर्गे, नेवले, बिल्ली, कुत्ते और शूकर की चोरी करे या उन्हें मार डाले तो उसे 54 पण दंड दिया जाए या उसकी नाक का अगला हिस्सा काट दिया जाए। यदि वे मुर्गे आदि किसी चांडाल अथवा अरण्यवासी (वनवासी/आदिवासी) के हों तो उक्त दंड का आधा दंड, परंतु तथाकथित नीच जाति के व्यक्ति के मुर्गे की चोरी पर केवल 27 पण दंड।)

भेस बदलने पर भेदभावपूर्ण दंड

भावार्थ यह कि 'अर्थशास्त्र' की नजर में जाति के अनुसार ही संपत्ति की कीमत बढ़ती व कम होती है।

यदि कोई शूद्र ब्राह्मण का स्वांग बनाकर उसे मिलनेवाले लाभों को हथियाता है, ज्योतिषी बनकर राजा को भावी अनिष्टों की बाबत बताता है तो उसे अंधा कर दिया जाना चाहिए अथवा उस पर 800 पण जुरमाना किया जाए। वह न इतनी बड़ी रकम ला सके और न अंधा होने से बच सके।

शूद्रस्य ब्राह्मणवादिनो देवद्रव्यमवस्तृणतो,
राजद्विष्टमादिशतो द्विनेत्रभेदिनश्च योगाञ्जनेनान्धत्वमष्टशतो वा दण्डः।

(अर्थशास्त्र, 4/10/12)

(जो शूद्र अपने को ब्राह्मण बताए और देवनिमित्त द्रव्य को ग्रहण करे तथा ज्योतिषी बनकर राजा को भावी अनिष्टों के बाबत बताए, उसे घातक औषधियों का सुरमा लगाकर अंधा कर दिया जाए, अथवा उस पर 800 पण का जुरमाना कर दिया जाए।)

बगावत फैलाने पर दंड

बगावत फैलानेवाला यदि कोई अ-ब्राह्मण हो तो उसे कत्ल कर दिया जाए, परंतु बागी यदि ब्राह्मण हो तो उसे कैद की सजा दी जाए—

राज्यकामुकमन्तःपुरप्रधर्षकमटव्यमित्रोत्साहकं दुर्गराष्ट्रदण्डकोपकं वा।
शिरोहस्तप्रादीपिकं घातयेत् ब्राह्मणं तमः प्रवेशयेत्।

(अर्थशास्त्र, 4/11/7-8)

(राजसिंहासन को हथियाने की इच्छा रखनेवाले, अंतःपुर में व्यर्थ झमेला खड़ा कर देनेवाले, आटवी एवं पुलिंद आदि शत्रु राजाओं को उभाड़नेवाले और किले की सेना तथा बाहर की सेना में बगावत फैला देनेवाले पुरुषों के सिरों व हाथों में आग लगाकर उन्हें कत्ल किया जाए। परंतु ये दुष्कर्म करनेवाला यदि कोई ब्राह्मण हो तो उसे कालकोठरी में बंद कर दिया जाए।)

उधर ब्राह्मण की भोजनशाला से अन्न उठाकर खा लेनेवाले की जीभ काट देने का विधान है। 'अर्थशास्त्र' कहता है—

ब्राह्मणमहानसावलेहिनश्च जिह्वामुत्पाटयेत्।

(अर्थशास्त्र, 4/11/15)

(ब्राह्मण की भोजनशाला से जबरदस्ती अन्न लेकर खानेवाले की जिह्वा कटवा दी जाए।)

किराया माँगने पर दंड

यहाँ तो खैर समान चोरी करने पर दंड दिया गया है, परंतु 'अर्थशास्त्र' तो उस मल्लाह को भी 12 पण जुर्माना करने का विधान करता है जो बेड़े से नदी आदि पार करवाने के बाद ब्राह्मण से किराया माँग ले। इसी प्रकार वह व्यक्ति भी दंड का भागी है जो पड़ोसी ब्राह्मण को छोड़कर किसी दूसरे को श्राद्ध आदि के लिए निमंत्रित करता है या बौद्ध भिक्षुओं अथवा शूद्र जाति में जनमी संन्यासिन् को भोजन कराता है।

गुल्मतरदेयं ब्राह्मणं साधयतः प्रतिवेशानुवेशयोरुपरि निमन्त्रणे च द्वादशपणो दण्डः,
चण्डालस्यार्यां स्पृशतः, शाक्यजीवकादीन्,
वृषलप्रव्रजितान् देवपितृकार्येषु भोजयतः शत्यो दण्डः।

(अर्थशास्त्र, 3/20/7,9)

(यदि मल्लाह बेड़े आदि से नदी पार कराके ब्राह्मण से किराया माँगे और यदि कोई पड़ोसी श्रोत्रिय (ब्राह्मण) को छोड़कर बाहरी श्रोत्रिय (ब्राह्मण) को (श्राद्ध आदि के समय भोजन करने के लिए) निमंत्रण दे तो उसे 12 पण का दंड दिया जाए, यदि चांडाल आर्य स्त्री को छू ले, यदि कोई बौद्ध भिक्षुओं तथा शूद्र जाति की संन्यासिनों को यज्ञ आदि देवकर्मों तथा श्राद्ध आदि पितृकर्मों में भोजन कराए तो उसे 100 पण का दंड दिया जाए।)

भावार्थ यह कि मल्लाह ब्राह्मण से यदि किराया माँगता है तो वह अपराध करता है, क्योंकि वह शूद्र है और ब्राह्मण की सेवा करना उसका वर्णधर्म है। जैसे बस पासधारक से

कंडक्टर का टिकट के लिए पैसा माँगना निषिद्ध है, उसी प्रकार ब्राह्मण से भी क्योंकि उसके पास जन्मजात का पास है। मल्लाह का किराया माँगना निषिद्ध है। लेकिन यदि मल्लाह माँग ले तो वह जुरमाने का, अर्थदंड का पात्र है।

सुवर्ण स्त्री से छू जाने पर दंड

चांडाल का सुवर्ण स्त्री से छू जाना भी उसे दंड का पात्र बनाता है। यह अस्पृश्यता को लागू करने का विधान है। यदि अछूत सुवर्ण स्त्री से छू जाए तो उसे 100 पण का दंड दिया जाए। इतनी बड़ी रकम उस युग में चांडाल कहाँ से लाता होगा? इस असहनीय दंड के मारे वह अतिरिक्त सावधान रहता होगा कि वह कहीं किसी सुवर्णा से छू न जाए।

बौद्ध भिक्षुओं को यज्ञ, श्राद्ध आदि के अवसर पर भोजन कराने को भी दंडनीय अपराध घोषित किया गया है। (अर्थशास्त्र, 3/74-75/20)

ब्राह्मण धर्म और बौद्ध धर्म में संघर्ष

बुद्ध और उनका धर्म क्योंकि ब्राह्मण धर्म और ब्राह्मण की सर्वोच्चता व उसके विशेषाधिकारों को चुनौती देते थे, अतः दया व दान की महिमा गानेवालों ने दूसरे धर्म अथवा मत के महात्मा/साधु (बौद्ध भिक्षु) को भोजन कराने तक को दंडनीय अपराध घोषित कर दिया।

स्वार्थांधता

शूद्र जाति में जन्म लेनेवाली स्त्री यदि संन्यासिन बनती थी तो वह भी ब्राह्मण के विशेषाधिकार को चुनौती देती थी क्योंकि शूद्र के लिए संन्यासी बनने का निषेध था। यदि शूद्र संन्यासी बन जाएँगे तो फिर सेवा कौन करेगा? संन्यासी बनकर यदि वह भी ब्राह्मण के समान पूज्य व आदरणीय बन जाए तो फिर उसमें और ब्राह्मण में तो कोई अंतर ही नहीं रहेगा। ऐसे में ब्राह्मण के लिए यह कैसे सह्य होगा कि कोई उसकी सत्ता को चुनौती दे।

कौटिल्य के इस आदेश की 'गीता' के निम्नलिखित श्लोक से तुलना करें—

विद्याविनयसम्पन्ने ब्राह्मणे गवि हस्तिनि।
शुनि चैव श्वपाके च पण्डिताः समदर्शिताः॥

(श्रीमद्भगवद्गीता, 5/18)

(पंडित (ज्ञानी/विद्वान) विद्या व विनय संपन्न ब्राह्मण, गौ, हाथी, कुत्ते और श्वपाक (चांडाल) के प्रति समदर्शी होते हैं।)

परंतु कौटिल्य इनसानों, दूसरे मतवाले साधु-संतों और अपने ही धर्म के संन्यासियों तक की सेवा करने को दंडनीय घोषित कर रहा है।

ऐसे उपेक्षित, उत्पीड़ित व प्रताड़ित लोगों के विधर्मियों से जा मिलने व धर्मांतरित हो जाने पर हमारे हायतौबा मचाने का क्या कोई औचित्य रह जाता है?

ब्राह्मण और दंड

'अर्थशास्त्र' बहुत से अपराध गिनाकर निर्णय देता है कि इन अपराधों में जितना दंड पुरुषों के लिए कहा गया है, उससे आधा स्त्रियों को दिया जाए। परंतु ब्राह्मण (वह चाहे जैसा भी हो), वेदज्ञ (वेद का विद्वान् ब्राह्मण) और तपस्वी को केवल इतना दंड दिया जाए कि सिपाही उनको जरा इधर-उधर थोड़ा-बहुत दौड़ा-फिरा दे। यदि कोई छोटा अधिकारी ब्राह्मण को इससे ज्यादा दंड दे तो राजा/उच्च अधिकारी का कर्तव्य है कि वह उसको उत्तम साहस दंड (500 से 1000 पण तक अर्थदंड) दे—

आप्तदोषं कर्म कारयेत्।...स्त्रियास्त्वर्धकर्म...ब्राह्मणस्य।
सत्रिपरिग्रहः श्रुतवतस्तपस्विनश्च तस्यातिक्रम उत्तमोदण्डः॥

(अर्थशास्त्र 4/8/9-10)

(पूर्वोक्त अपराधों में जो दंड पुरुषों के लिए कहे गए हैं, उनका आधा दंड स्त्रियों को दिया जाए, ब्राह्मण, वेदज्ञ और तपस्वी को इतना ही दंड दिया जाए कि सिपाही उनको इधर-उधर दौड़ा-फिरा दें। जो लोग इन नियमों का उल्लंघन करें या कराएँ, उनको उत्तम साहस दंड दिया जाए।)

कौटिल्य का आदेश है कि ब्राह्मण को न तो मृत्युदंड दिया जाए और न ही उसकी पिटाई आदि करवाई जाए। उसे राजा या तो देश निर्वासित कर दे या खानों खदानों में रहने की आज्ञा दे दें—

सर्वापराधेष्वपीडनीयो ब्राह्मणः।
ब्राह्मणं पापकर्माणमुद्घुष्यांककृतव्रणम्।
कुर्यान्निर्विषयं राजा वासयेदाकरेषु वा॥

(अर्थशास्त्र, 4/8/16-17)

(ब्राह्मण को किसी भी अपराध में मृत्युदंड या ताड़नदंड न दिया जाए। पापी ब्राह्मण के माथे पर चिह्न दागकर समग्र जनता में इस बात की घोषणा की जाए। राजा चाहे तो उस ब्राह्मण को देश से निर्वासित कर दे या उसे खदानों में रहने की आज्ञा दे दे।)

यदि अंत्यज (चांडाल) किसी शूद्र की निंदा करे तो उसे तीन पण का, शूद्र वैश्य की निंदा करे तो उसे 6 पण का, वैश्य क्षत्रिय की निंदा करे तो 9 पण का और क्षत्रिय ब्राह्मण की निंदा करे तो 12 पण का दंड पाए—

प्रकृत्युपवादे ब्राह्मणक्षत्रियवैश्यशूद्रान्तावसायिनामपरेण
पूर्वस्य त्रिपणोत्तरा दण्डाः। (अर्थशास्त्र, 3/18/6)

(ब्राह्मण, क्षत्रिय, वैश्य, शूद्र और अंत्यज जातियों में यदि पूर्वपूर्व वे एक-दूसरे की निंदा करें तो अंत्यज को तीन पण, छह पण, नौ पण और बारह पण दंड दिया जाए।)

शूद्र यदि ब्राह्मण पर प्रहार करे तो उसका वह अंग काट देना चाहिए, जिससे उसने प्रहार किया हो। यदि उसने लात मारी हो तो लात काट देनी चाहिए, यदि घूँसा मारा हो तो कलाई काट देनी चाहिए—

शूद्रो येनाङ्गेन ब्राह्मणमभिहन्यात् तदस्य छेदयेत्।
अवगूर्णो निष्क्रयः स्पर्शेऽर्धदण्डः। तेन चण्डालाशुचयो व्याख्याताः।

(अर्थशास्त्र, 3/19/7)

(शूद्र जिस अंग से ब्राह्मण पर प्रहार करे उसका वह अंग काट देना चाहिए। यदि शूद्र ब्राह्मण का हाथ या पैर झटक दे तो उसे यथोचित अर्थ दंड दिया जाए और केवल छू दे तो उक्त दंड का आधा दिया जाए। इसी प्रकार चांडाल आदि नीच जातियों के संबंध में दण्डव्यवस्था समझनी चाहिए।)

हस्तेनावगूर्णे त्रिपणावरो द्वादशपणपरो दण्डः। पादेन द्विगुणः।

(अर्थशास्त्र, 3/19/8)

(यदि वह (शूद्र) ब्राह्मण को हाथ से धकेले या झटका दे तो उस पर तीन पण से लेकर बारह पण तक का दंड होना चाहिए। पैर से प्रहार करने पर दुगुना दंड दिया जाए।)

उत्तराधिकार के नियम

उत्तराधिकार के नियमों में जातिगत भेदभाव की गंध आती है। ब्राह्मण की यदि चारों वर्णों की पत्नियाँ हों तो उनसे पैदा हुए पुत्रों में संपत्ति का सबसे ज्यादा हिस्सा ब्राह्मणी के पुत्र का होगा और सबसे कम हिस्सा शूद्रा पत्नी के पुत्र का। यहाँ ब्राह्मण को शूद्रा से शादी करने से तो नहीं रोका गया है, परंतु उसके पुत्र को व्यर्थ में अवश्य दंडित कर दिया गया है।

चातुर्वर्ण्यपुत्राणां ब्राह्मणीपुत्रश्चतुरोंऽशान् हरेत्ः,
क्षत्रियापुत्रस्त्रीनंशान्, वैश्यापुत्रो द्वावंशौ, एकं शूद्रापुत्रः।
तेन त्रिवर्णद्विवर्णपुत्रविभागः क्षत्रियवैश्ययोर्व्याख्यातः।
क्षत्रियवैश्ययोरर्धांशः। ब्राह्मणानां तु पारशवस्तृतीयमंशं लभेत्।

(अर्थशास्त्र, 3/6/10-14)

(यदि किसी ब्राह्मण की चारों वर्णों की पत्नियाँ हों तो ब्राह्मणी से पैदा हुए पुत्र को चार भाग, क्षत्रिया के पुत्र को तीन भाग, वैश्या के पुत्र को दो भाग और शूद्रा से उत्पन्न हुए पुत्र को एक भाग मिलना चाहिए। इसी प्रकार यदि किसी क्षत्रिय की क्षत्रिया, वैश्या और शूद्रा तीन पत्नियाँ हों तथा वैश्य की वैश्या और शूद्रा—दो पत्नियाँ हों तो उनके पुत्रों का

दायविभाग भी उक्त विधि से ही समझना चाहिए। इसी प्रकार क्षत्रिय और वैश्य के घर में नीच जाति की स्त्री से उत्पन्न हुए पुत्र, समान वर्ण की स्त्री से उत्पन्न हुए पुत्र के हिस्से से आधी संपत्ति आपस में बाँट लें। ब्राह्मण से शूद्रा के उत्पन्न हुए पुत्र ब्राह्मण की संपत्ति के तीसरे हिस्से को प्राप्त करें।)

श्मशानों की व्यवस्था

और-तो-और, 'अर्थशास्त्र' ने श्मशानों की व्यवस्था भी जाति भेद के अनुसार ही की है। उसका कहना है कि—

उत्तरः पूर्वो वा श्मशानवाटः, दक्षिणेन वर्णोत्तराणाम् तस्यातिक्रमे
पूर्वः साहसदण्डः पाषण्डचण्डालां श्मशानान्ते वासः।

(अर्थशास्त्र, 2/4/5-6)

(नगर के उत्तर या पूर्व में श्मशान होना चाहिए, दक्षिण दिशा में छोटी जातिवाले लोगों का श्मशान होना चाहिए, जो भी इस नियम का उल्लंघन करे उसे प्रथम साहस दंड (48 से 96 पण तक अर्थदंड) दिया जाए। कापालिकों और चांडालों का निवासस्थान श्मशान के समीप ही बनवाया जाए।)

इस स्थल की व्याख्या करते हुए 'चाणक्य टीका' नामक संस्कृत टीका में कहा गया है—

उत्तर इति चतुर्धा श्मशानं विभज्य शूद्राणां प्रथमाद् भागादुत्तरो,
वैश्यानाम्। ततोऽप्युत्तरो ब्राह्मणानाम्।
पूर्वो वेति शूद्राणाम्। प्रथमात् पूर्वो वैश्यानाम्। ततोऽपि पूर्वः
क्षत्रियाणाम्। ततोऽपि पूर्वो ब्राह्मणानामिति।
कस्यां दिशि श्मशानमिति दक्षिणेन नगरस्येत्यर्थात्।

(कौटलीयार्थशास्त्रम्, पञ्चटीकोपेतम्, भाग दो, जिल्द एक, पृ. 63-64)

(श्मशान के चार हिस्सों में पहला शूद्रों का, उसके बाद वैश्यों का, उसके बाद क्षत्रियों का तथा बाद में ब्राह्मणों का होता है या इसके विपरीत, अंतिम हिस्सा (जो पहली व्यवस्था में ब्राह्मण का है) शूद्र का, उससे पूर्व वैश्य का, उससे पूर्व क्षत्रिय का और उससे पूर्व ब्राह्मण का होता है। श्मशान नगर की दक्षिण दिशा में हो।)

यहाँ दो तरह से श्मशान को जातिवादी ढंग से विभाजित किया गया है। एक ढंग से, सबसे पहले शूद्रों का श्मशान आता है तो दूसरे ढंग से विभाजन करने पर पहले ब्राह्मणों का आता है।

गवाही की व्यवस्था

यदि गवाह ब्राह्मण हो तो उसे पानी से भरे घड़े या आग के पास ले जाया जाए और इतनी ही शपथ दिलाई जाए : 'सच बोलो'। क्षत्रिय और वैश्य को और तरह की शपथ दिलाई जाए : 'यदि झूठ बोलो तो खप्पर लेकर भीख माँगते फिरो।' शूद्र को इससे भी भिन्न तरह की शपथ दिलाई जाए—

ब्राह्मणोदकुम्भाग्निसकाशे साक्षिणः परिगृह्णीयात् तत्र ब्राह्मणं ब्रूयात्—सत्यं ब्रूहीति। राजन्यं वैश्यं वा—मा तवेष्टापूर्तफलं, कपालहस्तः शत्रुकुलं भिक्षार्थी गच्छेरिति। शूद्रं—जन्ममरणान्तरे यद् वः पुण्यफलं तद् राजानं गच्छेत्। राज्ञश्च किल्विषं युष्मानन्यथावादे। दण्डश्चानुबन्धः। पश्चादपि ज्ञायेत यथादृष्टश्रुतम्। एकमन्त्राः सत्यमवहरतेति।

(अर्थशास्त्र, 3/67/11)

(पानी से भरे घड़े के पास या आग के पास ब्राह्मण को शपथ के लिए ले जाया जाए, उस ब्राह्मण गवाह को 'सच बोलो'—इतनी भर शपथ दिलाई जाए, यदि गवाही देनेवाला क्षत्रिय और वैश्य हो तो उसे 'तुमको यज्ञ आदि इष्ट का और कुएँ, धर्मशाला आदि परोपकार का फल न मिले, तुम अपनी शत्रु सेना को जीतकर भी हाथ में खप्पर लेकर भीख माँगते फिरो, यदि झूठ बोलो तो' इस प्रकार शपथ दिलाई जाए। यदि गवाह शूद्र हो तो उसके सम्मुख कहा जाए—'देखो यदि सच न बोला तो जन्मजन्मांतर का तुम्हारा सारा पुण्य राजा को प्राप्त हो, यदि तुमने झूठ बोला तो तुम्हें निश्चित ही दंड मिलेगा, बाद में भी सुनकर, देखकर मामले की जाँच-पड़ताल की जाएगी, इसलिए तुम सब लोगों को मिलकर सही-सही ही कहना चाहिए।')

जब गवाही के मामले में जातिगत भेदभाव है, तब स्पष्ट है कि न्याय भी वैसा ही होगा, इसलिए 'अर्थशास्त्र' का कहना है कि न्यायालय के अधिकारियों को चाहिए कि वे ब्राह्मण आदि का कार्य खुद ही कर दिया करें। स्थान तथा समय का बहाना लगाकर उनके धन का अपहरण न किया जाए, अथवा देश, काल के बहाने उनको तंग न किया जाए—

ब्राह्मणानां... धर्मस्थाः कार्याणि कुर्युः,
न च देशकालभोगच्छलेनातिहरेयुः।

(अर्थशास्त्र, 3/20/14)

धन की व्यवस्था

धन राजकोष में रखा जाए, अथवा किसी सुरंगवाले कुएँ में तीन या पाँच सिरवाले बनावटी नाग को दिखाया जाए और उसको दिखाने के बदले में दर्शकों से धन लिया जाए। फिर उस धन को राजकोष में जमा कर दिया जाए या किसी मंदिर तथा वाल्मीक को साँप

को अचानक दिखाकर उसे मंत्र या औषधि से वश में कर लिया जाए, और तब यह कहते हुए श्रद्धालु भक्तों को उसके दर्शन कराए जाएँ कि 'देखो, देवता की कैसी महिमा है।'

जो व्यक्ति इस पर विश्वास न करें उन्हें चरणामृत के साथ इतना विष दिया जाए कि वे बेहोश हो जाएँ, और फिर यह प्रसिद्धि की जाए कि यह 'नाग देवता का शाप है।' जो व्यक्ति देवता की निंदा करें उन्हें साँप से कटवा दिया जाए और उसे भी देवता का ही शाप कहा जाए, बाद में औपनिषदिक प्रकरण में निर्दिष्ट रीति से चिकित्सा कर उसके विष को दूर कर दिया जाए।

> इस प्रकार धन संचय करके राजा अपने खजाने को बढ़ाए।
> वैदेहकव्यञ्जनो वा प्रभूतपण्याञ्तेवासी व्यवहरेत्। स यदा पण्यमूल्ये निक्षेपप्रयोगैरुपचितः स्यात् तदैनं रात्रौ मोषयेत्। एतेन रूपदर्शकः सुवर्णकारश्च व्याख्यातौ।
> वैदेहकव्यंजनो वा प्रख्यातव्यवहारः प्रवहणनिमित्तं याचितकमवक्रीतकं वा रूप्यसुवर्णभाण्डमनेकं गृह्णीयात्। समाजे वा सर्वपण्यसन्दोहेन प्रभूतं हिरण्यसुवर्ण गृह्णीयात्। प्रतिभाण्डमूल्यं च। तदुभयं रात्रौ मोषयेत्।
> साध्वीव्यञ्जनाभिः स्त्रीभिर्दूष्यानुन्मादयित्वा तासामेव वेशमस्वभिगृह्य सर्वस्वान्याहरेयुः। दूष्यकुल्यानां वा विवादे प्रत्युपन्ने रसदाः प्रणिहिता रसं दधुः। तेन दोषेणेतरे पर्यादातव्याः।
> दूष्यमभित्यक्तो वा श्रद्धेयापदेशं पण्यं हिरण्यनिक्षेपमृणप्रयोगं दायं वा याचेत। दासशब्देन वा दूष्यमालम्बेत। भार्यामस्य स्नुषां दुहितरं वा दासीशब्देन भार्याशब्देन वा तं दूष्यगृहप्रतिद्वारि रात्रावुपशयानमन्यत्र वा वसन्तं तीक्ष्णो हत्वा ब्रूयात्—'हतोऽयमित्थं कामुक' इति। तेन दोषेणेतरे पर्यादातव्याः।
>
> (अर्थशास्त्र, 5/2/19-23)

(अथवा व्यापारी के वेष में वैदेहक नामक गुप्तचर प्रचुर वस्तुओं और अनेक सहायकों को लेकर व्यापार करना आरंभ कर दें। लोगों के बीच जब उसकी साख बन जाए और अमानत के रूप में तथा ब्याज आदि के लिए लोग उसके पास जब काफी पूँजी जमा कर दें, तब अचानक ही वह चोरी हो जाने का ढिंढोरा पीट कर सारा माल राजा के लिए हड़प ले।)

छल-कपट

इसी प्रकार सरकार द्वारा नियुक्त सिक्कों का पारखी और सुनार भी छल-कपट से

राजकोष के लिए धन एकत्र करे अथवा व्यापारी के वेष में राजा के गुप्तचर जब लेन-देन में खूब प्रसिद्ध हो जाएँ तो एक दिन वे सहभोज के बहाने पास-पड़ोस के लोगों से माँगकर या भाड़े पर सोने-चाँदी आदि के बरतन ले आएँ या अपना माल रखकर उसके बदले में अनेक व्यक्तियों की उपस्थिति में किसी से रुपया या सोना ऋण में ले आएँ और दूसरे दिन जिनको अपनी वस्तुएँ बेचनी हैं उनसे प्रतिवस्तु का दाम ले आएँ।

इन दोनों प्रकार लाए हुए मालों की वह रात्रि में चोरी करवा दे, इस प्रकार राजकोष को भरने का यत्न करे। कुलीन वेष में रहनेवाली गुप्तचर स्त्रियों द्वारा दूष्य पुरुषों को उत्साही बनाकर उन स्त्रियों के ही घरों में उनको गिरफ्तार किया जाए और तब उनका सर्वस्व छीन लिया जाए।

दूष्य पुरुषों के आपसी झगड़े के समय गुप्तचरों को चाहिए कि वे उनके पास रहते हुए किसी एक को विष देकर मार दें। दूसरे दूष्य का धन इस अपराध में अपहृत किया जाए।

कोई पदच्युत या जातिच्युत व्यक्ति माल, सोने की अमानत, ऋण अथवा दायभाग आदि को दूष्य से इस प्रकार माँगे जिससे लोगों को विश्वास हो जाए कि इनका आपस में घनिष्ठ संबंध है। अथवा वह दूष्य को दास कहकर तथा उसकी स्त्री, पुत्री आदि को दासी या पत्नी आदि कहकर गाली दे। उस रात वह उसके ही द्वार पर या अन्यत्र कहीं सो जाए, फिर तीक्ष्ण पुरुष जाकर उसको मार दे और यह अफवाह फैला दे कि 'यह कामी पुरुष के साथ इस प्रकार झगड़ा करते हुए मारा गया।' इसी अपराध में राजा, दूष्य का सर्वस्व हर ले।)

सिद्धव्यञ्जनो वा दूष्य जम्भकविद्याभिः प्रलोभयित्वा ब्रूयात्—'अक्षयं
हिरण्यं राजद्वारिकं स्त्रीहृदयमरिव्याधिकरमायुष्यं पुत्रीयं वा कर्म
जानामि' इति। प्रतिपन्नं चैत्यस्थाने रात्रौ प्रभूतसुरामांसगन्धमुपहारं
कारयेत्। एकरूपं चात्र हिरण्यं पूर्वनिखातम्। प्रेताङ्ग प्रेतशिशुर्वा यत्र
निहितः स्यात्। ततो हिरण्यस्य दर्शयेदत्यल्पमिति च ब्रूयात्—
'प्रभूतहिरण्यहेतोः पुनरुपहारः कर्तव्यः' इति। स्वयमेवैतेन
हिरण्येन श्वोभूते प्रभूतमौपहारिकं क्रीणीहि इति। तेन
हिरण्येनौपहारिकक्रये गृह्येत।

(अर्थशास्त्र, 5/2/24)

(अथवा सिद्ध के वेष में गुप्तचर दूष्य को ऐसा कहकर प्रलोभन दे—'मैं अपार हिरण्य के खजाने को देखना, राजा को वश में करना, स्त्री को वश में करना, दुश्मन को बीमार करना, आयु को बढ़ाना और संतान को पैदा करना आदि चमत्कार जानता हूँ।' जब दूष्य राजी हो जाए तो रात में किसी देवस्थान के पास ले जाकर गुप्तचर उसको खूब

मदिरा, मांस, गंध आदि देवता को चढ़ाने के लिए कहे, तदनंतर जहाँ मुर्दे का कोई अंग या मरा हुआ बच्चा गड़ा हो वहाँ से, पहले गाड़ा हुआ, पुराना सिक्का निकालकर उससे कहे, 'यह बहुत कम है, क्योंकि तुमने कम भेंट चढ़ाई थी। यदि तुम अधिक भेंट चढ़ाना चाहते हो तो यह सोना लो और कल अधिक सामग्री लाकर देवता को अधिक-से-अधिक भेंट चढ़ाना।' जब दूसरे दिन दूष्य उस सुवर्ण का सामान खरीदने लगे तभी उसको गिरफ्तार करके उसका सर्वस्व छीन लिया जाए।)

लोक व्यवहार में चार प्रकार के दंड प्रसिद्ध हैं। 1. छह डंडे मारना, 2. सात कोड़े मारना, 3. हाथ-पैर बाँधकर उलटा लटका देना और 4. नाक में नमक का पानी डालना।

व्यावहारिकं कर्मचतुष्कम्-षड् दण्डा:,

सप्त कशा:, द्वावुपरि निबन्धौ, उदकनालिका च।

इन चार प्रकार के दंडों का उल्लेख करने के बाद कौटिल्य ने लिखा है कि अपराधियों के लिए 14 प्रकार के दंड और भी हैं—

परं पापकर्मणां नववेत्रलता: द्वादशकं, द्वावूरूवेष्टौ, विंशतिर्नक्तमाललता:, द्वात्रिंशत्तला:, द्वौ वृश्चिकबन्धौ, उल्लम्बने च द्वे, सूचीहस्तस्य, यवागूपीतस्याप्रस्राव:, एकपर्वदहनमंगुल्या:, स्नेहपीतस्य प्रतापनमेकमह:, शिशिररात्रौ बल्वजाग्रशय्या चेत्यष्टादशकं कर्म।

(अर्थशास्त्र, 4-83-8)

1. नौ हाथ लंबे बेंत से बारह बार मारना, 2. व 3. घुटने और मस्तक को एक साथ मिलाकर दो प्रकार से रस्सी से जकड़ना, 4. कंजा करंज की काँटेदार छड़ी से बीस बार मारना, 5. व 6. बिच्छू के समान दो प्रकार से बाँधना, 7 सीधे लटकाना, 8. उलटा लटकाना, 9. नखों में सुई चुभाना, 10. जौ का मांड पिलाकर पेशाब न करने देना, 11. अँगुली की एक पोर जला देना, 12. घी पिलाकर पूरा दिन धूप में बैठाना, 13. घी पिलाकर आग के निकट बैठाना, 14. शीतकालीन रात्रि में भीगी हुई खाट पर नंगे शरीर सुलाना। इस प्रकार कुल मिलाकर ये अठारह, '14 ये तथा 4 पहले' प्रकार के दंड हैं।'

इन 18 दंडों के अतिरिक्त और दंड भी हैं, जिनका विवरण नीचे संक्षेप में प्रस्तुत है—

दागना

ब्राह्मण:, तस्याभिशस्ताङ्को ललाटे स्याद् व्यवहारपतनाय। स्तेये श्वा, मनुष्यवधे कबन्ध:, गुरुतल्पे भगम्, सुरापाने मद्यध्वज:।

(अर्थशास्त्र, 4/8)

'ब्राह्मण जैसे-जैसे अपराध करे, वैसे-वैसे निशान उसके माथे पर दाग दिए जाएँ, जिससे वह पतितों की कोटि में रखा जा सके। चोरी करे तो कुत्ते का, मनुष्य की हत्या करे

तो धड़ का, गुरु की पत्नी से संभोग करे तो योनि का और शराब पिए तो प्याले का निशान उसके मस्तक पर दागकर, बना दिया जाए।'

श्वपाकीगमने कृतकबन्धाङ्कः।

(अर्थशास्त्र, 4/13/19)

'चंडालिनी के साथ व्यभिचार करनेवाले पुरुष के माथे पर योनि का निशान दाग दें।'

अंग काटना

तीर्थघातग्रन्थिभेदोर्ध्वकराणां प्रथमेऽपराधे सन्दंशच्छेदनं···द्वितीये छेदनं'···तृतीये दक्षिणहस्तवधश्च।

(अर्थशास्त्र, 4/10/1)

'तीर्थस्थानों में रहनेवाले उठाईगीर 'तीर्थघात', गिरहकट 'ग्रंथिभेद' और छत फोड़नेवाले ऊर्ध्वकर व्यक्तियों के पहली बार अपराध करने पर अँगूठा तथा कनिष्ठिका उँगली कटवा दी जाए। दूसरी बार अपराध करने पर उनकी सब उँगलियाँ कटवा दी जाएँ और तीसरी बार अपराध करने पर दाहिना हाथ कटवा दिया जाए।'

पञ्चविंशतिपणावरेषु कुक्कटनकुलमार्जारश्वसूकरस्तेयेषु हिंसायां वा··· नासाग्रच्छेदनम्।

(अर्थशास्त्र, 4/10)

'यदि कोई व्यक्ति पच्चीस पण से कम कीमत के मुर्गे, नेवले, बिल्ली, कुत्तों और शूकर की चोरी करे तो उसकी नाक का अगला हिस्सा काट दिया जाए।'

दुर्गमकृतप्रवेशस्य प्रविशतः प्राकारछिद्राद् वा निक्षेपं गृहीत्वाऽपसरतः कन्धरावधः।

(अर्थशास्त्र, 4-85-10)

'यदि अनधिकारी व्यक्ति किले में प्रवेश करे अथवा परकोटे की दीवार तोड़कर माल उड़ा ले जाए तो उसके पैर के पीछे की दो मुख्य नसें कटवा दी जाएँ।'

चक्रयुक्तां नावं क्षुद्रपशुं वापहरत एकपादवधः।

(अर्थशास्त्र 4/85/10)

'चक्रयुक्त 'धन व शस्त्र युक्त' नाव अथवा छोटे-छोटे पशुओं की चोरी करनेवाले का एक पैर कटवा दिया जाए।'

कूटकाकण्यक्षारालशलाकाहस्तविषमकारिण एकहस्तवधः।

(अर्थशास्त्र, 4-85-10)

'जो व्यक्ति जाली कौड़ी, पासे, अरला, शलाका आदि जुए से संबंधित सामान तथा ऐसी ही अन्य चीजें बनाए, उसका एक हाथ काट दिया जाए।

ध्यान रहे, कौटिल्य यहाँ जुए के नकली सामान बनानेवाले को ही दंडित कर रहा है,

वैसे उसके यहाँ जुआ वर्जित नहीं है।

वर्णोत्तमानां गुरूणां च हस्तपादलङ्घने राजयानवाहनाद्या रोहणे चैकहस्तपादवधः।

(अर्थशास्त्र, 4-85-10)

'जो व्यक्ति श्रेष्ठ पुरुषों या गुरुजनों को हाथ या पैर से मारे, राजा की सवारी एवं घोड़े पर चढ़े, उसका एक हाथ और एक पैर काट दिया जाए।'

शूद्रस्य ब्राह्मणवादिनो देवद्रव्यमवस्तृणतो राजद्विष्टमादिशतो द्विनेत्रभेदिनश्च योगाञ्जनेनाधत्वम्। (अर्थशास्त्र, 4-85-10)

'जो शूद्र अपने को ब्राह्मण बताए और देवनिमित्त द्रव्य का अपहरण करे, ज्योतिषी बन कर राजा को भावी अनिष्ट बताए या बगावत करे, अथवा किसी की दोनों आँखें फोड़ दे, उसे औषधियों का सुरमा लगाकर अंध कर दिया जाए।'

तेषामाक्रोशे जिह्वाच्छेदः। अङ्गभिरदने तदङ्गान्मोच्यः

(अर्थशास्त्र, 4-86-11)

'माता-पिता को गाली देनेवाले की जीभ कटवा दी जाए। उनके किसी अंग को कोई जिस अंग से नोचे-खसोटे उसका वह अंग कटवा दिया जाए।'

राजक्रोशकमन्त्रभेदकयोरनिष्टप्रवृत्तिकस्य ब्राह्मणमहानसावलेहिनश्च जिह्वामुत्पाटयेत्।

(अर्थशास्त्र, 4-86-11)

'जो व्यक्ति राजा को गाली दे, गुप्त बात को प्रकट कर दे, राजा के अनिष्ट को फैलाएँ और ब्राह्मण की भोजनशाला 'रसोई' से जबरदस्ती अलग लेकर खाने लगे, उसकी जीभ कटवा दी जाए।'

मेढ्रफलोपघातिनस्तदेव छेदयेत्।

(अर्थशास्त्र, 4-86-11)

'यदि कोई व्यक्ति किसी का लिंग और अंडकोष काट डाले तो उसका भी लिंग तथा अंडकोष कटवा दिया जाए।'

मदेन हस्तवधः।

(अर्थशास्त्र, 4/11/2)

'यदि कोई बल के घमंड से चोट पहुँचाए तो उसका हाथ काट लिया जाए।

जिह्वानासोपघाते सन्दंशवधः।

(अर्थशास्त्र, 4/11/18)

'किसी की जीभ और नाक काट देनेवाले व्यक्ति की कनिष्ठिका और अँगूठा कटवा दिया जाए।'

सवर्णामप्राप्तफलां कन्यां प्रकुर्वतो हस्तवधः।

(अर्थशास्त्र, 4/12/1)

'जो व्यक्ति अपनी जाति की ऐसी कन्या से बलात्कार करे जिसका अभी रजोधर्म भी शुरू न हुआ हो, उसका एक हाथ कटवा दिया जाए।'

प्राप्तफलां प्रकुर्वतो मध्यम प्रदेशिनीवध:। (अर्थशास्त्र, 4/12/2)

'जो व्यक्ति अपनी जाति की ऐसी कन्या से बलात्कार करे जिसका रजोधर्म शुरू हो चुका हो, उसकी तर्जनी 'अँगूठे के साथ की' और मध्यमा 'तर्जनी के साथ की' अंगुलियाँ कटवा दी जाएँ।'

प्रोषितपतिकामपचरन्तीं··· स्त्रिया: कर्णनासाच्छेदनम्।

(अर्थशास्त्र, 4-12-17)

'जिस स्त्री का पति परदेश में हो, वह यदि व्यभिचार करवाए तो उसके नाक-कान काट दिए जाएँ।'

शूद्रो येनाङ्गेन ब्राह्मणमभिहन्यात् तदस्य छेदयेत्।

(अर्थशास्त्र, 3/19/7)

'शूद्र जिस अंग से ब्राह्मण पर प्रहार करे, उसका वह अंग काट देना चाहिए।'

शूली पर चढ़ाना

प्रसभं स्त्रीपुरुषघातकाभिसारकनिग्राहकावघोषकावस्कन्दकोपवे धकान् पथि वेश्मप्रतिरोधकान् राजहस्त्यश्वरथानां हिंसकान् स्तेनान् वा शूलानारोहयेयु:

(अर्थशास्त्र, 4/11/4)

'यदि कोई व्यक्ति बलपूर्वक किसी स्त्री या पुरुष की हत्या कर डाले, बलपूर्वक किसी स्त्री को उड़ा ले जाए, किसी स्त्री के नाक-कान काट ले, धमकी देकर हत्या व चोरी की घोषणा करे, बलपूर्वक नगर और गाँवों से धन छीन ले, भीत तोड़कर सेंध लगाए, रास्ते की धर्मशालाओं और प्याउओं में चोरी करे, राजा के हाथी-घोड़ों व रथों को नष्ट करे, उन्हें मारे या चुराए तो इन सब प्रकार के अपराधियों को शूली पर लटका दिया जाए।'

यश्चैनान् दहेदपनयेद् वा स तमेव दण्ड लभेत।

(अर्थशास्त्र, 4-86-11)

'यदि कोई इन लोगों का दाह-संस्कार या क्रिया-कर्म करे या इनके शवों को उठाकर गंगा प्रवाह आदि के लिए ले जाए, तो उसको भी शूली पर चढ़ाया जाए।

आग में जलाना

राज्यकामुकमन्त:पुरप्रधर्षकमटव्यमित्रोत्साहकं
दुर्गराष्ट्रदण्डकोपकं वा शिरोहस्तप्रादीपिकं घातयेत्।

(अर्थशास्त्र, 4/11/7)

'राजसिंहासन को हथियाने की इच्छा रखनेवाले अंत:पुर में व्यर्थ का झमेला खड़ा कर देने वाले आटवी एवं पुलिंद आदि शत्रु राजाओं को उभाड़नेवाले, किले की सेना तथा बाहर की सेना में बगावत फैलानेवाले पुरुषों के सिर और हाथ में आग लगाकर उन्हें खत्म कर दिया जाए।'

मातृपितृपुत्रभ्रात्राचार्यतपस्विघातकं वा त्वक्छिरःप्रादीपिकं घातयेत्।

(अर्थशास्त्र, 4-11-9)

'जो व्यक्ति माता, पिता, पुत्र, भाई, आचार्य और तपस्वी की हत्या कर डाले, उसके सिर में, खाल उतरवाकर, आग लगाई जाए और उसे इस तरह खतम कर दिया जाए।'

ब्राह्मण्यामगुप्तायां'' शूद्रः कटाग्निना दह्येत।

(अर्थशास्त्र, 4-88-13)

'लोकलाज से रहनेवाली ब्राह्मणी के साथ यदि शूद्र व्यभिचार, बलात्कार, 'संभोग' करे तो उसको तिनकों की आग में जला दिया जाए।'

सर्वत्र राजभार्यागमने कुम्भीपाकः।

(अर्थशास्त्र, 4/13/18)

'राजा की स्त्री के साथ जो कोई भी व्यभिचार करे, उसे तपे भाड़ में भून दिया जाए।'

अंग काट कर मृत्युदंड

मातापित्रोर्भगिनीं मातुलानीमाचार्याणीं स्नुषां दुहितरं भगिनीं वाधिचरतस्त्रिलिङ्गच्छेदनं वधश्च। सकामा तदेव लभेत। दासपरिचारकाहितकभुक्ता च।

(अर्थशास्त्र, 4/13/17)

'जो पुरुष अपनी मासी, बूआ, मामी, गुरुपत्नी, पुत्रवधू, लड़की और बहिन के साथ बलात् संभोग या व्यभिचार करे, उसका लिंग और अंडकोष काटकर उसे प्राणदंड की सजा दी जाए। यदि मासी, बूआ आदि स्वयं उससे संभोग करें तो उनके दोनों स्तन काटकर और उनका योनिछेदन करके उन्हें भी प्राणदंड दिया जाए। दास और परिचारक यदि संभोग या व्यभिचार करें तो उन्हें भी यही दंड दिया जाए।'

सवर्णामप्राप्तफलां कन्यां प्रकुर्वतो हस्तवधः।

(अर्थशास्त्र, 4/12/1)

'यदि कोई व्यक्ति अपनी जाति की ऐसी कन्या, जिसका अभी रजोधर्म न हुआ हो, को दूषित करे अर्थात् उसे फुसलाकर उससे संभोग करे या उससे बलात्कार करे तो उसका हाथ कटवा दिया जाए।'

चिता में जीवित जलाना

पुरुषं घ्नत्याश्चिताप्रतापः।

(अर्थशास्त्र, 2/27/16)

'यदि कोई गणिका 'वेश्या' संभोग शुल्क लेकर किसी पुरुष को मरवा डाले तो उसे उस पुरुष के साथ जीवित ही चिता में जला देना चाहिए।'

पानी में डुबाकर मारना

विषदायकं पुरुषं स्त्रियं च पुरुषघ्नीमपः प्रवेशयेदगर्भिणीम् गर्भिणीं मासावरप्रजाताम्।

(अर्थशास्त्र, 4/11/12)

'विष देकर किसी की हत्या करनेवाले स्त्री-पुरुष को जल में डुबाकर खतम कर दिया जाए। यदि मारनेवाली स्त्री गर्भिणी हो तो बच्चा पैदा होने के एक मास बाद उसको डुबाकर मारा जाए।'

पुरुषं घ्नत्याः अप्सु प्रवेशनम् वा।

(अर्थशास्त्र, 2/27/16)

'यदि कोई गणिका संभोगशुल्क लेकर किसी पुरुष को मरवा डाले तो उसके गले में पत्थर बाँधकर उसको पानी में डुबो देना चाहिए।'

तीर से मरवाना

प्रहरणावरणस्तेनमनायुधीयमिषुभिर्घातयेत्।

(अर्थशास्त्र, 4/11/13)

'जो आयुधजीवी न होकर भी हथियार और कवच चुराए उसे सामने खड़ा करके बाणों से मरवा दिया जाए।'

गौओं के खुरों के नीचे रौंदना

पतिगुरुप्रजाघातिकामग्निविषदां सन्धिच्छेदिकां वा गोभिः पाटयेत्।

(अर्थशास्त्र, 4/11/13)

'अपने पति, गुरु और बच्चे की हत्या करनेवाली, आग लगानेवाली विष देनेवाली या सेंध लगाकर चोरी करनेवाली स्त्री को गायों के पैरों के नीचे कुचलवाकर मारा जाए।'

कोड़े मारना

शक्तिस्थाने संभाषायां च पणस्थाने शिफादण्डः। स्त्रीणां ग्राममध्ये चण्डालः पक्षान्तरे पञ्चशिफा दद्यात्। (अर्थशास्त्र, 3/3/15)

'यदि परपुरुष या परस्त्री किसी संकेतित स्थान पर परस्पर बातचीत करें तो उन्हें आर्थिक दण्ड न देकर कोड़े लगाए जाएँ। इस प्रकार की अपराधिनी स्त्री के किसी एक ही अंग पर गाँव के मध्य में चांडाल द्वारा पाँच कोड़े लगवाए जाएँ।

कुशीलवैश्चारणा भिक्षुकाश्च व्याख्याताः। तेषामयश्शूलेन यावन्तः पणानभिवदेयुः, तावन्तः शिफाप्रहारा दण्डाः।

(अर्थशास्त्र, 4/1/32)

'यदि नट, नाच-गानेवाले और भिक्षुक दूसरों के मर्म को पीड़ा पहुँचाएँ तो इन लोगों को अपराध के अनुसार जितने पण दंड दिया जाए, उतने ही कोड़े मारे जाएँ, यदि वे आर्थिक दंड अदा न करें।'

राजाज्ञया पुरुषमनभिगच्छन्ती गणिका शिफासहस्रं लभेत।

(अर्थशास्त्र, 2/27/14)

'राजा की आज्ञा होने पर यदि कोई वेश्या किसी पुरुष विशेष के पास जाने से इनकार कर दे तो उसे एक हजार कोड़े मारे जाएँ।'

विष से मारना

मदनरसयुक्तेन वा पथ्यादनेन।

(अर्थशास्त्र, 4/5/9)

'जंगली चोरों और कोल-भीलों को रात में विषाक्त भोजन देकर मार डाला जाए।'

पत्नी की पिटाई करना

वेणुदलरज्जुहस्तानामन्यतमेन वा पृष्ठे त्रिराघातः।

(अर्थशास्त्र, 3/3/4)

'दांपत्य नियमों का उल्लंघन करनेवाली स्त्री की पीठ पर बाँस की लाठी, रस्सी या हाथ से तीन बार चोट करें।'

संभोग न करने पर दंड

तीर्थगूहनागमने षण्णवतिर्दण्डः।

(अर्थशास्त्र, 3/2/28)

'यदि कोई पुरुष ऋतुकाल *(मासिक धर्म के दिनों)* अपनी स्त्री से संसर्ग नहीं करता तो सरकार की ओर से उसे छियानवे पण दंड दिया जाए।'

सौ पण दंड

शाक्यजीवकादीन् वृषलप्रव्रजितान् देवपितृकार्येषु भोजयतः शत्यो दण्डः।

(अर्थशास्त्र, 3/20/9)

यदि कोई बौद्ध भिक्षुओं, आजीवक संप्रदाय के भिक्षुओं और शूद्रजाति की संन्यासिनियों को यज्ञादि देवकार्यों व श्राद्धादि पितृकर्मों में भोजन कराए तो उसे सौ पण दंड दिया जाए।

यह ब्राह्मण बौद्ध संघर्ष का ही परिणाम है कि बौद्ध भिक्षु को भोजन करा देनेवाले इनसान को ऐसे दंडित किया जाता था मानो उसने बहुत बड़ा अपराध किया हो। दान व दया भी यहाँ कौटिल्य ने सांप्रदायिक रंग में रँग दिए हैं। दूसरे संप्रदाय के साधु को दिया दान भी अपराध बना दिया है, वैसे हम कण-कण में भगवान् की दुहाई देते आए हैं और सब पर दया करने की रट लगाते रहते हैं।

किराया माँगने पर दंड

गुल्मतरदेयं ब्राह्मणं साधयतः प्रतिवेशानुप्रवेशयोरुपरि निमन्त्रणे च द्वादशपणो दण्डः।

(अर्थशास्त्र, 3/20/7)

'बेड़ी आदि द्वारा पार कराकर यदि कोई बेड़ीवाला ब्राह्मण से किराया माँगे, या यदि कोई पड़ोसी-पुरोहित को छोड़कर किसी दूसरे पुरोहित को निमंत्रण दे तो उसे बारह पण दंड दिया जाए।

देशनिकाला देना

ग्रामकूटमध्यक्षं वा सत्री ब्रूयात्—'असौ जाल्मः प्रभूतद्रव्यः, तस्यायमनर्थः. तेनैनमाहारयस्व' इति। स चेत्तथा कुर्यादुत्कोचक इति प्रवास्येत

(अर्थशास्त्र, 4/4/4)

'गाँव के लोगों से या गाँव के मुखिया से सत्री 'भ्रमणशील गुप्तचर' कहे कि 'यह पापी बड़ा संपत्तिशाली है, इस समय इस पर विपत्ति आई हुई है। चलो ऐसे में इसकी सारी संपत्ति लूट लें।' यदि गाँव के लोग या मुखिया वैसा ही करें तो उन्हें उत्कोचक 'जनता को कष्ट देकर लूटनेवाला' मानकर निर्वासित कर दिया जाए।'

कृतकाभियुक्तो वा कूटसाक्षिणोऽभिज्ञातानर्थवैपुल्येन आरभेत। ते चेत्तथा कुर्युः, कूटसाक्षिण इति प्रवास्येरन्।

(अर्थशास्त्र, 4/4/5)

'बनावटी तौर पर अभियुक्त बना हुआ सत्री 'गुप्तचर' संदिग्ध गवाहों को बहुत से धन का लोभ देकर अपनी ओर से उन्हें झूठी गवाही देने के लिए फुसलाए। यदि वे लोभ में आ जाएँ तो उन्हें 'झूठे गवाह' मानकर निर्वासित कर दिया जाए।'

तेन कूटश्रावणकारका व्याख्याताः।

(अर्थशास्त्र, 4/4/6)

'यही नियम झूठे दस्तावेज आदि बनानेवालों के संबंध में भी समझना चाहिए, अर्थात् वे भी निर्वासित कर दिए जाने चाहिए।'

यं वा मन्त्रयोगमूलकर्मभिः श्मशानिकैर्वा संवननकारकं मन्येत, तं सत्री ब्रूयात्- 'अमुष्य भार्यां स्नुषां दुहितरं वा कामये। सा मां प्रतिकामयताम्। अयं चार्थः प्रतिगृह्यताम्' इति। स चेत्तथा कुर्यात्, संवननकारक इति प्रवास्येत।

(अर्थशास्त्र, 4/4/7)

'जिसके बारे में यह धारणा हो कि यह आदमी मंत्रों, औषधियों या श्मशान की क्रियाओं द्वारा वशीकरण का काम करता है, उससे पुरुष इस प्रकार कहे—'मैं अमुक व्यक्ति की स्त्री, पुत्रवधू या लड़की से प्रेम करता हूँ, इसलिए ऐसा उपाय बताओ कि वह मेरे वश में हो जाए, बदले में मुझसे जितना चाहो, धन ले लो।' यदि वह लोभवश वैसा करने के लिए तैयार हो जाए तो उसे वशीकरण करनेवाला मानकर निर्वासित कर दिया जाए।'

तेन कृत्याभिचारशीलौ व्याख्यातौ।

(अर्थशास्त्र, 4/4/8)

'यही बात उन लोगों पर लागू होती है जो अपने ऊपर देवी-देवता, भूत-प्रेत, पिशाच आदि को बुलाकर प्रजा को कष्ट देते हैं और तंत्र-मंत्र आदि द्वारा लोगों की हत्या करते हैं।'

यं वा रसस्य वक्तारं क्रेतारं विक्रेतारं भैषज्याहारव्यवहारिणं वा रसदं मन्येत, तं सत्री ब्रूयात्-'असौ मे शत्रुस्तस्योपघातः क्रियताम्, अयं चार्थः प्रतिगृह्यताम्' इति। स चेत्तथा कुर्याद्, रसद इति प्रवास्येत।

(अर्थशास्त्र, 4/4/9)

'विष बनाने, खरीदने व बेचनेवाले तथा औषधियों एवं भोज्य सामग्री का व्यापार करनेवाले किसी व्यक्ति पर यदि किसी को विष देने का संदेह हो जाए तो स्त्री उससे कहे कि 'अमुक पुरुष मेरा शत्रु है, आप उसे विष देकर मार डालें और बदले में 'इतना' धन ले लीजिए।' यदि वह आदमी ऐसा ही करे तो उसे विष देने के अभियोग में निर्वासित कर दिया जाए।'

तेन मदनयोगव्यवहारो व्याख्यातः।

(अर्थशास्त्र, 4/4/10)

'यही नियम उन व्यापारियों के संबंध में भी समझना चाहिए जो बेहोश करनेवाली दवाइयाँ बेचते हैं।'

यं वा नानालोहक्षाराणामङ्गारभस्त्रासन्दंशमुष्टिकाधिकरणीविरङ्क-मूषाणामभीक्ष्णं क्रेतारं मषीभस्मधूमदिग्धहस्तवस्त्रलिङ्गं कर्मारोपकरणसंवर्गं कूटरूपकारकं मन्येत, तं सत्री शिष्यत्वेन संव्यवहारेण चानुप्रविश्य प्रज्ञापयेत्। प्रज्ञातः कूटरूपकारक इति प्रवास्येत।

(अर्थशास्त्र, 4/4/11)

'जो व्यक्ति अनेक प्रकार का लोहा, क्षार, कोयला, धौंकनी, सनसी, हथौड़ी, निहाई 'अधिकरणी', बिंब, 'तसवीर', छेनी, मूषा आदि पदार्थों को अधिक संख्या में खरीदे, जिसके हाथ या कपड़ों पर स्याही, राख तथा धुएँ के चिह्न हों, जो लोहार तथा सुनार के सभी औजार रखता हो, ऐसे व्यक्ति के ऊपर यदि छिपकर जाली सिक्का बनाने का संदेह पैदा हो जाए तो स्त्री उसकी शिष्य बनकर एवं उससे अच्छी तरह मेलजोल बना व बढ़ाकर उसके रहस्यों की पूरी जानकारी राजा को दे। इस बात का निश्चय हो जाने पर कि वह छिपकर जाली सिक्का बनाता है, उसे निर्वासित कर दिया जाए।'

तेन रागस्यापहर्ता कूटसुवर्णव्यवहारी च व्याख्यातः।

(अर्थशास्त्र, 4/4/12)

'सोने आदि का रंग उड़ा देनेवाले तथा बनावटी सोना बनानेवाले के संबंध में भी यही नियम समझना चाहिए।'

आरब्धारस्तु हिंसायां गूढाजीवास्त्रयोदश।
प्रवास्या निष्क्रयार्थं वा दद्युर्दोषविशेषतः॥

(अर्थशास्त्र, 4/4/13)

'धर्मस्थ (न्यायाधीश), प्रदेष्टा (भ्रष्टाचार दूर करने के लिए सरकारी अधिकारी), गाँव का मुखिया, गाँव का अध्यक्ष, कूटसाक्षी, कूटश्रावक, वशीकरणकर्ता, क्रियाशील, अभिचारशील, विष देनेवाला, मदनयोग व्यापारी, कूटरूप कर्ता और कूटसुवर्ण व्यापारी— ये तेरह प्रकार के लोग उपद्रव करनेवाले गूढ़ जीवी हैं, इन्हें देशनिकाला दिया जाए।

ब्राह्मणं पापकर्माणमुद्घुष्याङ्ककृतव्रणम्।
कुर्यान्निर्विषयं राजा वासयेदाकरेषु वा॥

(अर्थशास्त्र, 4/8/17)

'पापी ब्राह्मण के माथे पर, यथा अपराध, कुत्ते, धड़, योनि और प्याले के चिर्दिंगाकर समग्र जनता में इस बात की घोषणा की जाए राजा उसे देश से निर्वासित कर दे, या उसे वनों में रहने की आज्ञा दी जाए।

श्वपाकीगमने कृतकबन्धाङ्कः परविषयं गच्छेत्।

(अर्थशास्त्र, 4/13/19)

'चांडालिनी के साथ व्यभिचार करनेवाले पुरुष के माथे पर योनि का निशान दागकर उसे देश से निर्वासित कर दें।'

चांडाल बनाना

श्वपाकत्वं वा शूद्रः।

(अर्थशास्त्र, 4/13/19)

'यदि शूद्र चांडालिनी के साथ व्यभिचार करे तो उसे भी चांडाल बना दिया जाए।'

सिर मुंडाना

बाह्येषु तु प्रच्छान्नमहनि क्षेत्रखलवेश्मापणेभ्यः⋯आपणमूल्यादिति द्वादशपणः मुण्डनं प्रव्राजनं वा।

(अर्थशास्त्र, 4/9/8)

'राजकीय कर्मचारियों से भिन्न यदि कोई व्यक्ति खेतों, खलिहानों, घरों और दुकानों से सोलह माष मूल्य की वस्तु की चोरी करे तो उसे बारह पण दंड दिया जाए या उसका सिर मुंडवाकर उसे देशनिकाला दिया जाए।'

पत्थर मारना

आ द्विपणमूल्यादिति चतुर्विंशतिपणः मुण्डस्येष्टकाशकलेन प्रव्राजनं वा।

(अर्थशास्त्र, 4/9/8)

'राजकीय कर्मचारियों से भिन्न यदि कोई व्यक्ति खेतों, खलिहानों, घरों और दुकानों से बत्तीस माष के मूल्य की वस्तु चुराए तो उसे 24 पण दंड दिया जाए अथवा उसका सिर मुँडाकर पत्थर मारते हुए उसको देश से बाहर खदेड़ा जाए।'

पूजा की जाए

हस्तिना रोषितेन हतो द्रोणान्नं कुम्भं माल्यानुलेपनं दन्तप्रमार्जनं च पटं दद्यात्। अश्वमेधावभृथस्नानेन तुल्यो हस्तिना वध इति पादप्रक्षालनम्

(अर्थशास्त्र, 4-88-1)

'यदि कोई व्यक्ति क्रुद्ध हाथी की चपेट में आकर मारा जाए तो उसके परिजन को चाहिए कि वे एक द्रोण अन्न, एक घड़ा शराब, माला, चंदन और दाँत साफ करने का वस्त्र उस हाथी को भेंट करें, क्योंकि जितना पुण्य अश्वमेध यज्ञ की समाप्ति पर पवित्र स्नान करने से होता है, उतना ही पुण्य हाथी द्वारा मारे जाने पर होता है। इसीलिए उक्त वस्तुओं द्वारा हाथी के पूजन का विधान बताया गया है।'

छूने पर जुरमाना

चण्डालस्यार्यां स्पृशतः।

(अर्थशास्त्र, 3/20/9)

'यदि कोई चांडाल आर्य स्त्री को छुए तो उसे सौ पण का दंड दिया जाए।'

(यह छुआछूत को राजसत्ता द्वारा लागू करने व बनाए रखने का मामला है, जबकि आज भारतीय संविधान की दृष्टि में यह एक दंडनीय अपराध है।)

पड़ोसी के घर जाने पर जुरमाना

निष्कारणमभिधावनं कुर्वतः।

(अर्थशास्त्र, 3/20/9)

'जो पड़ोसी के यहाँ बिना कारण आए-जाए उस पर 100 पण जुरमाना किया जाए।'

प्राणदंड

पण्यभूमिभ्यो राजपण्यं...आ दशपणमूल्यादिति वधः।

(अर्थशास्त्र, 4/9/4)

'जो व्यक्ति राजकीय खेतों से दस पण मूल्य तक की चीज चुराए उसे प्राणदंड दिया जाए।'

यह तो 10 पैसे के लिए मृत्युदंड है!

देवपशुप्रतिमामनुष्यक्षेत्रगृहहिरण्यसुवर्णरत्नसस्यापहारिणः... शुद्धवधो वा।

(अर्थशास्त्र, 4/10/14)

देवता के निमित्त छोड़े/रखे गए पशु, प्रतिमा, मनुष्य, खेत, घर, हिरण्य, सोना, रत्न और अन्न की जो व्यक्ति चोरी करे उसे पीड़ारहित प्राणदंड दिया जाए।

कलहे घ्नतः पुरुषं चित्रो घातः।

(अर्थशास्त्र, 4/11/1)

'कोई व्यक्ति यदि लड़ाई-झगड़े में किसी को जान से मार डाले तो उसे कष्टपूर्वक प्राणदंड 'चित्रघात' दिया जाए।'

सप्तारात्रस्यान्तः मृते शुद्धवधः।

(अर्थशास्त्र, 4/11/1)

'चोट खाया हुआ व्यक्ति यदि झगड़ा होने के बाद सात दिनों के अंदर मर जाए तो चोट मारने वाले को शुद्ध प्राणदंड 'कष्टरहित वध' दिया जाए।'

सवर्णामप्राप्तपफलां कन्यां प्रकुर्वतो,...मृतायां वधः।

(अर्थशास्त्र, 4/12/1)

'यदि कोई व्यक्ति अपनी जाति की रजोधर्मरहित कन्या को दूषित करे, 'उससे संभोग करे', और उस संभोग या बलात्कार के कारण वह लड़की मर जाए तो अपराधी को मृत्युदंड दिया जाए।'

(धनंजय चटर्जी पर भी बलात्कार और हत्या का ही दोष था, जिसे फाँसी दी गई थी।)

कूटरूपं···कोशे प्रक्षिपतो वधः।

(अर्थशास्त्र, 4/1/25)

'खजाने में अच्छे सिक्कों की जगह जाली सिक्के रखनेवाले को मृत्युदंड दिया जाए।'

स्वयं हन्ता घातयिता हर्ता हारयिता च वध्यः।

(अर्थशास्त्र, 2/29/12)

'यदि कोई ग्वाला सरकारी गाय को मारे या किसी से मरवाए या उसकी चोरी करे अथवा करवाए तो उसे प्राणदंड दिया जाना चाहिए।'

(यहाँ प्राणदंड गोहत्या के कारण नहीं बल्कि सरकारी माल को नष्ट करने के कारण है। इसीलिए गाय की चोरी पर भी मृत्युदंड है। यदि गाय की हत्या के कारण ही प्राणदंड माना जाए तो फिर गाय की चोरी पर प्राणदंड का कोई औचित्य नहीं रहेगा)।

कुलस्त्रियं वधः।

(अर्थशास्त्र, 2-56-36)

'जो पुरुष कुलीन स्त्रियों के साथ बलात्कार करे उसे प्राणदंड देना चाहिए।'

श्वपाकस्यार्यागमने वधः। स्त्रियाः कर्णनासाच्छेदनम्।

(अर्थशास्त्र, 4/13/20)

'चांडाल यदि किसी आर्य स्त्री के साथ संभोग करे तो उसे प्राणदंड दिया जाए और उस स्त्री के नाक-कान काट दिए जाएँ।'

इस तरह के बर्बरतापूर्ण दंडों का विधान करने के बाद कौटिल्य ने कहा है कि ये जो कठोर दंड मैंने प्रतिपादित किए हैं, वे महात्माओं द्वारा रचे धर्मशास्त्रों से ही लिए गए हैं—

एते शास्त्रेष्वनुगताः क्लेशदण्डा महात्मनाम्।

(अर्थशास्त्र, 4/11/19)

'आज मानवीय गरिमा और मानवाधिकारों के बोलबाले में इन दंडों को पढ़-सुनकर हमें शर्म महसूस होती है, परंतु विडंबना यही है कि हम फिर भी अर्थशास्त्र जैसी पुस्तकों को 'शास्त्र' कहकर, आँखें बंद करके, सम्मानित करते चले जा रहे हैं।

कुछ आलोचकों की दृष्टि में कौटिल्य की अर्थशास्त्र की यह न्याय व्यवस्था भेदभाव पूर्ण है। उनका कहना है कि "जिस तरह का छल-कपटपूर्ण क्रूर व्यवहार अपनी प्रजा के साथ करने का कौटिल्य ने विधान किया है, वैसा तो शायद शत्रुराजा भी सभ्य जगत् में निरीह प्रजा से न करता हो।

"यदि अपना ही राजा प्रजा से ऐसा व्यवहार करता है तो प्रजा उसके प्रति वफादार कैसे रह सकती है? उस पर यदि कोई शत्रु आक्रमण करता है, तो वह उस शत्रु से क्यों नहीं मिल जाएगी और उससे निजात पाने का प्रयास क्यों नहीं करेगी?

"सिंध के राजा दाहर पर जब मुहम्मद बिन कासिम ने हमला किया था, तब बहुत से लोग हमलावर के साथ क्यों हो गए थे, इसका उत्तर कौटिल्य के उपरिलिखित कथनों को पढ़कर स्वयमेव मिल जाता है।

कुशासन बनाम सुशासन

"इस तरह के कुशासन को स्वशासन कहना अपने को धोखा देने के समान है। स्वशासन के लिए सुशासन होना भी उतना ही जरूरी है जितना विदेशी शासन के लिए कुशासन हो जाना स्वाभाविक होता है।

"किसी भी प्रकार के शासन में बुराइयों का पैदा हो जाना आश्चर्यजनक बात नहीं है। हर न्यायप्रिय व अच्छे शासक के लिए जरूरी होता है कि वह उन बुराइयों को दूर करे। हर शासक उन्हें दूर करने का प्रयास करता है, या कम-से-कम, दूर करने का दिखावा करता है। कोई बुरे-से-बुरा शासक भी इन बुराइयों को बनाए रखने का औचित्य कभी प्रतिपादित नहीं करता। ज्यादा-से-ज्यादा वह कोई बहानेबाजी कर सकता है, परंतु वह कोई आदर्श स्थिति नहीं होती। अत: उसका विरोध होता है।

"परंतु यदि आदर्श की विकृति हो, आदेश व लक्ष्य ही विकृतिपूर्ण हों तब कोई क्या करेगा? उसका प्रतिकार कैसे करेगा? कौटिल्य ने छल-कपट द्वारा प्रजा को लूटने का जो उपदेश दिया है, उससे उसने आदर्श को ही विकृत कर दिया है। इससे छल-कपट, धोखा-धड़ी आदि बुराई न रहकर राजा का स्वाभाविक कर्तव्य बना दी गई है। अर्थात् उन सब कुकृत्यों को करता हुआ राजा भ्रष्टाचार नहीं कर रहा, आचार से भ्रष्ट नहीं हो रहा, बल्कि राजधर्म का पालन कर रहा है।

"अब यदि डकैती व धोखा-धड़ी ही आदर्श राजधर्म बन जाएँ तो प्रजा ऐसे राज्य से मुक्ति पाने के लिए 'देशद्रोह' करती है, विदेशी से मिल जाती है, तब उसे कोई किस मुँह से दोष दे सकता है? कौटिल्य ने इसी विघटन के बीज बोए हैं।"

अर्थशास्त्र के इन आलोचकों के विचार आज के संदर्भ में सही हो सकते हैं किंतु

अर्थशास्त्र या ऐसे ही किसी कृति की आलोचना करने से पहले तत्कालीन परिस्थितियों पर भी विचार किया जाना चाहिए। अर्थकालीन राजनीतिक, धार्मिक, सामाजिक, आर्थिक आदि परिस्थितियाँ जिस न्यायिक व्यवस्था का वरण कर रही थी, कौटिल्य ने उसी व्यवस्था का प्रतिपादन अपने अर्थशास्त्र में किया है।

□

नारी की दशा

कौटिल्य के 'अर्थशास्त्र' में नारी के मुख्यतः तीन रूप हैं—आम गृहस्थ नारी, दासी और वेश्या। तीनों रूपों को अलग-अलग तरह के ग्रहण लगे हुए हैं, जिनसे चारों ओर मानवीय संवेदनहीनता का ही साम्राज्य दिखाई पड़ता है। नारी आज 21वीं शताब्दी में भी उन ग्रहणों से पूरी तरह मुक्त नहीं हो पाई है, यद्यपि उसके सशक्तीकरण के प्रयास निरंतर जारी हैं।

आम गृहस्थ नारी

कौटिल्य के अनुसार बारह वर्ष की लड़की और सोलह वर्ष का लड़का वयस्क (बालिग) व विवाह के योग्य हैं। इस तरह वह बालविवाह का आदेश देता है जो आज के भारत में कानूनन अपराध है, परंतु स्मृतियों में पुण्यकार्य माना गया है।

आठ प्रकार के विवाह

कौटिल्य 8 तरह के विवाहों का वर्णन करता है—1. ब्राह्म विवाह (वस्त्र, आभूषण आदि से सजाकर विधिपूर्वक कन्यादान करना), 2. प्राजापत्य विवाह (कन्या और वर—दोनों सहधर्म पालन करने की प्रतिज्ञा कर जिस विवाह बंधन को स्वीकार करते हैं।), 3. आर्ष विवाह (वर से लड़की की कीमत के रूप में गाय का जोड़ा लेकर जो विवाह किया जाता है।), 4. दैव विवाह (विवाह वेदी में बैठकर ऋत्विक (पुरोहित) को ही जो कन्यादान दिया जाता है।)

इन चार तरह के विवाहों को वह 'धर्मानुकूल विवाह' कहता है, क्योंकि ये पिता की अनुमति से होते हैं—

पितृप्रमाणाश्चत्वारः पूर्वे धर्म्याः।

(अर्थशास्त्र, 3/2/10)

इन चार विवाहों के अतिरिक्त वह चार अन्य विवाहों का भी उल्लेख करता है—1. गांधर्व विवाह (कन्या और वर का आपसी सलाह से किया गया विवाह।), 2. आसुर विवाह (कन्या के पिता को धन देकर लड़की प्राप्त करना), 3. राक्षस विवाह (किसी कन्या से बलपूर्वक विवाह करना) और 4. पैशाच विवाह (सोई हुई कन्या का अपहरण करके विवाह करना)।

ये विवाह भी 'अर्थशास्त्र' में मान्यता प्राप्त हैं। भरत (जिसके नाम पर इस देश का नाम पड़ा) के पिता दुष्यंत का उसकी माँ शकुंतला से गांधर्व विवाह ही हुआ था। कौटिल्य ने लड़की खरीदने (आर्ष विवाह), उसके अपहरण (पैशाच विवाह) आदि को मान्यता देकर सामाजिक समझौते व अपराध को एक ही स्तर पर ला दिया है, जो स्पष्टत: नारी के मानवाधिकारों का हनन है।

जन्म-जन्मांतर की विवाह-व्यवस्था

कौटिल्य ने धर्मानुकूल विवाहों को जन्म-जन्मांतर तक विच्छिन्न न होनेवाले बताया है, जैसा कि अन्य हिंदू ग्रंथ कहते हैं। आज तक हिंदुओं में जितने विवाह हुए हैं या होते हैं, उनमें निन्यानवे प्रतिशत से ऊपर 'ब्राह्मविवाह' ही हैं, जिनमें कन्यादान होता है। इस धर्मानुकूल विवाह के विच्छेद की कौटिल्य ने कहीं बात नहीं की है, बल्कि उलटे यह कहा है—

अमोक्षो धर्मविवाहानाम्।

(अर्थशास्त्र, 3/3/10)

अर्थात् चार प्रकार के धर्म विवाहों में किसी भी दशा में तलाक नहीं हो सकता। साथ ही कौटिल्य ने यह भी कहा है कि—

'विवाहानां तु त्रयाणां पूर्वेषां वर्णानां पाणिग्रहणासिद्धमुपावर्तनम्। शूद्राणां च प्रकर्मण:।

(अर्थशास्त्र, 3/15/6)

अर्थात् ब्राह्मण, क्षत्रिय और वैश्य—इन तीनों जातियों में विवाह के बाद स्त्री-पुरुष का किसी प्रकार का उलट-फेर नहीं हो सकता। केवल शूद्रों में प्रथम संयोग हो जाने के बाद स्त्री-पुरुष एक-दूसरे को छोड़ सकते हैं।

विधवा-विवाह

'अर्थशास्त्र' विधवा स्त्री को पुनर्विवाह की अनुमति देता है। यह बात अलग है कि ऐसे विवाह के बाद उसे कई अधिकारों से वंचित कर देता है। स्त्री पति की मृत्यु के पश्चात् यदि स्त्रीधन (उसके नाम पर जमा रुपया (वृत्ति)) और गहने आदि (आवध्य) लेने के बाद दूसरा पति कर ले तो उसका सारा मूलधन ब्याज सहित वापस करना होगा।

पुनर्विवाह की इच्छा करनेवाली स्त्री अपने मृत पति के उत्तराधिकार को भी नहीं प्राप्त कर सकती। यदि कोई विधवा अपने पुत्रों के भरण-पोषण के लिए पुनर्विवाह करना चाहे तो उसे निजी संपत्ति अपने लड़कों के नाम करनी होगी।

इसके विपरीत, कौटिल्य पुरुषों पर पुनर्विवाह के मामले में न केवल इस तरह की पाबंदियाँ नहीं लगाता, बल्कि उन्हें कई तरह की छूटें भी देता है। वह लिखता है कि पुरुष कई पत्नियाँ रख सकता है, वह उसके लिए पुनर्विवाह के कई बहाने भी जुटाता है। यदि पत्नी लड़कियाँ ही पैदा करती है, तो वह नया विवाह कर सकता है।

कौटिल्य पुरुष को पुनर्विवाह की अनुमति देते हुए लिखते हैं—

वर्षाण्यष्टावप्रजायमानामपुत्रां वन्ध्यां चाकांक्षेत् दशबिन्दु, द्वादश कन्याप्रसविनीम्। ततः पुत्रार्थी द्वितीयां विन्देत।

(अर्थशास्त्र, 3/2/25-26)

(यदि किसी स्त्री के संतान न होती हो या उसके अंदर संतान पैदा करने की शक्ति न हो तो पति को चाहिए कि वह आठ वर्ष तक संतान के होने की प्रतीक्षा करे। यदि स्त्री मरे हुए बच्चे ही जने तो दस वर्ष तक और यदि कन्याएँ ही पैदा करे तो पति बारह वर्ष तक प्रतीक्षा करे। इसके बाद पुत्र की इच्छा करनेवाला पुरुष पुनर्विवाह कर ले।)

कौटिल्य के अनुसार स्त्रियाँ होती ही पुत्र पैदा करने के लिए हैं, अतः पुरुष जितनी चाहे उतनी ही स्त्रियों से विवाह कर सकता है—

शुल्कंस्त्रीधनमशुल्कस्त्रीधनायास्तत्प्रमाणमाधिवेदनिकमनुरूपां च वृत्तिं दत्त्वा बह्वीरपि विन्देत। पुत्रार्था हि स्त्रियः।

(अर्थशास्त्र, 3/2/27)

(जिस स्त्री को अपने विवाह में न तो दहेज मिला है और न जिसके पास अपना निजी धन है, ऐसी स्त्री को दहेज तथा स्त्रीधन के बराबर धन देकर और उसके जीवन निर्वाह के योग्य संपत्ति देकर कोई भी पुरुष अनेक स्त्रियों के साथ विवाह कर सकता है, क्योंकि स्त्रियाँ होतीं ही पुत्र पैदा करने के लिए हैं।)

यहाँ कौटिल्य ने ऐसी अनेक स्त्रियों के साथ शादी करने का पुरुष को लाइसेंस दे दिया है, जो अपने साथ दहेज नहीं ला सकतीं।

पुरुषों पर जुरमाना

अनेक पत्नियों को रखने का लाइसेंस देकर भी कौटिल्य उस पुरुष पर सरकार की ओर से जुरमाना करता है जो स्त्री के मासिक-धर्म के दिनों के बाद उससे संभोग नहीं करता—

तीर्थसमवाये चासां यथाविवाहं पूर्वोढां जीवत्पुत्रां वा पूर्वं गच्छेत्। तीर्थगूहनागमने षण्णवतिर्दण्डः।

(अर्थशास्त्र, 3/2/28)

(यदि एक पुरुष की अनेक पत्नियाँ एक ही साथ रजस्वला हों तो पति को चाहिए कि वह सबसे पहले विवाहिता पत्नी के पास (समागम के लिए) जाए अथवा उस पत्नी के पास जाए जिसका कोई पुत्र जीवित हो। यदि कोई पुरुष ऋतुकाल को छिपाकर अपनी स्त्री से संसर्ग नहीं करता तो उसको सरकार की ओर से छियानवे पण दंड दिया जाए।)

इतना ही नहीं, वह आगे लिखता है—

कुष्ठिनीमुन्मत्तां वा न गच्छेत् स्त्री तु पुत्रार्थमेवंभूतं वोपगच्छेत्।

(अर्थशास्त्र, 3/2/28)

(संभोग की इच्छा होते हुए भी कोढ़िन या पागल स्त्री से संभोग नहीं करना चाहिए, परंतु पुत्र की इच्छा रखनेवाली स्त्री किसी भी कोढ़ी या उन्मत्त पुरुष से संसर्ग कर सकती है।)

यह आदेश कौटिल्य का मुँहबोला प्रमाण है। बाद के कई स्त्रीद्वेषी कवियों, स्मृतिकारों, योगियों, भगतों और पुराणकारों ने इस तरह के आदेशों के आधार पर स्त्रीनिंदा करते हुए कहना शुरू कर दिया कि स्त्री काम के आवेग में न कोढ़ी को छोड़ती है, न पागल को, जबकि उसे ऐसा करने की प्रेरणा व अनुज्ञा स्वयं एक पुरुष स्वतः ही दे रहा है, उसने उससे न ऐसी अनुमति कभी माँगी है, न चाही है। यह लैंगिक आधार पर पूर्वाग्रह का ही चमत्कार है।

विवाहेतर संबंध

विवाहेतर संबंधों के मामलों में कौटिल्य का कहना है कि यदि स्त्री परपुरुष (जार) के साथ किसी स्थान पर छिपकर बातचीत करती हुई पकड़ी जाए तो उसे ग्राम के मध्य में कोड़े लगवाए जाएँ। पुरुष को भी यद्यपि पीटने का उसने विधान किया है, तथापि स्त्री की तरह उसकी सबके सामने गाँव के चांडाल से पिटाई का विधान नहीं किया है। वह लिखता है—

शङ्किस्थाने संभाषायां च पणस्थाने शिफादण्डः। स्त्रीणां ग्राममध्ये चण्डालः पक्षान्तरे पञ्चशिफा दद्यात्।

(अर्थशास्त्र, 3/3/15)

(यदि किसी संकेत स्थान में वे (परपुरुष और परस्त्री) परस्पर बातचीत करें तो आर्थिक दंड की जगह उन पर कोड़े बरसाए जाएँ। इस प्रकार की अपराधिनी स्त्री के किसी एक ही अंग पर गाँव के चांडाल द्वारा गाँव के मध्य में पाँच कोड़े लगवाए जाएँ।)

स्त्री की आर्थिक स्वतंत्रता

कौटिल्य के समय में स्त्री आर्थिक तौर पर स्वतंत्र नहीं थी। वह यदि भिखारी को,

पति की आज्ञा के बिना, भीख भी दे तो कौटिल्य का आदेश है कि उसे बारह पण का दंड दिया जाए।

भिक्षुक…शिक्षा…दाने द्वादशपणो दण्डः।

(----, 3/4/2)

स्पष्ट है, वह स्त्रीधन में से ही यह दंड चुकाएगी, ज्यों-ज्यों उसका स्त्रीधन कम होता जाएगा, त्यों-त्यों वह पति की ज्यादा गुलाम होती जाएगी और उसके आगे दूसरा कोई चारा नहीं रह जाएगा।

यदि स्त्री घर से भागकर किसी ऐसे पुरुष के साथ अन्य गाँव के लिए जाए जिससे मैथुन संभव हो या मैथुन के लिए किसी पुरुष के साथ रहे तो उसे चौबीस पण का दंड दिया जाए, वह पुरुष यदि ऊँची जाति का हो तो उसे कम दंड दिया जाए, परंतु यदि स्त्री की जाति से नीची जाति का हो तो उसे अधिक दंड दिया जाए।

गम्येन वा पुंसा सह प्रस्थाने चतुर्विंशतिपणः…।
पुंसः पूर्वः साहसदण्डः तुल्यश्रेयसः, पापीयसो मध्यमः।

(अर्थशास्त्र 3/4/8)

(यदि स्त्री किसी ऐसे पुरुष के साथ अन्य गाँव को भाग जाए जिससे मैथुन संभव है, तो उसे 24 पण का दंड दिया जाए, यदि वह पुरुष स्त्री की जाति से ऊँची जाति का हो तो उसे छियानवे पण का दंड दिया जाए, परंतु यदि वह उसकी जाति से नीची जाति का हो तो उसे पाँच सौ पण दंड दिया जाए।)

कौटिल्य का आदेश है कि यदि पति के प्रवासकाल के दौरान किसी समानवर्णवाले पुरुष से किसी स्त्री के बच्चा पैदा हो जाए तो वह निंदनीय नहीं होता—

सवर्णतश्च प्रजाता नापवादं लभेत।

(अर्थशास्त्र 3/4/12)

कौटिल्य स्त्री को छूट तो देता है, परंतु उसी तरह की जैसे किसी पक्षी के पैरों में धागा बाँधकर एक हाथ से उसे पकड़ रखा हो और उधर से उड़ने के लिए छोड़ दिया जाए, स्पष्ट है, वह उतना ही उड़ सकेगा जितना लंबा धागा होगा, उससे ज्यादा नहीं।

इसी तरह वह स्त्री को जब पुनर्विवाह की छूट देता है (उन पाबंदियों के रहते हुए जिनका संक्षिप्त वर्णन पहले पृष्ठों में इसी अध्याय में किया गया है) तब वह यह भी निर्धारित कर देता है कि वह पुनर्विवाह किस-किससे कर सकती है और किस-किससे नहीं। वह लिखता है—

ततः पतिसोदर्यं गच्छेत्। बहुषु प्रत्यासन्नं धार्मिकं भर्म (भरण) समर्थं कनिष्ठमभार्यं वा। तदभावेऽप्यसोदर्यं सपिन्डं कुल्यं वा। आसन्नमेतेषाम् एष एव क्रमः।

एतानुत्क्रम्य दायादान् वेदने जातकर्मणि।
जारस्त्रीदातृवेत्तारः सम्प्राप्ताः संग्रहात्ययम्॥

(अर्थशास्त्र, 3/4/15-16)

(उसके बाद वह अपने पति के सगे भाई के साथ विवाह कर ले। यदि उसके सगे भाई कई हों तो वह पति के एकदम बाद पैदा हुए उसके भाई से विवाह कर ले या उसके उस भाई से विवाह कर ले जिसका अभी विवाह न हुआ हो या जिसकी पत्नी न हो। यदि पति का कोई सगा भाई न हो तो समान गोत्रवाले उसके किसी पारिवारिक भाई से विवाह कर ले। पति का जो निकट से निकट भाई हो उससे विवाह कर ले।

यदि वह पति की संपत्ति के हकदार पुरुषों को छोड़कर किसी दूसरे पुरुष से विवाह करे तो उससे विवाह करनेवाला उसका जार, वह स्त्री, उस स्त्री को देनेवाला, उस विवाह में शामिल होनेवाले, ये सभी लोग स्त्री को बहकाने या अनुचित ढंग से उसको हिरासत में रखनेवाले अपराधी समझे जाएँ और उनको यथोचित दंड दिया जाए।)

यह है कौटिल्य के पुनर्विवाह की छूट का वह धागा जिसके साथ उसने उड़ने से पहले ही पक्षी के पैर बाँध रखे हैं।

कौटिल्य स्त्री को आर्थिक तौर पर परतंत्र बनाए रखने का बहुत बड़ा पक्षधर है। अतः वह कहता है कि लड़के माता-पिता की संपत्ति के अधिकारी होते हैं। जिसके लड़के न हों उसकी संपत्ति को उसके सगे भाई या साथी ले लें।

द्रव्यमपुत्रस्य सोदर्या भ्रातरः सहजीविनो वा हरेयुः कन्याश्च।
रिक्थं पुत्रवतः पुत्रा दुहितरो वा धर्मिष्ठेषु विवाहेषु जायाः

(अर्थशास्त्र, 3/5/4-5)

(जिसके कोई पुत्र न हो उसकी संपत्ति उसके सगे भाई या साथी ले लें और विवाहादि के लिए जितने धन की अपेक्षा हो, कन्याएँ केवल उतना धन अपनी पैतृक संपत्ति में से लें। सुवर्ण, आभूषण एवं नकदी आदि जो भी रिक्थ (उत्तराधिकार) धन है, उसके अधिकारी लड़के हैं, लड़कों के अभाव में वे लड़कियाँ रिक्थ धन की अधिकारिणी हैं जो धर्म विवाहों से पैदा हुई हों, दूसरी नहीं।)

दायभाग

कौटिल्य के समय में स्त्रियों को संपत्ति में कोई अधिकार नहीं था। जिस संपत्ति का कोई उत्तराधिकारी न हो, उसे राजा ले ले, चाहे मृतक की विधवा, जीवित ही क्यों न हो। कौटिल्य लिखता है—

अदायादकं राजा हरेत्। स्त्रीवृत्तिप्रेतकार्यवर्जमन्यत्र श्रोत्रियद्रव्यात्।

(अर्थशास्त्र, 3/5/15)

(जिस संपत्ति का कोई उत्तराधिकारी न हो उसे राजा ले ले, उसमें से वह (राजा) मृतक की विधवा के भरण-पोषण, मृतक के श्राद्ध आदि के योग्य धन छोड़ दे।)

कौटिल्य ने मूर्ख, उन्मत्त, नपुंसक, अंधे, कोढ़ी आदि को दायभाग के अधिकार से वंचित कर दिया है, परंतु उनके रिश्तेदारों द्वारा उनकी पत्नियों से पैदा किए बच्चों को दायभाम का अधिकार दे दिया है। यह बात समझ में नहीं आती कि जो लोग दायभाग के अधिकारी नहीं, वे विवाह के अधिकारी कैसे हो सकते हैं? यदि वे विवाह के अधिकारी हैं तो दायभाग के क्यों नहीं?

तेषां च कृतदाराणां लुप्ते प्रजनने सति।
सृजेयुर्बान्धवाः पुत्रांस्तेषामंशान् प्रकल्पयेत्॥

(अर्थशास्त्र, 3/5/17)

(यदि पतित, मूर्ख, नपुंसक, उन्मत्त, अंधे आदि की पत्नियाँ हों तो उनके बंधु-बाँधव उनकी पत्नियों से संतान पैदा करें। वे संतानें अपनी परंपरागत संपत्ति की उत्तराधिकारी मानी जाएँ।)

यदि किसी ब्राह्मण की चारों वर्णों की पत्नियाँ हों तो कौटिल्य उनके पुत्रों को, वर्ण क्रम के अनुसार, ज्यादा और कम हिस्सा देने की बात करता है—

चातुर्वर्ण्यपुत्राणां ब्राह्मणीपुत्रश्चतुरोंऽशान् हरेत्; क्षत्रियापुत्रस्त्रीनंशान्…।

(अर्थशास्त्र, 3/6/10)

(यदि किसी ब्राह्मण की चारों वर्णों की पत्नियों हों तो ब्राह्मणी से पैदा हुए पुत्र को चार भाग, क्षत्रिया स्त्री के पुत्र को तीन भाग, वैश्या पत्नी के लड़के को दो भाग तथा शूद्रा से उत्पन्न पुत्र को एक भाग मिलना चाहिए, इसी प्रकार यदि किसी क्षत्रिय की क्षत्रिया, वैश्या या शूद्र पत्नियाँ हों, तथा किसी वैश्य की वैश्य और शूद्र दो ही पत्नियाँ हों तो उनके पुत्रों का दायविभाग भी उक्त विधि से ही समझ लेना चाहिए। यदि किसी के ब्राह्मणी और क्षत्रिया से दो ही पुत्र पैदा हुए हों तो वे दोनों संपत्ति को बराबर बाँट लें। इसी प्रकार, क्षत्रिय और वैश्य के घर में नीच जाति की स्त्री से उत्पन्न हुए लड़के समान वर्ण की स्त्री से उत्पन्न हुए लड़के के हिस्से में से आधी बाँट लें।)

इस तरह स्त्री से कौटिल्य ने हर प्रकार से पूर्वाग्रह व दुराग्रह वश अन्याय ही किया। ब्राह्मण की वासनापूर्ति के लिए क्षत्रिय, वैश्य व शूद्र; क्षत्रिय की वासना पूर्ति के लिए वैश्य व शूद्र और वैश्य की कामुकता के लिए शूद्र आदि स्त्रियाँ यदि प्रयुक्त होती हैं तो उसे कोई आपत्ति नहीं, परंतु उन बेचारियों के पुत्रों को जब हिस्सा देने की बात आती है तो वह उनसे अन्याय करता है। यह उत्तरोत्तर निम्न जातियों के प्रति तो ज्यादती है ही, उस जाति की स्त्री के प्रति उस लैंगिक पूर्वाग्रह व दुराग्रह का भी प्रतिबिंब है, जो वह अपने पुरुषत्व के मिथ्याभिमान में स्त्रीमात्र के लिए अपने अंधे व अंधकाराछन्न अंत:करण में छुपाए बैठा है।

दासियाँ

दासों की तरह दासियाँ भी कौटिल्यकालीन समाज का अभिन्न अंग थीं। उनके साथ कई तरह का अमानवीय दुर्व्यवहार होता था। दासी को दूसरे के पास गिरवी रखा जाता था। कई मालिक गुलाम महिलाओं का लैंगिक शोषण करते थे। गर्भिणी दासियों के गर्भ की कोई परवाह नहीं की जाती थी, उन्हें उसी अवस्था में बेच भी देते थे, गिरवी भी रख देते थे।

दास-दासी यदि कई बार मुक्त भी हो जाते थे तो उन्हें पुन: उसी नारकीय जीवन में लौटने के लिए विवश होना पड़ता था। क्योंकि उनके पास जीवनयापन की बुनियादी सुविधाएँ नहीं होती थीं। कोई ठोस व स्वतंत्र आर्थिक आधार ही नहीं होता था।

दासियाँ वेश्याओं की भी होती थीं, मंदिर के देवताओं की भी। कौटिल्य सूत्राध्यक्ष को निर्देश देता है कि उसे ऊन, बल्क, कपास, सेंमल, सन, जूट आदि कतवाने के लिए दूसरों के साथ-साथ बूढ़ी दासियों, देवदासियों आदि को नियुक्त करना चाहिए।

वृद्धराजदासीभिर्व्युपरतोपस्थान: देवदासीभिश्च कर्तयेत्।

(अर्थशास्त्र, 2/23/2)

दासी का जीवन दास की अपेक्षा कहीं ज्यादा दु:खमय, अनिश्चयपूर्ण और अस्थिर था। पता नहीं उसके साथ अगले ही पल क्या हो जाए। उसे भेंट के तौर पर दे दिया जाए, गिरवी रख दिया जाए, उसकी बुरी तरह पिटाई हो जाए, उसे किसी की हवस की पूर्ति का शिकार होना पड़े। कहीं उसकी कोई सुनवाई नहीं, कोई संरक्षण नहीं, कोई भविष्य नहीं उनकी संतान को भी मालिक पता नहीं कब किसके हाथ बेच दें और दोनों को सदा के लिए वियुक्त कर दे। फटे-पुराने कपड़े, रूखा-जूठा व बचा-खुचा भोजन, चौबीस घंटे काम, कोई छुट्टी नहीं, कोई आगे नहीं, कोई पीछे नहीं। पशुओं के स्तर तक इनसान को नीचे गिराना मानवता का पाशविकीकरण।

वेश्यावृत्ति

'अर्थशास्त्र' में प्राय: सुंदर एवं यौवनसंपन्न स्त्री को सरकारी तौर पर वेश्या बनाने का कौटिल्य ने आदेश दिया है। उसका कहना है—

गणिकाध्यक्षो गणिकान्वयामगणिकान्वयां वा
रूपयौवनशिल्पसंपन्नां सहस्रेण गणिकां कारयेत्।

(अर्थशास्त्र, 2/27/1)

(वेश्यालयों की व्यवस्था करनेवाले राजकीय अधिकारी को चाहिए कि वह रूप व यौवन से संपन्न एवं गायन-वादन में निपुण स्त्री को, वह चाहे वेश्याकुल से संबद्ध हो या न हो, एक हजार पण देकर वेश्या के काम में नियुक्त करे।)

यदि कोई वेश्या मर जाए तो उसकी लड़की या बहन को उसके स्थान पर नियुक्त करने का आदेश है।

निष्पतिताप्रेतयोर्दुहिता भगिनी वा कुटुंबं भरेत।
तन्माता वा प्रतिगणिकां स्थापयेत्। तासामभावे राजा हरेत्।

(अर्थशास्त्र, 2/27/2)

(यदि कोई वेश्या दूसरी जगह चली जाए या मर जाए तो उसकी जगह पर उसकी लड़की या बहिन को बैठाया जाए। अथवा उसकी माता किसी और स्त्री को उसकी जगह बैठाए। यदि वह ऐसा करने में असमर्थ रहे तो राजा वेश्या की सारी संपत्ति छीन ले।)

जब सारी संपत्ति राजा छीन लेगा, तब उस परिवार का क्या होगा? उस परिवार को उस संपत्ति का कोई हिस्सा देने या उसकी राजकोष से सहायता करने का कहीं कोई विधान नहीं है।

इसके विपरीत यदि कोई वेश्या के रूप में नियुक्त कर दी गई स्त्री अपने को इस देहव्यापार के धंधे से मुक्त करना चाहे तो उसे एक बहुत बड़ी रकम राजा को देने का विधान किया गया है—

निष्क्रयश्चतुर्विंशतिसाहस्रो गणिकायाः।
द्वादशसाहस्रो गणिकापुत्रस्य।
अष्टवर्षात्प्रभृति राज्ञः कुशीलवकर्म कुर्यात्।

(अर्थशास्त्र, 2/27/5)

(जो वेश्या राजा के इस काम से मुक्त होना चाहे, वह राजा को चौबीस हजार पण देकर स्वतंत्र हो सकती है। यदि वेश्या का पुत्र राजसेवा से निवृत्त होना चाहे तो वह बारह हजार पण अदा करे। यदि वह मुक्त होने का मूल्य (निष्क्रय) अदा करने में असमर्थ हो तो आठ वर्ष तक राजा के यहाँ चारण (भाट) का कार्य कर अपने आपको मुक्त कर सकता है।)

यदि वेश्या की दासी बूढ़ी हो जाए और किसी पुरुष की स्त्री बनकर रहना चाहे तो उसे आदेश है कि वह प्रतिमास वेश्या को वेतन दे—

गणिकादासी भग्नभोगा कोष्ठागारे महानसे वा कर्म कुर्यात्।
अविशन्ती सपादपणमवरुद्धा मासवेतनं दद्यात्।

(अर्थशास्त्र, 2/27/6)

(वेश्या की दासी जब बूढ़ी हो जाए तो उसे कोष्ठागार या रसोई के कार्य में नियुक्त कर देना चाहिए। यदि वह काम न करना चाहे और किसी पुरुष की स्त्री बनकर रहना चाहे तो वह प्रतिमास उस वेश्या को सवा पण वेतन दे।)

वेश्या बनाम गणिका

कई अतिवादी कहा करते हैं कि कौटिल्य ने 'गणिका' शब्द का प्रयोग किया है, अतः इसे वेश्या कहना ठीक नहीं, क्योंकि दोनों में अंतर है। गणिका गायन-वादन से मनोरंजन करती है, जबकि वेश्या संभोग से। परंतु उनकी यह बात सही नहीं है, क्योंकि गणिका वही काम करती है जो वे वेश्या का बताते हैं। इसीलिए तो कौटिल्य ने स्पष्ट तौर पर आदेश दिया है कि उसे संभोग से जो आय प्राप्त हो, गणिकाध्यक्ष उसे रजिस्टर में दर्ज करता रहे—

भोगं दायमायं व्ययमायतिं च गणिकाया निबन्धयेत्।
अतिव्ययकर्म च वारयेत्।

(अर्थशास्त्र, 2/27/7)

(गणिकाध्यक्ष को चाहिए कि वह गणिकाओं (वेश्याओं) के भोगधन (संभोग से प्राप्त आय), माता से मिले धन (दायभाग), संभोग के अतिरिक्त आमदनी (आय), भावीप्रभाव (आयति) आदि को रजिस्टर में दर्ज करता रहे, और उन्हें अधिक खर्च करने से रोकता रहे।)

गणिका भोगमायतिं पुरुषं च निवेदयेत्।

(अर्थशास्त्र, 2/27/8)

(गणिका (वेश्या) को चाहिए कि वह अपने संभोग, उससे होनेवाली अपनी आमदनी और अपने साथ रहनेवाले पुरुष की सूचना गणिकाध्यक्ष को बराबर देती रहे।)

उसे अधिक खर्च से रोकने का ही प्रावधान नहीं किया गया है बल्कि यदि वह अपने आभूषण अपनी माँ के सिवा किसी अन्य को सौंपे तो उसे दंडित करने का भी आदेश दिया गया है—

मातृहस्तादन्यत्राभरणन्यासे सपादचतुष्पणो दण्डः।
स्वापतेयं विक्रयमाधानं नयन्त्याः सपादपञ्चाशत्पणो दण्डः।

(अर्थशास्त्र, 2/27/8)

(यदि वेश्या अपने आभूषणों को अपनी माता के सिवा किसी दूसरे के हाथ में सौंपे तो उसे सवा चार पण दंड दिया जाए। यदि वह अपने गहने, कपड़े, बरतन आदि को बेचे या गिरवी रखे तो उसे सवा पचास पण का दंड दिया जाए।)

इतना ही नहीं, यदि वह राजा के कहने पर किसी आदमी के पास न जाए तो उसे एक हजार कोड़े लगाने का भी कौटिल्य ने आदेश दिया है—

राजाज्ञया पुरुषमनभिगच्छन्ती गणिका शिफासहस्रं लभेत,
पञ्चसहस्रं वा दण्डः।

(अर्थशास्त्र, 2/27/14)

(राजा की आज्ञा होने पर यदि कोई वेश्या किसी व्यक्तिविशेष के पास जाने से इनकार कर दे तो उसे एक हजार कोड़े लगवाए जाएँ, अथवा उसे पाँच हजार पण जुर्माना किया जाए।)

यदि कोई वेश्या संभोग शुल्क (भोग की फीस) लेकर धोखा दे अर्थात् संभोग न करने दे तो उसे उस शुल्क से 8 गुना जुरमाना किया जाए। 'गणिकएँ' संभोग नहीं किया करती थीं, वे तो ललितकलाओं की विशेषज्ञ 'देवी' होती थीं। वेश्या ही देहव्यापार किया करती थीं। ऐसे दावे करनेवालों को इस दंडविधान पर गौर करना चाहिए—

भोगं गृहीत्वा द्विषत्या भोगद्विगुणो दण्डः
वसतिभोगापहारे भोगमष्टगुणं दद्यात्,
अन्यत्र व्याधिपुरुषदोषेभ्यः।

(अर्थशास्त्र, 2/27/15)

(यदि कोई गणिका (वेश्या) संभोग शुल्क (भोग की फीस) लेकर धोखा करे तो उस पर उस शुल्क से दुगुना जुर्माना करना चाहिए, यदि पूरी रात का शुल्क लेकर वह किस्से-कहानियों या दूसरे बहानों में ही सारी रात बिता दे (और संभोग न करे) तो उसे उस शुल्क का आठ गुना दंड दिया जाए। हाँ, पुरुष के किसी संक्रामक रोग या किसी अन्य दोष के कारण यदि वह उससे संभोग कराने को तैयार न हो तो उसे अपराधिनी न समझा जाए।)

वेश्या के लिए मृत्युदंड भी विशेष प्रकार का निर्धारित किया गया है। कौटिल्य का कहना है—

पुरुषं घ्नत्याश्चिताप्रतापोऽप्सु प्रवेशनं वा।

(अर्थशास्त्र, 2/27/16)

(यदि कोई वेश्या संभोग शुल्क लेकर किसी पुरुष को मरवा दे तो उसे उस मृत पुरुष के साथ जीवित ही चिता में जला देना चाहिए, अथवा उसके गले में पत्थर बाँधकर उसे पानी में डुबो देना चाहिए।)

□

भ्रष्टाचार : कुएँ में भाँग

कौटिल्यकालीन समाज में जीवन के हर क्षेत्र में भ्रष्टाचार की दीमक का साम्राज्य दिखाई पड़ता है। कई अतिवादी उसे सतयुग कहते नहीं अघाते। परंतु जब लगभग हर पृष्ठ पर भ्रष्टाचार के दर्शन होते हों, कहीं छींटों के रूप में तो कहीं बौछार के रूप में, तब हैरानी होती है कि अंदर से यह खोखला समाज तब से आज तक चला कैसे आ रहा है।

कौटिल्य कहता है कि जब राजा हँसीखेल में फँसा हुआ हो (राजविहार) तो स्वयं उस तथा उसके प्रियजन द्वारा जनपद की इच्छा के विरुद्ध धन की लूटमार की जाती है। पण्यशाला (भंडार) से तथा अतिरिक्त कार्यों को पूरा करने के लिए रिश्वत आदि से धन लेकर प्रजा को पीड़ित किया जाता है—

राजविहारस्तु स्वयं वल्लभैश्च स्वयं ग्राहप्रणयपण्यागारकायोपग्रहैः पीडयति इति।

(अर्थशास्त्र, 8/4/14)

काम बिगाड़ना

प्राचीन आचार्यों का कहना है कि चोर, डकैत आदि प्रजा को कष्ट पहुँचाते हैं। अतः वे राजकर्मचारियों की अपेक्षा ज्यादा कष्टकर हैं, क्योंकि 'बेचारे' राजकर्मचारी तो केवल रिश्वत के न मिलने पर ही कार्यों को बिगाड़कर प्रजा को तंग करते हैं। यदि उन्हें उनकी फीस (रिश्वत) मिल जाए तो वे 'बेचारे' न सिर्फ काम नहीं बिगाड़ते, उसे बनाते भी हैं—

श्रेणीमुख्ययोः श्रेणी बाहुल्यादनवग्रहा स्तेयसाहसाभ्यां पीडयति,
मुख्यः कार्यानुग्रहविघाताभ्यामित्याचार्याः।

(अर्थशास्त्र, 8/4/14)

कौटिल्य कहता है कि चोरों को तो रोका जा सकता है परंतु राजकीय अधिकारियों को रोक पाना कठिन है। वह लिखता है—

सुव्यावर्त्या श्रेणी समानशीलव्यसनत्वात्,श्रेणीमुख्यै कदेशोपग्रहेण वा।
स्तम्भयुक्तो मुख्यः परप्राणद्रव्योपघाताभ्यां पीडयतीति।

(अर्थशास्त्र, 8/4/18)

(श्रेणी पुरुषों (आयुधजीवी तथा कृषिजीवी व्यक्तियों का संघ) को चोरी-डाका आदि से सफलतापूर्वक रोका जा सकता है, क्योंकि जिनके वे चोरी-डाके आदि करते हैं, वे लोग भी उन्हीं के स्वभाव एवं व्यवसाय के होते हैं। उनके मुखिया को वश में करके उन्हें चोरी आदि से रोका जा सकता है, परंतु राजकीय मुख्य पुरुष (प्रधान कर्मचारियों का समूह) बड़े अभिमानी होते हैं। वे प्राण तथा धन का अपहरण करके दूसरों को बहुत कष्ट पहुँचाते हैं।)

प्राचीन आचार्य सन्निधाता (राजकोष का संग्राहक एवं संरक्षक) और समाहर्ता (राजकर का संग्रह करनेवाला, कलैक्टर)—दोनों में से सन्निधाता को अधिक कष्टकर समझते थे, क्योंकि वह कार्य बिगाड़कर और प्रजा से अनुचित कर वसूल कर उसे तंग करता था—

सन्निधातृसमाहर्त्रोः सन्निधाता कृतविदूषणात्ययाभ्यां पीडयति।

(अर्थशास्त्र 8/4/20)

परंतु कौटिल्य का मत इसके विपरीत है। उसका कहना है—

सन्निधाता कृतावस्थमन्यैः कोशप्रवेश्यं प्रतिगृह्णति।
समाहर्ता तु पूर्वमर्थमात्मनः कृत्वा पश्चाद् राजार्थं
करोति प्रणाशयति वा, परस्वादाने च स्वप्रत्ययश्चरतीति।

(अर्थशास्त्र 8/4/20)

(सन्निधाता तो दूसरे कर्मचारियों द्वारा वसूल किए हुए धन को एकत्र कर कोष में जमा कर देता है। परंतु समाहर्त्ता पहले अपनी रिश्वत लेता है, फिर राजकर को वसूल करता है, अथवा उसमें से भी कुछ चुरा लेता है और मनमानी करता है।)

अंतपाल कष्टप्रद

प्राचीन आचार्यों के अनुसार अंतपाल (राज्य की सीमा पर स्थित दुर्ग का संरक्षक, किलेदार) और वैदेहक (व्यापारी के वेश में रहनेवाला गुप्तचर) दोनों में से अंतपाल ज्यादा कष्टप्रद है, क्योंकि वह चोरों द्वारा राहगीरों को लुटवाता है। रास्ते का टैक्स मनमाने ढंग से वसूल करता है और व्यापारिक मार्गों पर चलनेवाले पथिकों को कष्ट पहुँचाता है।

अन्तपालवैदेहकयोरन्तपालश्चोरप्रसङ्ग देयात्यादानाभ्यां वण्क्पिथं पीडयति।

(अर्थशास्त्र, 8/4/21)

परंतु कौटिल्य कहता है—

वैदेहकास्तु सम्भूय पण्यानामुत्कर्षापकर्षं कुर्वाणाः
पणे पणशतं कुम्भे कुम्भशतमित्याजीवन्ति

(अर्थशास्त्र, 8/4/22)

(वैदेहक तो आपस में सलाह करके व्यापारी के माल के मूल्य को घटा-बढ़ाकर एक पण के सौ पण और एक कुंभ के सौ कुंभ बनाता है।)

इन विभिन्न विचारों को पढ़कर एक बात जो निर्विवाद कही जा सकती है वह यह है कि प्राचीन आचार्यों और कौटिल्य में मात्र दृष्टिभेद है। एक को यदि 'क' ज्यादा कष्टकर दिखाई देता है तो दूरे को 'ख', जबकि वास्तविकता यह है कि 'क' और 'ख' दोनों ही जनता का शोषण व उत्पीड़न करते हैं और भ्रष्टाचार के कीचड़ में आकंठमग्न हैं।

श्रेणी पुरुष, प्रमुख राजकीय कर्मचारी, सन्निधाता, समाहर्त्ता, अंतपाल और वैदेहक सब एक ही थैली के चट्टे-बट्टे हैं। इनके समकक्ष आधुनिक अधिकारी आज भी वही कुछ करते हैं, बल्कि उससे भी कहीं ज्यादा कुछ करते हैं, क्योंकि समय के साथ भ्रष्टाचार की नई-नई विधियाँ विकसित भी हुई हैं और उसका रूप भी सहस्रशीर्ष हुआ है।

हेरा-फेरी

कौटिल्य ने स्तंभवर्ग और कोशसंग की चर्चा करते हुए लिखा है कि स्तंभ दो प्रकार का होता है—आभ्यंतर और बाह्य।

अभ्यंतर स्तंभ की परिभाषा देते हुए वह लिखता है—

आभ्यन्तरो मुख्यस्तम्भः।

(अर्थशास्त्र, 8/4/29)

(अपने ही मुख्य सरकारी कर्मचारियों द्वारा अर्थ (धन) का बीच में रोका जाना, गबन व हेराफेरी, आभ्यंतर स्तंभ कहलाता है।)

बाह्यो मित्राटवीस्तम्भः।

(अर्थशास्त्र, 8-130/32-4)

(मित्र तथा आटविक (जंगली) पुरुषों द्वारा अर्थ (धन आदि) का रोका जाना बाह्य स्तंभ कहलाता है।)

ये दोनों स्तंभ तथा कुछ अन्य ऐसी ही हेराफेरियाँ मिल कर कोशसंग कहलाती हैं, कौटिल्य के अनुसार—

ताभ्यांपीडनैर्यथोक्तैश्च पीडितः सक्तो मुख्येषु परिहारोपहतः प्रकीर्णो मिथ्यासंहृतः सामन्ताटवीहृत इति कोशसङ्गः।

(अर्थशास्त्र, 8/4/30)

(उक्त दोनों प्रकार के स्तंभों तथा सरकारी कर्मचारियों द्वारा उचित आमदनी की

मात्रा से घटाया हुआ, छोटे कर्मचारियों से कर वसूली लेकर मुख्य कर्मचारियों द्वारा गबन किया हुआ, राजाज्ञा से माफी के कारण कम हुआ, इधर-उधर बिखरा हुआ, उचित परिमाण से कम-ज्यादा रूप में इकट्ठा किया हुआ और सामंत व आटविक पुरुषों द्वारा अपहृत किया हुआ धन खजाने में न पहुँचकर बीच में ही नष्ट हो जाता है। उसी का नाम कोशसंग है।)

कोशसंग में भी कई मदें भ्रष्टाचार की ही सूचक हैं। यथा कर्मचारियों द्वारा पूरी आमदनी से कम जमा कराना, गबन करना आदि।

कौटिल्य राजा को सलाह देता है कि उसे देश की सुख-समृद्धि के लिए यत्न करने चाहिए—

पीडनानामनुत्पत्तावुत्पन्नानां च वारणे।
यतेत देशवृद्ध्यर्थं नाशे च स्तम्भसङ्गयोः।।

(अर्थशास्त्र, 8/4/31)

(देश की सुख-समृद्धि के लिए राजा को चाहिए कि वह अपने राज्य में पीड़न वर्ग को उत्पन्न न होने दे, अथवा, उत्पन्न होने पर उसका निवारण करे। स्तंभवर्ग और कोशसंग को नष्ट करने के लिए भी राजा को यत्नवान रहना चाहिए।)

पद का अभिमान

राजकीय अधिकारियों पर टिप्पणी करते हुए कौटिल्य ने कहा है कि घोड़ा जैसे अपने स्थान पर बँधा हुआ शांत दिखाई देता है, परंतु रथ आदि में जोड़ते ही वह बिगड़ पड़ता है, वैसे ही स्वभाव से शांत दिखाई देनेवाला मनुष्य भी कार्य पर नियुक्त हो जाने के बाद उद्दंड हो जाता है।

अश्वसधर्माणो हि मनुष्या नियुक्ताः कर्मसु विकुर्वते।

(अर्थशास्त्र, 2/9/1)

अतः कौटिल्य राजा को आदेश देते हुए कहता है—

तस्मात् कर्तारं कारणं देशं कालं कार्यं प्रक्षेपमुदयं चैषु विद्यात्।
ते यथासन्देशमसंहता अविगृहीताः कर्माणि कुर्युः।
संहता भक्षयेयुः। विगृहीता विनाशयेयुः।

(अर्थशास्त्र, 2/9/2)

(राजा को चाहिए कि अध्यक्षों के संबंध में वह कारण (अधीनस्थ कर्मचारी), देश, काल, कार्य, वेतन और लाभ—इन बातों की जानकारी रखे। उसके उच्च पदस्थ कर्मचारियों को भी चाहिए कि वे राजा के आदेशानुसार एक-दूसरे से द्वेष न करते हुए अलग-अलग रहकर ही अपने कार्यों में तत्पर रहें, क्योंकि यदि वे आपस में मिल जाएँगे तो राजधन का

अपहरण करेंगे और परस्पर द्वेष करेंगे तो राजकार्यों को नष्ट करेंगे)

कौटिल्य ने प्राचीन आचार्यों को उद्धृत किया है जिन्होंने राजकोष में घपला करनेवाले कर्मचारी की पहचान बताते हुए कहा है—

अल्पायतिश्चेन्महाव्ययो भक्षयति। विपर्यये यथाऽऽयतिव्ययश्च न भक्षयति, इत्याचार्याः—

अपसर्पेणैवोपलभ्यते इति कौटिल्यः।

(अर्थशास्त्र, 2/9/4)

(यदि किसी कर्मचारी/अध्यक्ष (अधिकारी) की आय थोड़ी और उसका व्यय अधिक दिखाई दे तो समझ लेना चाहिए कि वह राज्य के धन का अपहरण करता है, यदि जितनी आमदनी, उतना ही व्यय दिखाई दे तो समझना चाहिए कि वह न तो राजधन का गबन करता है और न रिश्वत लेता है। परंतु कौटिल्य का कथन है कि धन का अपहरण करनेवाला भी थोड़ा खर्च कर सकता है। अतः गुप्तचरों द्वारा ही इस बात का ठीक पता चल सकता है कि कौन हेराफेरी करता है और कौन नहीं।)

नियमित आय में कमी

कौटिल्य आगे लिखता है कि जो अधिकारी नियमित आय में कमी दिखाता है, वह निश्चय ही राजधन का अपहरण (गबन) करता है—

यः समुदयं परिहापयाति स राजार्थं भक्षयति।

(अर्थशास्त्र, 2/9/14)

अतः वह किसी भी उच्च अधिकारी को एक ही विभाग में सदा बने रहने से रोकता हुआ कहता है—

बहुमुख्यमनित्यं चाधिकरणं स्थापयेत्।

(अर्थशास्त्र, 2/9/14)

(प्रत्येक विभाग में अनेक उच्च अधिकारियों की नियुक्ति की जानी चाहिए, परंतु उन्हें एक ही विभाग में न रहने दिया जाए, ताकि उनके निहित स्वार्थों की पूर्ति को रोका जा सके।)

राजकर्मचारी राजकीय कोष भी लूटते हैं और जनता को भी। उनकी गतिविधियों को पूरी तरह जानना आसान नहीं। कौटिल्य कहता है—

यथा ह्यनास्वादयितुं न शक्यं जिह्वातलस्थं मधु वा विषं वा।
अर्थस्तथा ह्यर्थचरेण राज्ञः स्वल्पोऽप्यनास्वादयितुं न शक्यः॥ 1॥
मत्स्या यथान्तसलिले चरन्तो ज्ञातुं न शक्याः सलिलं पिबन्तः
युक्तास्तथा कार्यविधौ नियुक्ता ज्ञातुं न शक्या धनमाददानाः॥ 2॥

अपि शक्या गतिर्ज्ञातुं पततां खे पतत्रिणाम्।
न तु प्रच्छन्नभावानां युक्तानां चरतां गतिः।। 3।।

(अर्थशास्त्र, 2/9/15-17)

(जैसे जीभ पर रखे हुए मधु अथवा विष का स्वाद लिये बिना नहीं रहा जा सकता, उसी तरह अर्थाधिकारवाले कार्यों पर नियुक्त पुरुष अर्थ का थोड़ा भी स्वाद न ले यह असंभव है।

जिस प्रकार पानी में रहने वाली मछलियाँ पानी पीती हुई दिखाई नहीं देतीं, उसी प्रकार अर्थ से संबद्ध कार्यों पर नियुक्त कर्मचारी भी धन का अपहरण करते हुए जाने नहीं जा सकते।

आकाश में उड़नेवाले पक्षियों की गतिविधि का पता लगाया जा सकता है, परंतु धन का अपहरण करने वाले कर्मचारियों की गतिविधियों का पार पाना कठिन है।)

गबन करने के 40 तरीके

कौटिल्य ने राजकर्मचारियों के गबन करने के चालीस तरीकों का उल्लेख किया है—

तेषां हरणोपायाश्चत्वारिंशत् पूर्वं सिद्धं पश्चादवतारितम्, पश्चात् सिद्धं पूर्वमवतारितम्, साध्यं न सिद्धम्, असाध्यं सिद्धम्, सिद्धमसिद्धं कृतम्, असिद्धं सिद्धं कृतम्, अल्पसिद्धं बहुकृतम्, बहुसिद्धमल्पं कृतम्, अन्यत् सिद्धमन्यत् कृतम्, अन्यतः सिद्धमन्यतः कृतम्, देयं न दत्तम्, अदेयं दत्तम्, काले न दत्तम्, अकाले दत्तम्, अल्पं दत्तं बहु कृतम्, बहु दत्तमल्पं कृतम्, अन्यद् दत्तमन्यत् कृतम्, अन्यतो दत्तमन्यतः कृतम्, प्रविष्टमप्रविष्टं कृतम्, कुप्यमदत्तमूल्यं प्रविष्टम्, दत्तमूल्यं न प्रविष्टम्, संक्षेपो विक्षेपः कृतः, विक्षेपः संक्षेपो वा, महार्घमल्पार्घेण परिवर्तितम्, अल्पार्घं महार्घेण वा, समारोपितोऽर्घः, प्रत्यवरोपितो वा, रात्रयः समारोपिताः, प्रत्यवरोपिता वा, संवत्सरो मासविषमः कृतः, मासो दिवसविषमो वा, समागमविषमः, मुखविषमः, धार्मिकविषमः, निर्वर्तनविषमः, पिण्डविषमः, वर्णविषमः, अर्घविषमः, मानविषमः, मापनविषमः, भाजनविषम इति हरणोपायाः।

(अर्थशास्त्र, 2/8/12)

(अध्यक्ष चालीस प्रकार के उपायों से राजद्रव्य का अपहरण कर सकते हैं। पहली फसल में प्राप्त हुए द्रव्य को दूसरी फसल आने पर रजिस्टर में चढ़ाना, दूसरी फसल की आमदनी का कुछ हिस्सा पहली फसल के रजिस्टर में चढ़ा देना, राजकर को रिश्वत लेकर छोड़ देना, राजकर से मुक्त देवालय, ब्राह्मण आदि से कर वसूल करना, कर देने पर भी उसको रजिस्टर में न चढ़ाना, कर न देने पर भी उसको रजिस्टर में भर देना, पूरे प्राप्त

हुए धन को रिश्वत लेकर पूरा दर्ज कर देना, पूरे प्राप्त हुए धन को अधूरा लिख देना, जो द्रव्य प्राप्त हुआ है, उसकी जगह दूसरा ही द्रव्य भर देना, एक पुरुष से प्राप्त हुए धन को रिश्वत लेकर दूसरे के नाम दर्ज कर देना, देने योग्य वस्तु को न देना, जो वस्तु देने योग्य नहीं है, उसे दे देना, समय पर किसी वस्तु को न देना, रिश्वत लेकर असमय में ही उस वस्तु को दे देना, थोड़ा देकर भी बहुत लिख देना, बहुत देकर भी थोड़ा लिख देना, अभीष्ट वस्तु की जगह दूसरी ही वस्तु दे देना, जिस व्यक्ति को देने के लिए कहा गया है, उससे भिन्न किसी दूसरे को ही दे देना, राजधन को वसूल करके उसे खजाने में जमा न कराना, राजकर को वसूल न करके, रिश्वत लेकर, उसे जमारजिस्टर में चढ़ा देना, राजाज्ञा से वस्त्रादि क्रय करके तत्काल ही उनका मूल्य चुकता न करके एकांत में कुछ कम रकम देना, अधिक मूल्य में क्रीत वस्तुओं की रकम कम करके रजिस्टर में लिखना, सामूहिक कर वसूली को अलग-अलग व्यक्ति से लेना, अलग-अलग व्यक्ति से लिये जानेवाले कर को सामूहिक रूप में वसूल करना, बहुमूल्य वस्तु को अल्पमूल्य की वस्तु से बदल देना, अल्पमूल्य की वस्तु को बहुमूल्य वस्तु से बदल देना, रिश्वत लेकर बाजार में वस्तुओं की कीमत बढ़ा देना, वस्तुओं का भाव घटा देना, दो दिन का वेतन दिया हो तो चार दिन बढ़ाकर लिख देना, चार दिन का वेतन दिया हो तो दो दिन घटाकर लिख देना, मलमासरहित संवत्सर को मलमासयुक्त बता देना अर्थात् जिस वर्ष 13 महीने न भी हों उसे 13 महीनोंवाला वर्ष लिख देना, महीने के दिन घटा-बढ़ाकर लिख देना, नौकरों की संख्या बढ़ाकर लिख देना, एक जरिए से हुई आमदनी को दूसरे जरिए से प्राप्त हुई दर्ज कर देना, ब्राह्मणादि के लिए स्वीकृत धन में से कुछ स्वयं ले लेना, कुटिल उपाय से अतिरिक्त धन वसूल करना, सामूहिक वसूली में से न्यूनाधिक रूप में धन लेना, वर्णविषमता दिखाकर धन का अपहरण कर लेना, जहाँ मूल्य निर्धारित न हो, वहाँ दाम बढ़ाकर लाभ उठाना, तोल में कमीबेशी करके उपार्जन करना, नाप में विषमता पैदा करके धन कमाना और घृत से भरे हुए सौ बड़े घड़ों की जगह सौ छोटे घड़े दे देना। राजकीय धन का अपहरण करने के ये चालीस तरीके हैं।)

कुएँ में भाँग

अर्थशास्त्र के अध्ययन से ऐसा लगता है कि सारा समाज भ्रष्टाचार का शिकार हो चुका था। छोटे से लेकर बड़े तक सब इसमें आकंठ मग्न थे।

जुलाहे कपड़ा बुनने के लिए अधिक सूत लेने के उद्देश्य से छीजन ज्यादा बता देते थे, सूत तोलकर देने पर कपड़ा उतना नहीं होता था जितना निर्धारित छीजन के बाद होना चाहिए और कई बार वे बढ़िया सूत लेकर घटिया सूत से कपड़ा बना देते थे।

धोबी धुलाई के लिए आए कपड़ों को बेच देते थे या किराए पर देकर अनुचित धन

अर्जित करते थे या गिरवी भी रख दिया करते थे। कई बार वे कपड़ा ही बदल देते थे।

सुनार निम्नकोटि के नौकरों-चाकरों के हाथ से सोने-चाँदी के जेवर चुपके से खरीद लेते थे, ताकि उस चोरी के माल को कम कीमत पर हथिया सकें, कई बार ज्ञात चोरों से इसी उद्देश्य से खरीद लेते थे, कई बार दूसरों से छिपाकर गहने आदि को तोड़-मरोड़कर थोड़ी कीमत पर खरीदते थे या बनाया हुआ माल ही बदल देते थे। वे सोने में से सोना चुरा भी लेते थे, खोटे सोने-चाँदी पर नकली रंग चढ़ाकर उसे असली के भाव भी बेच देते थे, या फिर शुद्ध सोने-चाँदी में नकली धातु मिला देते थे।

सिक्कों का पारखी (रूपदर्शक) चलते हुए खरे पण को खोटा और खोटे पण को खरा बता देता था। लक्षणाध्यक्ष रिश्वत लेकर खोटे पण को चला दिया करते थे। इससे जहाँ वे अपनी जेब भरते थे, वहीं राजकोष को कर से वंचित करते थे। छिपकर जाली सिक्के बनवाए जाते थे और उन्हें स्वीकार करके सामान आदि भी दिया जाता था।

वैद्य गलत इलाज भी करते थे और गलत अंग का ऑपरेशन भी कर देते थे।

व्यापारी तराजू, बाट और माप में गड़बड़ी करते थे। हालाँकि उन्हें कुछ हद तक ऐसा करने की छूट थी, फिर भी वे निर्धारित सीमा का विभिन्न मात्राओं में अतिक्रमण करते रहते थे। कई बनिए अधिक वजन के तराजू-बाट से माल खरीदकर हल्के तोल से उसे बेचते थे और गिनकर बेची जानेवाली चीजों में से कई वस्तुएँ चुरा लेते थे। कौटिल्य ने कहा है कि यदि वे 8वाँ हिस्सा चुराते हुए पकड़े जाएँ तो उन्हें दंडित किया जाए।

कई बनिए लकड़ी, लोहा, मणि, रस्सी, चमड़ा, मिट्टी, सूत, छाल और ऊन से बने हुए घटिया माल को बढ़िया कहकर बेच देते थे। कई बनावटी कस्तूरी, कपूर आदि वस्तुओं को असली कहकर, मिलावटी वस्तु को शुद्ध कहकर और अच्छे माल की पेटी दिखाकर रद्दी माल की पेटी बेच देते थे।

कई लुहार जिस वस्तु को बेचते समय अधिक दाम माँगते थे उसी को खरीदते समय कम दाम देते थे।

व्यापारी आपस में मिलकर किसी वस्तु को बेचने से रोक देते थे और बाद में उसी को अनुचित मूल्य पर बेचते थे, जो आज की चोर या कालाबाजारी है। तोलनेवाले या मापनेवाले अपने हाथ की सफाई से उस वस्तु को कम कर देते थे। अनाज, तेल, खार नमक, गंध और दवाइयों में कम कीमत की वस्तुओं को मिलाकर बेच देते थे। लाभ से प्रेरित होकर व्यापारी संस्थाध्यक्ष की अनुमति के बिना ही धान्य आदि विक्रेय वस्तुओं का संचय कर लेते थे।

न्यायाधीश धन लेकर अपराधी को छोड़ देते थे। धन का प्रलोभन देकर लोगों को झूठी गवाही देने के लिए फुसलाया जाता था और वे लालच में आकर झूठी गवाही देते भी थे। कई बार झूठे दस्तावेज बनाए अथवा बनवाए जाते थे। न्यायाधीश घूस खाकर सच्चे

साक्षी को कपट की बातों में उलझाकर झूठा बना देते थे, साक्षी के कथन के क्रम को उलट-पुलट कर लिख देतें थे और बीच-बीच में अनुकूल साक्षियों की सहायता किया करते थे। वे निरपराध को दंड दे देते थे और आय के ज्ञात स्रोतों की अपेक्षा ज्यादा धन का अन्यायपूर्वक संग्रह करते थे।

हवालात में बंद कैदियों को घूस लेकर जेल कर्मचारी कई तरह की स्वतंत्रताएँ व सुविधाएँ दे दिया करते थे।

यदि कोई दासी हवालात में बंद हो जाती थी, तब उससे राजपुरुष भी व्यभिचार कर लेते थे और दूसरे कैदी भी।

कौटिल्य न्यायपालिका में व्याप्त भ्रष्टाचार को नष्ट करने की बात कहीं नहीं करता। वह केवल जातिविशेष अर्थात् ब्राह्मण को उससे छूट देने का विधान करता है। वह लिखता है—

देवब्राह्मणतपस्विस्त्रीबालवृद्धव्याधिताना
मनाथानामनभिसरतां धर्मस्थाः कार्याणि कुर्युः।
न च देशकालभोगच्छलेनाति हरेयुः

(अर्थशास्त्र, 3/20/14)

(धर्मस्थ (दीवानी कचहरी का न्यायाधीश) अधिकारियों को चाहिए कि वे देव, ब्राह्मण, तपस्वी, स्त्री, बालक, बूढ़े, बीमार और अनाथ का कार्य खुद ही कर दिया करें। स्थान तथा समय का बहाना बनाकर उनका धन न लूटा जाए, अथवा देश, काल के बहाने बनाकर उनको तंग न किया जाए।)

कौटिल्य को केवल एक जातिविशेष की चिंता है। ब्राह्मण के अतिरिक्त अन्य जातियों के लोगों का यदि वे धन हरते हैं और उन्हें तंग करते हैं, तब कौटिल्य को कोई कष्ट नहीं होता, उसमें उसे कुछ भी गलत नहीं दिखाई देता। कई लोग साधु पुरुष को चोर बताकर धन ऐंठते थे, कई व्यक्ति दुश्मनी के कारण किसी सज्जन को पकड़वा देते थे और कई धन के लालच में चोर को छिपाने का यत्न करते थे।

डॉ. उपेंद्र ठाकुर ने अपनी पुस्तक में कौटिल्य पर टिप्पणी करते हुए लिखा है—

"कौटिल्य के प्राचीन भारत के प्रथम ऐतिहासिक साम्राज्य के प्रशासन से घनिष्ठ तौर पर संबद्ध होने और उसके सम्राट् के मित्र, दार्शनिक और मार्गदर्शक होने के कारण, उसके विचारों का उल्लेखनीय महत्त्व है और वे उस समय के राजकर्मचारियों, जो संभवतः आधुनिक युग के राजकर्मचारियों से भिन्न नहीं थे, के आचरण पर एक खेदजनक टिप्पणी है। शत्रु की सेना को झूठों, रिश्वतों, झूठे वायदों या अन्य तरीकों से बहकाने को कौटिल्य उचित समझते थे, और इस बारे में कोई शक नहीं कि ऐसे तरीके प्राचीन भारत के शासकों द्वारा वस्तुतः अपनाए भी जाते थे। भ्रष्टाचार उस समय, आज की ही तरह,

समाज का अभिन्न अंग था, जो सार्वजनिक जीवन को सामान्यत: तथा राजकर्मचारियों के जीवन को विशेषत: दूषित करता था। यह (भ्रष्टाचार) इतना बद्धमूल था कि इसके मूलोच्छेद के लिए निर्मम शल्य चिकित्सक के नश्तर की जरूरत थी ताकि रुग्ण अंगों का इलाज हो सकता और इसलिए कौटिल्य ने इसे पूरी तरह उखाड़ फेंकने के लिए निर्मम उपाय सुझाए।''

इस अनुच्छेद में डॉ. ठाकुर की कही बाकी बातों के ठीक होने पर भी उनकी इस बात से सहमत होना कठिन है कि कौटिल्य ने भ्रष्टाचार को पूरी तरह उखाड़ फेंकने के लिए निर्मम उपाय प्रस्तुत किए, क्योंकि कौटिल्य का भ्रष्टाचार के संदर्भ में रुख गुड़ खाना और गुलगुलों से परहेज करने का ही रहा है।

छोटी मछली, बड़ी मछली

वह छोटी मछलियों को तो मारने के लिए दुहाई देता है, परंतु बड़ी मछली को वह खुद आटे की गोलियाँ खिलाता है। वह छोटे-मोटे राजकर्मचारियों के भ्रष्टाचार के तो चालीस तरीके लिखकर राजा को सतर्क करता है, परंतु खुद राजा को न केवल भ्रष्टाचार करने के लिए कहता है, बल्कि उसके तरीके भी उसे विस्तार से समझाता है ताकि उसे भ्रष्टाचार करने में किसी तरह की कठिनाई दरपेश न आए, कौटिल्य द्वारा समझाए गए भ्रष्टाचार के कुछ तरीके आगे प्रस्तुत हैं—

चैत्योपवनवृक्षेण वा देवताभिमनमनार्तवपुष्पफलयुक्तेन ख्यापयेत्। मनुष्यकरं वा वृक्षे रक्षोभयं रूपयित्वा सिद्धव्यञ्जना: पौरजानपदानां हिरण्येन प्रतिकुर्यु:।

(अर्थशास्त्र, 5/2/18)

(बिना मौसम किसी मंदिर या उपवन में किसी पेड़ पर फल या फूल पैदा करा कर, यह बात फैला दी जाए कि यह तो देव महिमा है। अथवा, सिद्धों के वेश में घूमनेवाले गुप्तचर रात में किसी पेड़ पर बैठकर 'मुझे प्रतिदिन एक-एक मनुष्य चाहिए नहीं तो सब को एक साथ खा जाऊँगा' ऐसा राक्षस का बानिक बनाए, उसके प्रतिकार के लिए जनता से धन संग्रह किया जाए। उस धन को राजा राजकोष में रख ले।)

वैदेहकव्यञ्जनो वा प्रभूतपण्यान्तेवासी व्यवहरेत्। स यदा पण्यमूल्ये निक्षेपप्रयोगैरुपचित: स्यात् तदैनं रात्रौ मोषयेत्। एतेन रूपदर्शक: सुवर्णकारश्च व्याख्यातौ।

(अर्थशास्त्र, 5/2/19)

(व्यापारी के वेश में वैदेहक नामक गुप्तचर प्रचुर वस्तुओं और अनेक सहायकों को लेकर व्यापार करना आरंभ करे। लोगों के बीच जब उसकी साख बन जाए और अमानत के रूप में तथा ब्याज आदि के लिए लोग जब उसके पास काफी पूँजी जमा करवा दें, तब अचानक ही वह चोरी हो जाने का प्रचार करवाकर सारा माल राजा के लिए हड़प ले। इसी

प्रकार, सरकार द्वारा नियुक्त सिक्कों का पारखी और सुनार भी छलकपट से राजकोष के लिए धन एकत्र करें।)

वैदेहकव्यंजनो वा प्रख्यातव्यवहारः प्रवहणनिमित्तं याचितकमवक्रीतकं वा रूप्यसुवर्णभाण्डमनेकं गृह्णीयात् समाजे वा सर्वपण्यसन्दोहेन प्रभूतं हिरण्यसुवर्णं गृह्णीयात् प्रतिभाण्डमूल्यं तदुभयं रात्रौ मोषयेत्।

(अर्थशास्त्र, 5/2/20)

(व्यापारी के वेश में जब राजा के गुप्तचर लेनदेन में खूब प्रसिद्ध हो जाएँ तो एक दिन वे सहभोज के बहाने अड़ोस-पड़ोस के लोगों से माँगकर या भाड़े पर सोने-चाँदी आदि के बरतन ले आएँ या अपना माल रखकर उसके बदले में अनेक व्यक्तियों की उपस्थिति में किसी से रुपया या सोना ऋण में ले आएँ और दूसरे दिन जिनको अपनी व्सतुए। बेचनी हैं, उनसे प्रतिवस्तु का दाम भी ले आएँ। इन दोनों प्रकार से लाए हुए मालों की वे रात्रि में 'चोरी' करवा दें। इस तरह उस धन से राजकोष को भरने का यत्न करें।)

□

परिशिष्ट-1

पारिभाषिक शब्दावली

प्राचीन भारत की राजनीति और शासन के क्षेत्र में आचार्य कौटिल्य का अर्थशास्त्र एक विश्वकोश जितना महत्त्व रखता है। उसमें धर्म, कर्म, शिक्षा, नीति, समाज, विज्ञान, कृषि, चिकित्सा, यहाँ तक कि मंत्र-तंत्र आदि जितने भी विषय हैं उन सभी का समावेश है। इस सर्वांगीण और सर्वतोमुखी विशिष्टता के कारण अर्थशास्त्र की शब्दावली में अनेकता के दर्शन होते हैं।

अर्थशास्त्र विषयक पुरातन उद्देश्य को दृष्टि में रखकर यहाँ कुछ पारिभाषिक शब्दों की एक सूची प्रस्तुत है ताकि अर्थशास्त्र के मूल भाव को आसानी से समझा जा सके।

यह शब्दावली सरकार के शिक्षा-विभाग द्वारा तैयार की गई पारिभाषिक शब्दसूचियों, श्री मोनियर विलियम्स, श्री वामन शिवराम आप्टे, श्री लक्ष्मण शास्त्री, राहुलजी तथा डॉ. रघुवीर के शब्दकोशों आदि पर आधारित है।

अ

अंकनी — लेखनी—पेंसिल

अंकयमित — मुहर लगा पत्र—स्टांप्ड

अंक्षित लेखा-लेखा — परीक्षक द्वारा जाँच किया हुआ हिसाब—ऑडिटेड एकाउंट

अंगरक्षक — शरीर रक्षक—बॉडीगार्ड

अंतर्ग्रस्त — विपत्तिग्रस्त—इंवाल्वड

अंतपाल राज्य — दो देशों की सीमाओं के बीच स्थित राज्य—बफर स्टेट

अंतरंग सचिव — निजी सचिव—प्राइवेट सेक्रेटरी

अंतराल — राज्यसीमाधिकारी प्रधान पुरुष।

अंतरमात्यकोप — राजा के निकटवर्ती प्रधानमंत्री आदि की ओर से उठा हुआ असंतोष।

अंतरवाणिज्य — आभ्यंतर व्यापार—इंटरनल ट्रेड

अंतर्धि — जो दुर्बल राज्य विजिगीषु तथा शत्रु के बीच में पड़ता हो।

अंतर्वेशिक — अंत:पुर का रक्षक प्रधान अधिकारी।

अंसपथ — कंधे पर बोझा ढोनेवाले बैल आदि के यातायात मार्ग।

अंतिमेत्थम् — अंतिम चेतावनी—अल्टिमेटम

अंशधर — हिस्सेदार—शेयर होल्डर

अकृतक्षेत्र — कृषि के अयोग्य भूमि

अकृषित — जो भूमि जोती-बोई न गई हो—अनकल्टिवेटेड

अक्ष — धुरी पाँसा—एक्सिस

अक्षणसंचार — असमय घूमना।

अक्षपटल — गिनती करनेवालों के बैठने की जगह।

अक्षशाला — सुवर्ण आदि का शोधन करने के लिए उपयुक्त स्थान अथवा गणना करनेवालों का बहीखाता रखने की जगह।

अकृत्य — जो व्यक्ति जासूसों के फुसलाने पर भी शत्रुपक्ष से मिल-कर देशद्रोह न करें।

अग्निजीवी — जो कारीगर अग्नि द्वारा जीविका चलाए। जैसे—लोहार आदि।

अग्निदंड — निषिद्ध समय में आग जलाने पर देय दंड।

अग्निवारक — अग्नि का प्रभाव रोकनेवाला—फायरप्रूफ

अग्निशामक — अग्नि को शांत करनेवाला—फायरब्रिगेड

अग्रदाय — पेशगी इम्प्रेस्ट

अग्रदाय धन — पेशगी धन—इम्प्रेस्ट फंड

अग्रसर — आगे बढ़ा हुआ—फॉरवर्ड

अग्रसारित — आगे बढ़ा दिया गया पत्र आदि—फॉरवर्डेड

अटवीबल — भील सरदारों की सेना।

अणुदर्शी — सूक्ष्मदर्शी—माइक्रोस्कोप

अतिसंधान — कपटपूर्ण उपायों द्वारा प्रवंचना।

अति उत्पादन — खपत या माँग से अधिक मात्रा में पण्य वस्तुओं का उत्पादन—ओवर प्रॉडक्शन

अतिचरण — सीमा का उल्लंघन—टांसग्रेसन

अत्यय — वैध अर्थदंड।
अदिति — विभिन्न देवताओं के चित्र दिखाकर भीख माँगनेवाली गुप्तचरी भिक्षुकी।
अद्यावधिक — आज तक का—अप-टु-डेट
अधमर्ण — जिसने किसी से ऋण लिया हो, कर्जदार—डेटर
अधिकर — अतिरिक्त कर—सुपर टैक्स
अधिकरण — शासनकार्य का विभागविशेष।
अधिकर्ता — निदेशक, संचालक—डाइरेक्टर
अधिकर्मी — अधिकारी—ओवरसीयर
अधिकारपत्र — शासन द्वारा प्राप्त पत्र—चार्टर
अधिकारी — पदाधिकारी—अफसर
अधिकारी राज्य — कर्मचारी तंत्र—ब्यूरोक्रेसी
अधिकोष — रुपया जमा करने और माँगने पर ब्याज सहित लौटा देने वाली संस्था—बैंक
अधिग्रहण — अधिकार या अभियाचन द्वारा किसी की संपत्ति आदि को ले लेना—ऐक्विजिशन
अधिदेय — भत्ता—अलाउंस
अधिनायक — तानाशाह—डिक्टेटर
अधिनियम — पारित विधि—ऐक्ट
अधिपत्र — लिखित आदेश—वारंट
अधिप्रभार — निर्धारित परिणाम से अधिक शुल्क—ओवरचार्ज
अधिभार — अधिक कर—सरचार्ज
अधिमास — मलमास—लीप ईयर
अधियुक्त — नियोजित—एम्प्लॉयड
अधिराज्य — स्वतंत्र उपनिवेश—डोमीनियन
अधिवक्ता — वकील—एडवोकेट
अधिवारन — डामिसियल
अधिविन्ना — प्रथम विवाहिता पत्नी
अधिशिक्षक — मुख्य अधिष्ठाता—रेक्टर
अधिशेष — बचत—सरप्लस
अधिष्ठाता — नियामक अधिकारी—प्रिसाइडिंग ऑफिसर
अधीक्षक — कार्यालय या विभाग का अधिकारी—सुपरिंटेंडेंट

अध्यक्ष — प्रमुख—चेयरमैन

अध्यर्थित — दावा—क्लेम्ड

अध्यर्थी — दावेदार—क्लेमेंट

अध्यादेश — विशेष स्थिति में लागू किया गया आदेश—आर्डिनेंस

अध्यारोप — मिथ्या कल्पना—इम्त्यूटेशन

अनय — दुष्टनीति।

अनर्थत्रिवर्ग — अनर्थ, अधर्म और शोक।

अनर्हता — अयोग्यता—डिसक्वालिफिकेशन

अनारूढ़ — पैदल—डिस्माउंटेड

अनावर्तक — जो एक ही बार दिया जाए—नॉन-रेकरिंग

अनावर्ती — फिर न लौटनेवाला—एपीरिओडिक

अनीकस्थ — निपुण हस्तिशिक्षक।

अनीकिनी — सेना का सबसे बड़ा भाग, जिसमें 10—15 हजार सैनिक हों—डिवीजन

अनुग्रह — अल्पकाल के लिए राजकर से छुटकारा अथवा राजा से प्रजा को बीज-धन आदि का प्राप्त उपकार, राजा द्वारा प्रजा को प्रदत्त उपकार।

अनुग्रह परिहार — आर्थिक रियायतें

अनुग्रहधन — सेवा का उपहार—ग्रेच्युटी

अनुच्छेद — संविदा आदि का वह विशिष्ट अंश, जिसमें एक विषय और उसके प्रतिबंधों आदि का उल्लेख हो—पैराग्राफ

अनुज्ञप्ति — अनुज्ञापत्र—लाइसेंस

अनुज्ञाधारी — लाइसेंसधारक

अनुत्थान — बेकारी, प्रमाद।

अनुदेश — हिदायत—इंस्ट्रक्शन

अनुपूरक — छूट या कमी को पूरा करने के लिए बाद में बढ़ाया हुआ—सप्लिमेंटरी

अनुबंधन — करार करना—क्रॉन्ट्रेक्ट

अनुबंध पत्र — करारनामा—इंडेंचर

अनुबल — पृष्ठरक्षक सेना—रेयरगार्ड

अनुशय — क्रय-विक्रय संबंधी विवाद।

अनुनय — अनुरोध।

अनुभाजन — ऐपोर्शन
अनुरक्षक — एस्कोर्ट
अनुवेशापत्र — परीक्षित पारपत्र—वीजा
अनुशय — क्रय-विक्रय—संबंधी विवाद
अनूप — जलमय प्रदेश।
अनैतिक — नीति के विरुद्ध—इम्मोरल
अनौपचारिक — बिना ऊपरी दिखावे के—इनफारमल
अपदान — प्रशस्त कर्म।
अपनय — मानवकर्म द्वारा योगक्षेम की अप्राप्ति।
अपविद्ध — माता-पिता के द्वारा परित्यक्त जिस पुत्र को कोई अन्य व्यक्ति संस्कार करके अपना पुत्र बना ले।
अपसर्प — गुप्तचर के कार्य।
अपसार — राजरानियों के रहने का स्थान, अथवा दुर्ग से बाहर निकलने का मार्ग।
अपसारण — द्रव्य देकर सुवर्णादि खींच लेना।
अपहार — प्राप्त आय खाते में न लिखना, निर्धारित व्यय न करना और बचत के धन का अपव्यय, इन तीनों दोषों का नाम।
अपोह — तर्क के दोषपूर्ण पक्ष का परित्याग।
अप्राप्तव्यवहार — नाबालिग।
अवक्रमण — घर का भाड़ा।
अवक्रीत — मकान का किराएदार।
अवक्रेता — घर का भाड़ा पाने का अधिकारी, मकानमालिक।
अवनिधान — पुरवासियों तथा जनपदनिवासियों के पास रक्षित धन।
अवमर्द — शत्रु के दुर्ग पर कब्जा।
अवरुद्ध पुत्र — जो राजपुत्र पिता के पास से दूर ले जाया जाकर नजरबंद कर दिया गया हो।
अवस्कंद — सोती हुई सेना पर आक्रमण।
अवस्तार — घूस के लोभ से कर आदि वसूलने की अवधि टाल देना।
अवस्त्रावल — शत्रुदेश में धन आदि भेजना।
अभित्यक्त — प्राणदंड प्राप्त वध्य पुरुष।
अभिशप्त — अपराधी होने के संदेह में पकड़ा गया मनुष्य।
अभ्यंतर कोप — राजा के मंत्रियों और पुरोहितों द्वारा उत्पादित अनर्थ।

अभ्यवपत्ति — किसी की विपत्ति में दी हुई सहायता।

अमित्रबल — शत्रु के मुख्य दोष।

अमात्यसंपत् — मंत्रियों के उत्कृष्ट गुणगण।

अय — अभीष्ट फल की प्राप्ति।

अरिप्रकृति — विजिगीषु राजा के निजी राजमंडल में विद्यमान और अपने राज्य की सीमा से सटे राज्य का राजा, जो स्वाभाविक शत्रु कहा जा सकता है।

अरिमित्र — विजिगीषु के सामनेवाली दिशा में अपने मित्र के राज्य की सीमा से सटे राज्य का राजा और शत्रु का मित्र।

अरिमित्रमित्र — विजिगीषु के मित्र के मित्र की राज्यसीमा से सटे राज्य का राजा और विजिगीषु के शत्रु के मित्र का मित्र।

अर्थत्रिवर्ग — धर्म, अर्थ और काम।

अर्थदूषण — आर्थिक क्षति पहुँचाना।

अर्थशास्त्र — पृथ्वी की प्राप्ति और पालन के उपायों को बतानेवाला शास्त्र।

अर्थसीतिक — किसी खेत के उत्पादन का आधा भाग लेकर दूसरे को जोतने-बोने का अधिकार देना।

अश्वकर्म — युद्ध आदि के समय स्वभूमि तथा परभूमि में घोड़ों का कार्य-कलाप।

अश्वव्यूह — सेना के अंग स्वरूप अश्वों द्वारा रचित व्यूह।

अश्वाध्यक्ष — राजकीय अश्वशाला की देख-रेख करनेवाला मुख्य राजपुरुष।

असुरविजयी — दुर्बल राजा पर आक्रमण करके शत्रु की भूमि, धन, पुत्र, स्त्री और प्राण तक लेकर संतुष्ट होनेवाला राजा।

अस्वामिविक्रय — परद्रव्यव्यवहारकारी द्वारा अपनी वस्तु बेचना।

आ

आकरिक — खान पर काम करनेवाला मनुष्य।

आकाराध्यक्ष — खानविभाग का बड़ा अफसर।

आकाशयोद्धा — दुर्ग के प्राकार (प्राचीर) आदि उच्च स्थान अथवा विमान पर बैठकर लड़नेवाला योद्धा।

आक्रंद — विजिगीषु राजा के पीछे पार्ष्णिग्राह की सटी भूमि का राजा

एवं विजिगीषु का मित्र।

आक्रंदासार — विजिगीषु के पीछे पार्ष्णिग्राहासार की सटी भूमि का राजा।

आजीव — जीविका।

आटविक — वनपाल, वन्य प्रदेश की रक्षा करनेवाला मुख्य राजपुरुष।

आतिथ्यशुल्क — विदेश से आए हुए माल पर धार्य शुल्क।

आत्मसंपन्न — राजा के लिए उपयोगी गुणों से युक्त व्यक्ति।

आत्मोपवनिधान — आत्मसमर्पणसूचक सामनीति का प्रयोग।

आधिकारिक सेना — विजित देश पर तब तक अधिकार बनाए रखनेवाली सेना, जब तक कि नियमित शासन व्यवस्था कायम नहीं हो जाती—आर्मी ऑफ आकुपेशन

आधिवेदनिक — स्वामी के दूसरा विवाह करते समय प्रथम स्त्री को दिया जानेवाला धन आदि।

आन्वीक्षिकी — अध्यात्मविद्या।

आपूपिक — पुए-बड़े आदि का विक्रेता।

आबलीयस — शत्रु की अपेक्षा दुर्बल राजा का कर्तव्य।

आवाह — पुत्र का विवाह करने के लिए कन्याग्रहण।

आवेशनी — सोने-चाँदी का काम करनेवाला कारीगर।

आभिगामिक — राजा के जो गुण प्रजा को अपनी ओर आकृष्ट करें।

आभ्यंतर शुल्क — दुर्ग तथा नगर में उत्पादित व्यापारिक वस्तुओं पर धार्य शुल्क।

आयुक्त — राज्यकार्य पर नियुक्त अधिकारी राजपुरुष।

आयुधागार — राजकीय शास्त्रास्त्र रखने का स्थान।

आयमुख — धन की आय का मुख्य साधन।

आयशरीर — आमदनी के साधन।

आरालिक — पक्व मांस विक्रेता।

आसन — षाड्गुण्य का एक गुण (संधि विग्रह आदि की उपेक्षा करके अपने राज्य में चुपचाप बैठना)

आसुरी सृष्टि — चूहों और टिड्डियों की अधिक उत्पत्ति।

अहायोदक — जहाँ उपयोग के लिए वर्षा का जल एकत्र करके रखा जाता हो।

आहित — बंधक रखा हुआ व्यक्ति।

ई

ईक्षणिक — प्रश्नोत्तर द्वारा शुभाशुभ फल बतानेवाला।

उ

उत्तम साहस दंड — 1000 पण का अर्थदंड।

उत्सव — आनंदोल्लास।

उत्साहशक्ति — राजा की वह शक्ति जो उसके व्यक्तिगत गुण से उत्पन्न हुई हो।

उदय — राजा को प्राप्य कर आदि की वसूली।

उदास्थित — उदासीन संन्यासी के रूप में रहनेवाला गुप्तचर।

उदासीन — सबसे बलवान राजा, विजिगीषु, उसके शत्रु एवं मध्यम राजा की अमात्यादि प्रकृति से बाहर विद्यमान, उसकी अपेक्षा प्रबल और इन तीनों राजाओं का एक साथ या अलग-अलग निग्रह करने में समर्थ।

उपगत — 'मैं आपका पुत्र हूँ' अथवा 'यह पुत्र भी आपका ही है' ऐसा कहकर किसी बाँधव द्वारा किसी अन्य व्यक्ति के हाथ में समर्पित पुत्र।

उपघात — विष आदि के प्रयोग द्वारा किसी का वध करना।

उपजाप — कुत्सित मंत्रणा द्वारा फूट डालना।

उपधा — छल करके परीक्षा लेना।

उपनिधि — सील-मोहर युक्त एवं वस्त्र आदि द्वारा आबद्ध जो वस्तु किसी के यहाँ धरोहर के रूप में रख दी गई हो।

उपनिपात — दैवी विपत्ति।

उपनिषत्प्रयोग — शत्रु के विरुद्ध छिपकर अग्नि-विष आदि का प्रयोग।

उपयुक्त — युक्त नाम के कर्मचारियों का बड़ा अफसर।

उपस्कर — गृहस्थी की सामग्री।

उपस्थान — राजा से भेंट के लिए आनेवालों को बैठाने की बैठक (आस्थान मंडप)

उपस्थायिक — हाथी-घोड़े आदि पशुओं की सेवा के लिए नियुक्त व्यक्ति।

उपांशुदंड — गुप्तहत्या।

उपेक्षण — संधि-विग्रह आदि षड्गुणों में से एक गुण।

उभयवेतना — गुप्तचर विशेष, जो किसी राजा का वेतनभोगी होता हुआ भी अपने प्रभु की अनुमति से शत्रु राजा से भी वेतन लेकर अपने राजा का स्वार्थ साधे।

उरस्य — सेना का मध्य भाग।

उर्णाकारू — ऊनी वस्तु का कारीगर।

ऊ

ऊह — जानी-समझी बात का चिंतन।

ए

एकविजय — बिना किसी की सहायता के विजय प्राप्त करनेवाला राजा।

एकैश्वर्य — एक ही राजवंश में उत्पन्न राजपुत्र का आधिपत्य।

औरस — अपनी विवाहिता पत्नी से उत्पन्न पुत्र।

औदनिक — पक्वान्न विक्रेता।

औपनिषदिक — शत्रु पर विजय पाने की रहस्यमयी युक्तियाँ।

क

कक्ष — सेना के पश्चाद् भाग के दोनों पार्श्व।

कटाग्नि — शत्रु को सूखी घास से ढाँककर आग लगा देना।

कंटक — राजविरोधी एवं समाज का शत्रु व्यक्ति।

कंटकशोधन — जो चोरी, गुंडई आदि के द्वारा समाज को सताते हों, उन कंटक तुल्य व्यक्तियों को उन्मूलित करने के लिए की गई व्यवस्था।

कदर्य — जो व्यक्ति अपने को और परिवारवालों को कष्ट देकर धन संचय करे।

कन्यापुर — राजमहल के जिस कक्ष में अविवाहित राजपुत्रियाँ रहती हों।

करण — न्यायालय में वादी-प्रतिवादी आदि के बयान लिखनेवाला क्लर्क।

कर्मांत — कारखाना।

कर्मनिषद्या — शिल्पकर्म के लिए आवश्यक वस्तुओं को रखने की जगह।

कर्षन — कष्ट देना।

कर्ष — 16 माशे की तौल।

क्षय — अल्प आय और अधिक व्यय।

कानीन — अविवाहिता कन्या से उत्पन्न पुत्र।

कापटिक — कपट रूप से छात्र वेषधारी गुप्तचर।

कारणिक — मोटा काम करनेवाला कर्मचारी।

कारु — दस्तकार।

कार्तांतिक — कृतांत अर्थात् यम का भय दिखाकर जीविका कमानेवाला ज्योतिषी।

कार्वटिक या
खार्बटिक — राजा द्वारा दो सौ गाँवों के ऊपर शासनभार देकर बसाया हुआ एक छोटा सा नगर।

कर्मांतिक — राजकीय कारखाने का तत्त्वावधान करने के कार्य पर नियुक्त मुख्य राजपुरुष।

कार्मिक — गणना विभाग का कर्मचारी।

क्रीत — मूल्य लेकर माता-पिता से खरीदा हुआ पुत्र।

कुप्य — साल, बाँस, बल्कल, रस्सी, औषधि, विष, पशुचर्म आदि वस्तुएँ।

कुप्यगृह — सार-दारु आदि द्रव्य एकत्रित करने का स्थान।

कुप्याध्यक्ष — सार-दारु आदि वस्तुओं का संग्रह करनेवाला प्रधान अधिकारी।

कुमारपुर — राजमहल के जिस कक्ष में नन्हे-मुन्ने राजपुत्र रहें।

कुमारमाता — पटरानी के अतिरिक्त राजा की अन्य रानियाँ।

कुमाराध्यक्ष — राजपुत्रों की देखभाल करनेवाला अफसर।

कुंभीपाक — खौलते हुए कड़ाहे में भूनना (दंडविशेष)।

कुल्या — कारखाने में उत्पादित माल लादकर नाव चलाने योग्य नहर।

कूटरूप — जाली सिक्का।

कूटरूपकारक — जाली सिक्का बनानेवाला।

कूलपथ — नदी-समुद्र आदि के तट पर बनी सड़क।

कूटमुद्रा — जाली सील-मोहर।

कूटयुद्ध — अनिश्चित देशकाल में छलपूर्वक किया जानेवाला युद्ध।

कूटशासन — कपट लेख (जाली दस्तावेज)

कूटसाक्षी — झूठा गवाह।

कूटसुवर्णव्यवहारी — अन्य धातु मिलाकर सुवर्ण का रंग गायब करके व्यवहार करनेवाला व्यक्ति।

कृतक्षेत्र — खेती योग्य बनाई गई भूमि।

कृत्य — औरों से फोड़कर जिसे अपनी ओर मिलाया जा सके, ऐसा व्यक्ति।

क्लृप्त — ग्राम आदि से प्राप्य निश्चित राजकर।

क्षेत्रज — सगोत्र तथा अन्य गोत्र के पुरुष द्वारा अन्य स्त्री से उत्पन्न पुत्र।

क्षेत्री — जो व्यक्ति अन्य पुरुष की स्त्री से पुत्र उत्पन्न करे।

कोशंपत — राजकोष का उत्कृष्ट गुणसमूह।

कोशाभिसंहरण — राजकोश के अर्थ संकट के समय अर्थ संग्रह के लिए किया जानेवाला उपाय।

कोषगृह — राजा के सुवर्ण रत्नादि का संग्रहस्थल।

कोषसंग — राजकोष में कर आदि का न जमा करना।

कोष्ठागार — सरकार के अन्न आदि संग्रह करने का स्थान।

कौमारभृत्य — शिशुचिकित्सक।

कौशिक — साँप दिखाकर भीख माँगनेवाला सँपेरा।

कौशिकस्त्री — सँपेरे की स्त्री।

ख

खनकयोधी — खाई खोदकर उसी में से लड़नेवाला योद्धा।

खनिकर्म — खान खोज निकालनेवाला अथवा खान से निकली वस्तुओं का शोधनकर्ता।

खल — ओखली।

खलभूमि — धान बोने योग्य खेत।

ग

गणिकाध्यक्ष — वेश्याओं की निगरानी करनेवाला राजपुरुष।

गर्भसंस्था — गर्भिणी स्त्रियों की शुश्रूषा का स्थान।

गाणनिक्य — सरकारी हिसाब करनेवाले क्लर्कों का काम।

गूढक — स्त्री के नैहर में रहते समय किसी पुरुष के सहवास से जायमान पुत्र।

गूढपुरुष — गुप्तचर।

गोप — समाहर्ता के अधीन रहकर पंचग्रामी, दशग्रामी आदि का काम देखनेवाला अधिकारी।

गो-अध्यक्ष — राज्य की पशुशाला का प्रधान अधिकारी।

गोपुर — दुर्ग का तथा नगर का मुख्य द्वार।

ग्रहण — शब्द का अर्थ समझना।

ग्रामकूट — गाँव का मुखिया।

ग्रामवृद्ध — गाँव का प्रधान पुरुष।

ग्रामभृतक — गाँववालों से वेतन लेकर काम करनेवाला कर्मचारी।

ग्रामिक — ग्रामपाल।

घ

घटिका — घी या तेल का घड़ा।

घन — अँगूठी आदि का निर्माण।

घनसुषिर — चाँदी की झारी आदि का निर्माण।

घाणपिण्याक — खली।

च

चतुरंगसेना — हाथी, घोड़े, रथ एवं पैदल, इनसे बनी चार प्रकार की सेना।

चंद्रशाला — भवन का ऊपरी भाग।

चरित्र — देशाचार-लोकाचार आदि सामाजिक सदाचार।

चलसंधि — अस्थिर संधि।

चक्रचर — जो व्यक्ति बराबर इधर-उधर घूमता रहे।

चक्रपथ — बैलगाड़ी चलाने योग्य मार्ग।

चातुरंत — चारों समुद्रों तक की धरती का अधिपति।

चारक — संरोधगृह (हवालात)

चाररात्रि — जिस रात्रि में अबाध रीति से मार्ग पर घूमने-फिरने की छूट

मिली हो।

चारित्र — प्रचलित प्रथा अर्थात् विभिन्न देशों की रीति-नीति।

चार्या — चलने का मार्ग।

चित्रघात — कष्ट देकर प्राणहरण।

चोररज्जु — भविष्य में चोरों से बचने के लिए देय चौकीदारी कर।

चोररक्षक — चोरों से बचानेवाला प्रमुख अधिकारी।

छ

छाया प्रमाण — पुरुष की छाया से समय का विभाजन।

ज

जनपदसंवत् — राष्ट्र का उत्कृष्ट गुण समुदाय।

जंघाकरिक — पैदल चलकर समाचार पहुँचानेवाला (हरकारा)।

जंघाग्र — किसी स्थान के निवासी मनुष्यों तथा पशुओं की संख्या का ज्ञान।

जांलीविद — विषवैद्य।

जांलवित् — विषविद्या में निपुण एवं अश्वादि पशुओं का वैद्य।

ज्यायान् — शत्रु राजा की अपेक्षा अधिक बली और विशेष सिद्धि संपन्न।

ड

डमर — विप्लव।

डामरिक — क्रांतिकारी।

डिंब — प्रजा का विप्लव।

झ

झषास्यव्यूह — जिसके दोनों पक्ष और मध्य में तीन सेनाएँ हों, वह व्यूह।

ट

टंक — छेनी।

तत्त्वाभिनिवेश — तर्क के गुणपूर्ण पक्ष में मन लगाना।

तट — नदी का खेवाकार।
तटशुल्क — नाव आदि से नदी पार करने का भाड़ा।
तर्तु — चरखे का तकुआ।
तादायित्व — प्रतिदिन की कमाई खा जानेवाला मनुष्य।
तापसव्यंजन — मुंडी अथवा जटिली तपस्वीवेशधारी गुप्तचर।
तीक्ष्ण — अपने शरीर की भी चिंता न करनेवाला साहसी गुप्तचर।
तन्तुवाय — दरजी।
तूष्णीयुद्ध — विष आदि के उपयोग तथा गुप्तचरों द्वारा प्रच्छन्न संग्राम।
त्रयी — ऋक्, यजुः और साम ये तीनों वेद।
त्रैविद्य — तीनों वेदों का ज्ञाता।

द

दंडकर्म — अपराधी को दिए जानेवाले विविध शारीरिक दंड।
दंडनीति — राजनीतिविद्या।
दंडपारुष्य — किसी का शरीर स्पर्श करना, लाठी तान लेना और प्रहार कर देना।
दंडपाल — सेना का रक्षक।
दंडसंपत — राजकीय सेना के उत्कृष्ट गुणसमूह।
दंडप्रतिकारिणी — दंड के बदले में काम करने के लिए बाध्य स्त्री।
दंडरीपनत — किसी राजा की सैन्यशक्ति के प्रभाव से वशीभूत अन्य राजा।
दंडोपनायी — अपनी सैन्यशक्ति के प्रभाव से अन्य राजा को अपने वश में करनेवाला राजा।
दत्तक — माता-पिता द्वारा मैत्रीपूर्वक कुश-जल के साथ अन्य व्यक्ति को दिया हुआ पुत्र।
दशकुली — दस परिवार का संघ।
दशग्रामी — दस गाँवों का समुदाय।
दशवर्गिक — दस सैनिकों का नेता।
दंशयोग — विभिन्न द्रव्यों से बनी जिस औषधि का मनुष्यों पर प्रयोग करने से वे परस्पर दाँत काटने लगें।
दापक — कर आदि देनेवाला।
दायक — कर आदि देनेवाला।

दायविभाग — पुत्रों के मध्य पिता की छोड़ी हुई संपदा का अंश विभाजन।
दायाद — पिता की छोड़ी हुई संपत्ति पाने का अधिकारी।
दुर्गकर्म — दुर्गनिर्माण।
दुर्गपाल — किले का मुख्य रक्षक।
दुर्गसंपत् — किले के उत्कृष्ट गुण।
दूष्य — राजद्रोही।
दौवारिक — राजकुल का प्रधान द्वारपाल।
द्वैधीभाव — संधि और युद्ध का एक साथ संचालन।
द्वैराज्य — जिस राज्य के दो शासक हों, वह राज्य।
द्यूत — जुआ।
द्रव्यवनकर्म — जंगल से साखू आदि कीमती काष्ठों को लाने की व्यवस्था करना।
द्रोणमुख — चार सौ गाँवों पर शासन करनेवाला उपनगर।
धनिक — पण देनेवाला धनी व्यक्ति।
धरण — 16 माशे चाँदी का सिक्का।
धर्मविजयी — दुर्बल राजा पर आक्रमण करके उसके आत्मसमर्पण कर देने से ही प्रसन्न हो जानेवाला राजा।
धर्मसेतु — धर्मार्थ दान किया हुआ पुल, बाँध, कूप आदि।
धर्मस्थ — धर्मासन पर बैठा हुआ दीवानी कचहरी का विचारक।
धर्मस्थीय — दीवानी कचहरी के विचारणीय व्यवहारसमूह।
धारण — सुनी हुई बात को न भूलना।
धारणिक — कर्जदार।
नय — मानव कर्म द्वारा योगक्षेम का निर्वाह।
नदीमातृक — जहाँ कृषिकार्य के लिए नदी का जल सुलभ हो।
नागरिक — नगर कार्य का पर्यवेक्षण करनेवाला महापात्र।
नावाध्यक्ष — राजकीय नौविभाग का नौकाभाड़ा, तटदेय आदि करों को वसूलने का काम देखनेवाला मुख्य अधिकारी।
नायक — दस सेनापतियों पर अधिकार प्राप्त प्रधान अफसर।
नलिका — 24 मिनट का समय।
नाष्टिक — जिसकी कोई वस्तु खो गई हो, उसकी रिपोर्ट लिखनेवाला व्यक्ति।
नीवी — आय से कर देकर बाकी बचा धन।

नैमित्तिक — निमित्त देखकर शुभाशुभ फल बतानेवाला व्यक्ति।

निक्षेप — कारीगर के पास अलंकार बनाने के लिए दिया हुआ सोना-चाँदी।

निधि — भूमि में गढ़ा हुआ मूल्यवान द्रव्य।

निबंधक — बहीखाता लिखनेवाला मुनीम।

निबंध पुस्तक — बहीखाता।

निवेशन — विधवा का विवाह करना

निम्योधी — जलमय प्रदेश में नौका आदि पर से युद्ध करनेवाला योद्धा।

नियामक — जलपोत का चालक।

निशांत — राजमहल।

निष्क्रय — दास्यादि भाव तथा जेल से छूटने का मूल्य।

निष्काम्यशुल्क — देश से निकलनेवाले माल का निष्क्रमण शुल्क।

निष्पतन — स्त्री का पतिगृह त्यागकर भाग जाना।

निसृष्टि — राजलेख्यविशेष, प्रमाण पत्र।

निसृष्टसर्थ — सर्वथा अमात्य गुण संपदा से युक्त प्रथम श्रेणी का राजदूत।

पक्ष — सेना के अग्रभाग के दोनों पार्श्वभाग।

पंचग्रामी — पाँच गाँवों का कर वसूलनेवाला अधिकारी।

पण — इसी नाम का चाँदी का सिक्का।

पणयात्रा — पण आदि सिक्कों का चलन।

पण्यगृह — राजकीय व्यापारिक वस्तुओं को संग्रह करने का स्थान।

पण्यपत्तन — वाणिज्य वस्तुओं के क्रय-विक्रय का स्थान स्वरूप समुद्रतटवर्ती नगर।

पण्याध्यक्ष — राजकीय सार एवं फल्गु वस्तुओं की देख-रेख करनेवाला अधिकारी। बंदरगाह की कर वसूली की देख-रेख करनेवाला राजपुरुष।

पत्तन — समुद्र तथा नदीतटवर्ती नगर अथवा बंदरगाह।

पत्तिव्यूह — पैदल सैनिकों द्वारा निर्मित व्यूह।

पत्त्यध्यक्ष — सेनाविभाग में पैदल सैनिकों का कार्य देखनेवाला प्रधान राजपुरुष।

पथ्यादन — वैश्यों का पाथेय।

पथ्यनुसरण — अनभिलषित पुरुष के साथ स्त्री का मार्ग पर चलना।

पदातिकर्म — युद्ध आदि के अवसरों पर पैदल सैनिकों कार्यकलाप।

पादिक — दस हाथियों और दस घोड़ों की देखभाल करने के लिए नियुक्त अधिकार प्राप्त प्रधान राजपुरुष।

परिव्राजिका — भिक्षुकी का रूप धारण करके काम करनेवाली महिला गुप्तचर।

परिमितार्थ — द्वितीय श्रेणी का राजदूत।

परिहार — संपूर्ण रूप से करमुक्ति।

परिहारक्षय — करमुक्ति का ह्रास।

परोक्त — न्यायालय में झूठ बोलने का अपराधी।

पर्युपासनकर्म — शत्रु के दुर्ग को चारों ओर से घेरना।

परिहार — राजपत्रविशेष, जिसमें किसी के लिए कर मुक्ति आदि का आदेश लिखा हुआ हो।

पश्चात्कोष — किसी राजा का पार्ष्णिग्राह।

प्रकर्म — कन्या को दूषित करने का व्यभिचार।

प्रकाशयुद्ध — निश्चित देश और काल में किया जानेवाला युद्ध।

प्रकृति — राजा, मंत्री, मित्र, कोष, राष्ट्र, दुर्ग और दंड नाम के सात राज्यांग।

प्रकृतिद्रव्य — राज्य के सात अंगों में से राजा एवं सुदृढ़ के अतिरिक्त पाँच प्रकृति।

प्रचार — कर्तव्यसंबंधी नियम।

प्रणय — राजकोष के लिए अर्थसंकट के समय प्रजा से विशेष कर की याचना।

प्रतिक्रोश — चढ़ा-ऊपरी करके किसी वस्तु का मूल्य बढ़ा देना।

प्रतिवर्णक — नमूना।

प्रतिग्रहक — राजकर आदि वसूलनेवाला।

प्रतिबल — राजा के विरुद्ध आचरण करनेवाली सेना।

प्रतिभू — जामिन, जमानतदार।

प्रतिरोधक — अत्याचारी लुटेरा।

प्रत्यभियोग — उलटा अभियोग।

प्रत्यादेय — चढ़ाई करने योग्य राजा द्वारा अपहृत भूमि आदि पुनः लौटा लेना।

प्रतोली — रथ चलाने योग्य सड़क।

प्रथम साहस दंड — 250 पण का अर्थदंड।

प्रदीपयान — रात के समय हाथ में मशाल लेकर चढ़ाई करना।
प्रदेष्टा — फौजदारी का न्यायाधीश।
प्रभावशक्ति — राजा को जो शक्तिकोश और सेना से प्राप्त हो।
प्रवहण — शकट आदि की सवारी।
प्रवेश्य शुल्क — अन्य देश से अन्य देश में व्यापारिक वस्तु प्रविष्ट होने के लिए देय शुल्क।
प्रयोग — खजाने का धन सूद पर देकर फिर उसको खींचना।
प्रशास्ता — कारागार के शासन कार्य पर नियुक्त महामात्र।
प्रसार — पशुओं के लिए घास तथा ईंधनादि का आयात।
प्रहवण — प्रीतिभोज।
पाक्वमांसिक — पक्वमांसविक्रयी।
पादपथ — पगडंडी।
पारतल्पिक — परदारासक्त।
पारशव — ब्राह्मण की शूद्रा स्त्री से उत्पन्न पुत्र।
पारिहीणिक — क्षतिपूर्ति के लिए लिया हुआ धन।
पार्श्व — निश्चित आय से अधिक आय।
पार्ष्णि — राजसेना का पृष्ठभाग।
पार्ष्णिग्राह — विजिगीषु राजा के पृष्ठ देश की सटी हुई भूमि का अधिपति।
पाषंड — विभिन्न धर्मों को माननेवाला व्यक्ति।
प्रलंभन — शत्रुवंचन।
प्रस्वापनयोग — जिस योगविशेष के प्रयोग से प्रभावित होकर लोग सो जाएँ।
प्रतिभाव्य — जमानतदार होना।
प्राप्तव्यवहार — वयस्क पुरुष।
प्राप्तव्यवहारा — वयस्का स्त्री।
पुत्रिकापुत्र — 'इससे जो पुत्र होगा, वह मेरा पुत्र माना जाएगा', इस शर्त पर ब्याही गई कन्या से उत्पन्न जिस पुत्र को कन्या का पिता पुत्र रूप में ग्रहण करे।
पुरमुख्य — नगर का मुख्य पुरुष।
पुराणचोर — पुराना तस्कर।
पुरोहित — राजा का धार्मिक उपदेष्टा।
पुस्त — हिसाब की बही।

पुस्तमांड — बही रखने की पेटी।

पूग — मजदूरसंघ।

पौतव — वजन के लिए तराजू और बाट का शोधन।

पौतवाध्यक्ष — तराजू-बाँट का संशोधक प्रधान राजपुरुष।

पौनर्भव — दूसरी बार ब्याही गई स्त्री से उत्पन्न पुत्र।

पौरव्यावहारिक — नागरिकों के कानूनी व्यवहार का द्रष्टा प्रधान न्यायाधीश।

फलवाट — फलों का बगीचा।

वणिक्पथ — व्यापार के लिए व्यवहार में आनेवाला जल और स्थलपथ।

बंधनागार — जेलखाना।

वर्ण — ब्राह्मण, क्षत्रिय, वैश्य और शूद्र—ये चारों जातियाँ।

वर्णक — क्षुद्र स्वर्णमुद्रा।

वर्तनी — अंतपाल द्वारा संगृहीत पथकर।

वर्धकि — बढ़ई।

वाक्पारुष्य — गाली, निंदा तथा धमकी द्वारा प्रारूप प्रदर्शन।

वाक्यानुयोग — किसी विषय में संदेह होने पर प्रश्न करना।

वाग्जीवन — कथावाचक, वकील तथा उपदेशक आदि का धंधा करके वचन द्वारा जीविका चलानेवाला।

वार्ता — कृषि, पशुपालन तथा वाणिज्य विषयक विद्या।

वास्तु — घर, खेत और उपवन आदि।

बाहिरिक — मिथ्यावादी, ठग, वंचक, नट और नर्तक आदि।

बाह्यशुल्क — अपने जनपद में उत्पन्न माल पर धार्य शुल्क।

बाह्यकोष — राष्टमुख्य, अंतपाल, आटविक तथा दंडोपनत व्यक्तियों में से किसी के द्वारा खड़ा किया गया उपद्रव।

विग्रह — दो राज्यों में युद्धस्वरूप द्रोहभाव तथा अनुचित साधन।

विजिगीषु — जो राजा आत्मगुण संपन्न, पंचद्रव्यप्रकृति के गुणों से युक्त तथा न्यायपरायण होकर शत्रु पर विजय प्राप्त करने का अभिलाषी हो।

विज्ञान — किसी विषय का विशेष ज्ञान।

विधा — हाथी-घोड़े दैनिक भोजन का परिमाण।

विनय — शिक्षा, इंद्रियजय।

विंदमाना — द्वितीय पति की पत्नी।

विष्टि — मजदूरवर्ग।

विष्टिकर्म	—	युद्ध आदि के समान निरस्त्र कर्मकारों के कार्य।
विष्टिबंधक	—	मजदूरों को जुटानेवाला अधिकारी।
विवीत	—	गो आदि पशुओं का चरागाह।
विवीताध्यक्ष	—	तृणपूर्ण गोचारण भूमि एवं हस्तिवन आदि से राजप्राप्य कर आदि की निगरानी करनेवाला बड़ा अफसर।
विरूपकरण	—	जिस योग के प्रयोग से मनुष्यों और पशुओं का रूप बदल दिया जाए।
विषव	—	देश का विभागविशेष।
बीजी	—	जो पुरुष अन्य पति के क्षेत्र (स्त्री) में अपने वीर्य द्वारा पुत्र उत्पन्न करे।
बीबध	—	अपने देश में अन्न आदि नित्योपयोगी वस्तुओं का अबाध आयात।
वृद्धि	—	उन्नति, सूद, अल्प व्यय से अधिक लाभ।
वेतन	—	परिश्रम का मूल्य।
वेदक	—	अभियोक्ता, अर्थी, वादी।
वैदेहक	—	व्यापारी।
वैदेहकव्यंजन	—	व्यापारी के वेश में रहनेवाला गुप्तचर।
वैद्यप्रत्याख्यात संस्था	—	चिकित्सकों द्वारा असाध्य समझकर परित्यक्त रोगी के रहने का स्थान।
वैधरण	—	मूल्य की क्षतिपूर्ति के लिए एक प्रकार का व्याजी कर।
वैयावृत्यकर	—	व्यापारिक वस्तुओं का खुदरा व्यापारी।
वैराज्य	—	जिस राज्य का पूर्वशासक राजा न हो और वह राज्य अन्य शासक के हाथों में चला गया हो।
व्यवहार	—	गुण आदि देन-लेन का व्यापार।
व्यवहारप्रापण	—	बालिग स्त्री-पुरुष।
व्यय	—	धन का खर्च।
व्ययशरीर	—	राज्य के लिए खर्च।
व्याजी	—	बार-बार तौलने पर होनेवाली छीजन की क्षतिपूर्ति के लिए जो पेशी अंश लिया जाए।
व्याधिसंस्था	—	रुग्णशाला।
व्यायाम	—	कार्योद्योग।

व्यायामयुद्ध — राजा जब स्वयं युद्धभूमि में उतरकर शस्त्रास्त्रों का प्रयोग करता हुआ लड़े।

व्युष्ट — राजा के राज्याभिषेक के दिन से गिने जानेवाले वर्ष, मास, पक्ष और दिन की गणना।

ब्रह्मदेय — ब्राह्मण को दिया जानेवाला खेत, मकान आदि।

भक्त — कर्मचारियों का भत्ता।

भाटक — भाड़ा।

भूमिगृह — जमीन के भीतर बना मकान।

भूमिछिद्रविधान — खेती के अयोग्य भूमि को तोड़ने का प्रबंध करना।

भृतक — वेतन लेकर काम करनेवाला मजदूर।

भृतकबल — वेतनभोगी सेना।

भोग — किसी वस्तु के स्वत्व निर्णयार्थ यह जानना कि उस समय उस पर किसका कब्जा है।

मदनरस — पागलपन पैदा करनेवाला एक प्रकार का विषयोग।

मध्यम — जो राजा विजिगीषु तथा उसके शत्रु की सटी भूमि का शासक होने के नाते दोनों पर अनुग्रह प्रदर्शन करे और आवश्यकता पड़ने पर उन दोनों को दबा सके।

मध्यमसाहसदंड — 500 पण का अर्थदंड।

मंत्रयुद्ध — राजा का युद्ध क्षेत्र में न उतरकर गुप्तचरों द्वारा विष आदि का प्रयोग करके शत्रु को नष्ट करने का प्रयत्न करते हुए अपने बुद्धिबल से शत्रु को परास्त करने का चक्र करना।

मंत्रशक्ति — राजा को जो शक्ति मंत्रियों की मंत्रणा से प्राप्त हो।

मंत्री — राज्य का बुद्धिमान प्रधानमंत्री, जो राजा को राज्यकार्य का संचालन करने में सलाह दे।

मंत्रिपरिषद् — मंत्रियों की गुप्तसभा।

मंत्रिपरिषदाध्यक्ष — अमात्यसभा का सभापति।

महाजन — जनसमुदाय।

महामात्य — प्रधानमंत्री।

मानाध्यक्ष — देश-काल का परिमाण देखनेवाला अधिकारी।

मापक — इसी नाम से प्रचलित ताँबे का सिक्का।

महानसिक — राजा की पाकशाला का प्रधान अधिकारी।

मात्स्यन्याय — राज्य की जिस व्यवस्था में सबल निर्बलों को वैसे ही खाने

लगे, जैसे बड़ी मछलियाँ छोटी को खा जाती हैं।

मित्र — विजिगीषु राजा के सामने और शत्रु की भूमि से सटी भूमि का शासक राजा।

मित्रप्रकृति — विजिगीषु के राजमंडल में विद्यमान एवं एक राज्य के बादवाले राज्य का शासक राजा।

मित्रमित्र — विजिगीषु के मित्र का मित्र।

मित्रबल — विजिगीषु के निजी मित्र की सेना।

मित्रसंपत् — विजिगीषु के मित्र के उत्कृष्ट गुणगण।

मुद्राध्यक्ष — राजकीय मुद्रांकित कागज-पत्र का प्रधान अधिकारी।

मूलहर — पिता-पितामह की संपत्ति को अन्यायपूर्वक हड़प लेनेवाला व्यक्ति।

मूलस्थान — राजा की राजधानी।

मोहनगृह — मार्ग के मोह में डाल देनेवाला घर।

मोक्ष — पति-पत्नी का विवाह बंधन से छुटकारा।

मौलबल — राजधानी में पिता-पितामह की परंपरा से रहनेवाली सेना।

मौहूर्तिक — ज्योतिषी।

यात्रा — देवता की रथयात्रा आदि का जुलूस।

यात्राविहार — घर से अन्यत्र जाकर रहना।

यान — शत्रु पर चढ़ाई।

यानपात्र — जल पर चलनेवाले जहाज, नाव आदि वाहन।

यातव्य — जिस राजा पर चढ़ाई करनी हो।

यामतूर्य — रात्रि में पहर-पहर पर जनसंचार का अवरोध करने के निमित्त बजनेवाली तुड़ही।

युक्त — शासनविभाग का राजकर्मचारी।

युक्तप्रतिषेध — अधिकारियों द्वारा अपहृत होनेवाले धन का बचाव।

युग्य — बैल-खगार-घोड़े आदि जूए में जुतनेवाले वाहन।

युवराज — भविष्य में राजा होनेवाले राजपुत्र।

योग — कपट उपाय का प्रयोग।

योगपान — विषमिश्रित मदिरा।

योगपुरुष — परराज्य में तोड़-जोड़ करने के लिए नियुक्त गुप्तचर।

योगप्रयोग — शत्रु पर तीक्ष्णादि गुप्तचोरों की नियुक्ति।

योगवामन — कपटपूर्ण उपायों द्वारा दुर्ग से शत्रु को बाहर आने के लिए

विवश करना।

योनिवध — गाय-बकरी आदि मातृजातीय पशुओं का वध।

रथकर्म — युद्ध आदि में रथ के योग्य कार्यकलाप।

रथव्यूह — रथों द्वारा निर्मित व्यूह।

रसद — विष देनेवाला निर्दयी गुप्तचर।

राजनिवेश — राजमहल।

राजप्रकृति — राजा और उसका सुहृद ये दोनों प्रकृतियाँ।

राजव्यंजन — राजवेशधारी अन्य पुरुष।

राजव्यसन — राजा की मरण आदि विपत्ति।

राजमंडल — शत्रु, मित्र, पार्ष्णिग्राह आदि के साथ विजिगीषु का जो राजचक्र कल्पित हो।

राजर्षि — जितेंद्रिय राजा।

राजशासन — राजा की आज्ञा, राजा का आदेशपत्र।

राज्यविभ्रम — राज्य विप्लव।

राष्ट्रमुख्य — जनपद के मुख्य-मुख्य पुरुष।

रिक्थ — पिता की छोड़ी हुई संपत्ति।

रिक्थमाक् — पिता की संपत्ति का अधिकारी।

रूप — रुपया।

रूपदर्शक — धातु के बने सिक्कों को परखनेवाला।

रूपजीवा — रूप से जीविका चलानेवाली वेश्या।

रूपाभिगृहीत — चोरी के माल के साथ पकड़ा गया व्यक्ति।

रूपिक — लवणविक्रेता से लवणाध्यक्ष द्वारा लिया जानेवाला अतिरिक्त भाग।

लक्षणाध्यक्ष — टकसाल का एक प्रमुख अधिकारी, नमक की खान आदि का अधिकारी।

लब्धप्रशमन — जीते हुए राज्य में शांतिस्थापन।

लोकयात्रा — सामाजिक व्यवहार की स्थिति, जीविका।

लोभविजयी — दुर्बल राजा पर आक्रमण करके उसकी भूमि तथा धन लेकर संतुष्ट हो जानेवाला राजा।

शंकितक — जिस पर अपराधी होने का संदेह किया जाए।

शम — शांति।

शासन — राजलेख।

शासनहर	—	परराज्य में राजा का आज्ञापत्र ले जानेवाला दूत।
शिक्षाप्रहार	—	बेंत की सजा।
शिल्पी	—	महीन काम करनेवाला कारीगर।
शुद्ध वध	—	बिना क्लेश का मृत्युदंड।
शुल्काध्यक्ष	—	चुंगी वसूली की निगरानी करनेवाला प्रधान राजपुरुष।
शुश्रूषा	—	शास्त्रश्रवण की आकांक्षा।
शून्यनिवेशनकर्म	—	बंजरभूमि को कृषि योग्य बनाकर गाँव बसाना।
शून्यपाल	—	राजा के युद्धभूमि में चले जाने पर सूनी राजधानी का रक्षक।
शौंडिक	—	मद्यविक्रयी।
श्यामीकरण	—	जिस योग विशेष द्वारा गोरा मनुष्य काला कर दिया जाए।
श्वेतीकरण	—	जिस औषधि योग से काला मनुष्य गोरा कर दिया जाए।
श्रेणी	—	नाना प्रकार के शिल्पियों और व्यवसायियों का संघ।
श्रेणीबल	—	जनपद के विभिन्न संघों में सम्मिलित पुरुषों की सशस्त्र सेना।
षाड्गुण्य	—	संधि, विग्रह, यान, आसन, संश्रय और द्वैधीभाव। ये राजनीतिविषयक छह गुण हैं।
संचार	—	विभिन्न स्थानों पर घूमकर राजा के लिए समाचार संग्रह करनेवाला गुप्तचर।
सत्र	—	धान्वनदुर्ग आदि संकटकालीन स्थान।
सत्री	—	विविध शास्त्रों का अध्ययन करनेवाले छात्र रूप से परिचित गुप्तचर।
संधि	—	दो राजाओं में भूमि, कोस और सेनादान की शर्त पर किया गया समझौता।
सन्न	—	क्षेत्रपति के कृषि कार्य का सहायक कर्मकार।
सन्नामिनी	—	जो तराजू मुलायम लोहे से बनी रहने के कारण इधर-उधर झुका करे।
सन्निधान	—	जमीन में गड़ा धन।
सन्निधाता	—	राजकोष आदि की भली-भाँति देखभाल तथा रख-रखाव करनेवाला प्रमुख अधिकारी एवं कोष के संग्रह और संरक्षण कार्य पर नियुक्त महामात्र।
सम	—	शत्रु राजा के समान शक्ति तथा सिद्धिविशिष्ट अन्य राजा।

समवाय	—	एकत्रित होना।
समाधिमोक्ष	—	शत्रु के पास धरोहर के रूप में रखे हुए पुत्र आदि को छुड़ाना।
समाहर्ता	—	दुर्ग, राष्ट्र आदि से राजकीय आय एकत्र करनेवाला एक प्रमुख अधिकारी।
समाह्वय	—	पहलवानों, मेढ़ों तथा मुर्गों की लड़ाई और उनकी हार-जीत की संभावना पर दाँव लगाकर होनेवाला जुए का खेल।
समुदय	—	जहाँ-जहाँ से आय की संभावना हो, वहाँ से भली-भाँति उसे उगाहना।
सर्वत्रग	—	राजा का वह आदेशपत्र जिसमें पथिकों की रक्षा के लिए अधिकारियों पर कार्यभार बढ़ाया गया हो।
सर्वाधिकरण	—	सभी प्रकार का शासन विभाग।
सहज मित्र	—	विजिगीषु राजा के सटे राज्य से आगे पड़नेवाले राज्य का शासक।
सहज शत्रु	—	विजिगीषु के राज्य से सटे राज्य का शासक।
सहोढ	—	विवाह के बाद ही उत्पन्न पुत्र।
सहोदक	—	ऐसा बाँध जिसमें सदा जल भरा रहे।
सामवायिक	—	अनेक राजाओं का सम्मिलित संघ।
सामुत्थायिक	—	दलबद्ध राजाओं का समुदाय।
सामेधिक	—	जो किसी अन्य व्यक्ति की संपत्ति आदि के विषय में पूछने पर सही-सही बात बता सके।
सार्थ	—	व्यापारियों का संघ।
सार्थिक	—	व्यापार के लिए एक साथ विदेश जानेवाले व्यापारियों का समूह।
साहस	—	सबके समक्ष बलात् अपहरण करनेवाला व्यक्ति।
स्थान	—	समय की गतिविधि देखते हुए युद्ध की भावना त्यागकर चुप बैठना।
स्थानिक	—	समाहर्ता का अधीनस्थ अधिकारी एवं जनपद तथा नगर के चतुर्थांश भाग का शासक।
स्थानीय	—	800 गाँवों पर शासन करनेवाला नगर।
स्थावरसंधि	—	स्थायी संधि।

स्वामिसंपत् — राजा के उत्कृष्ट गुणगण।
सीता — हलकी जोती हुई रेखा, कृषिभूमि, अन्न।
सीतात्यय — किसान द्वारा अन्न आदि का अपव्यय तथा अन्न चोरी के अपराध पर देय दंड।
सीताध्यक्ष — कृषिकार्य देखनेवाला प्रधान अधिकारी।
स्त्रीधन — विवाहिता स्त्री की जीविका के लिए दी गई भूमि, नगद धन तथा पहनने के वस्त्राभूषण।
सुवर्ण — 16 माशे सोने का सिक्का।
सुवर्णपाक — रसतंत्र के प्रयोग द्वारा लोहे-ताँबे आदि को सुवर्ण बना देने की विद्या।
सुवर्णाध्यक्ष — राजा की अक्षशाला (स्वर्णशोधक कारखाने) में सुवर्णशोधन आदि कार्य की देखभाल करनेवाला मुख्य अधिकारी।
स्कंधावार — युद्धयात्रा के समय रास्ते का पड़ाव।
स्तंभ — राजधन का गबन।
स्थलयोधी — मैदान में लड़नेवाला योद्धा।
सूचक — गुप्तरूप से समाचार लाकर राजा को सूचित करनेवाला दूत।
सूत्राध्यक्ष — सूत्रादि के निर्माणकार्य का पर्यवेक्षक प्रमुख राजपुरुष।
सूद — मांसपाचक।
सूना — राजकीय पशुवध शाला।
सूनाध्यक्ष — पशुवध की देख-रेख करनेवाला राजपुरुष।
सेतु — मकान आदि का सीमासूचक चिह्न।
सेतुकर्म — पुल अथवा बाँध बनाने का कार्य।
सेनापति — राजकीय सेना का प्रधान अधिकारी।
स्तेय — चोरी।
सौवर्णिक — सुवर्णादि से निर्मित आभूषणों का कारोबार देखनेवाला राजपुरुष।
सौमिक — ऐंद्रजालिक (मदारी)
संख्यायक — गणनाकारी अथवा हिसाब रखनेवाला।
संग्रहण — दस गाँवों पर शासन करनेवाला क्षुद्र नगर, स्त्री पर बलात्कार।
संघ — वैश्यों तथा क्षत्रियों की विशेष श्रेणी।
संघी — संघ के सदस्य।

संयानपथ — समुद्रादि के जल में निरंतर यातायात का मार्ग।
संयानीय — क्रय-विक्रय के प्रधान स्थान, बड़े-बड़े बंदरगाह।
संस्था — एक स्थान पर रहकर जो गुप्तचर राजा के लिए संवाद संग्रह करें।
संस्थाध्यक्ष — व्यापारिक वस्तुओं के बाजार का निरीक्षक, पण्यशाला का अध्यक्ष।
संश्रय — बलवान राजा के समक्ष स्त्री-पुरुष के साथ निर्बल राजा का आत्मसमर्पण।
संशयत्रिवर्ग — अर्थ-अनर्थ, धर्म-अधर्म और काम-शोक इन तीनों द्वंद्वों का परस्पर संशय।
सांव्यावहारिक — अन्य व्यापारी से माल लेकर बेचनेवाला व्यापारी।
हरणोपाय — राजद्रव्य अपहरण के ढंग।
हरणि — छोटी नहर।
हलमुख — शक्ति-प्रास आदि शस्त्र।
हस्तपूरण — अन्न आदि तोलने के बाद अंजलि भरकर दी जानेवाली बरकत।
हस्तिकर्म — युद्ध आदि में हाथियों के करने योग्य कार्य।
हस्तिवनकर्म — हस्तिवन में हाथियों की रक्षा व्यवस्था।
हस्तिव्यूह — हाथियों द्वारा निर्मित व्यूह।
हस्त्याध्यक्ष — राजकीय हस्तिशाला का पर्यवेक्षण करनेवाला प्रमुख अधिकारी।
हाटक — सोना।
हिरण्य — नगद रुपया।
हीन — शत्रु राजा की अपेक्षा हीनशक्ति राजा।
हिरण्योपायन — प्रजा से नगद रुपए के रूप में प्राप्त भेंट।
हेमापसारित — सोनारों द्वारा सोना चुराने का एक ढंग।
हैमवत — हिमालय पर उत्पन्न।

□

परिशिष्ट-2
मौर्यकालीन तीर्थ

मौर्यकाल में सबसे उच्च स्तर के अधिकारी तीर्थ कहे जाते थे। 'अर्थशास्त्र' के अनुसार इनकी संख्या अठारह थी। जो इस प्रकार हैं—

तीर्थ	संबंधित विभाग का कार्य
मंत्री तथा पुरोहित	प्रधानमंत्री तथा प्रमुख धर्माधिकारी।
सन्निधाता	राजकीय कोषागार का प्रधान अधिकारी या कोषाध्यक्ष।
समाहर्ता	राजस्व विभाग का सर्वोच्च अधिकारी, वित्तमंत्री या कर संग्राहक।
युवराज	राजा का उत्तराधिकारी।
सेनापति	सेनाध्यक्ष या सर्वोच्च सैन्य कमांडर।
नायक	सेना का संचालक।
व्यावहारिक	दीवानी न्यायालय का न्यायाधीश।
प्रवेष्टा	फौजदारी न्यायालय का न्यायाधीश।
मत्रिपरिषदाध्यक्ष	मंत्री–परिषद् का अध्यक्ष।
कर्मांतिक	उद्योग–धंधों का प्रधान निरीक्षक।
प्रशास्ता	राजकीय आज्ञाओं को लिपिबद्ध करने तथा राजकीय दस्तावेजों को सुरक्षित रखनेवाला प्रधान अधिकारी।
दंडपाल	सैन्य सामग्री का प्रबंध करनेवाला अधिकारी।
अंतपाल	सीमावर्ती दुर्गों का रक्षक।
नागरक	नगर का सर्वोच्च अधिकारी।

अंतर्वंशिक	सम्राट् की अंगरक्षक सेना का प्रधान।
दौवारिक	राजमहल का प्रबंध एवं देख-रेख करनेवाला प्रधान अधिकारी।
आटविक	वन विभाग का सर्वोच्च अधिकारी।

□

परिशिष्ट-3

मौर्यकालीन अध्यक्ष

मौर्यकाल में अध्यक्ष, मंत्रियों के निरीक्षण में काम करनेवाले अधिकारी थे। अर्थशास्त्र के अनुसार इनकी संख्या 27 थी, जो इस प्रकार थे—

अध्यक्ष	संबंधित विभाग का कार्य
सुराध्यक्ष	आबकारी विषयों का अध्यक्ष।
मुद्राध्यक्ष	राजकीय चिह्न, मुद्रा तथा पासपोर्ट से संबंधित अधिकारी।
शुल्काध्यक्ष	राजकीय धंन, जुरमाने इत्यादि से संबंधित अधिकारी।
लक्षणाध्यक्ष	टकसाल का अध्यक्ष।
कोषाध्यक्ष	राजकीय कोष या खजाने का प्रमुख अधिकारी।
लौहाध्यक्ष	लौह विभाग का अध्यक्ष।
आकराध्यक्ष	खानों का अध्यक्ष।
सीताध्यक्ष	राजकीय भूमि।
सूत्राध्यक्ष	कताई, बुनाई एवं सूत का अध्यक्ष।
कोष्ठागाराध्यक्ष	कोष्ठागार का अध्यक्ष।
स्वर्णाध्यक्ष	स्वर्ण का अध्यक्ष।
लवणाध्यक्ष	नमक विभाग का अध्यक्ष।
संस्थाध्यक्ष	व्यापार प्रबंधक।
गणिकाध्यक्ष	गणिकाओं या वेश्याओं का निरीक्षक।
पत्तनाध्यक्ष	बंदरगाहों का अधिकारी।
द्यूताध्यक्ष	जुए का निरीक्षक।
नवाध्यक्ष	पशु निरीक्षक।

नौकाध्यक्ष	जलमार्ग के यातायात का अध्यक्ष।
विविताध्यक्ष	चारागाहों का अध्यक्ष।
बंधनगाराध्यक्ष	जेल विभाग का अध्यक्ष।
सूनाध्यक्ष	कसाईखाने का अध्यक्ष।
मानाध्यक्ष	समय तथा स्थान का निर्णय करनेवाला अधिकारी।
पण्याध्यक्ष	राजकीय व्यवसाय का अध्यक्ष।
कुण्याध्यक्ष	वनों से संबंधित कार्यों का अध्यक्ष।
आयुधाध्यक्ष	अस्त्र-शस्त्र के निर्माण एवं कारखाने का अध्यक्ष।
पौतवाध्यक्ष	नाप-तौल, बाट एवं तराजू इत्यादि के विभाग का अध्यक्ष।
सैन्यविभागाध्यक्ष	अश्व, रथ, पदाति तथा गज सेना के विविध अध्यक्ष।

□

परिशिष्ट-4

मौर्यकालीन जनपदों का संगठन

ग्राम (गाँव)	**साम्राज्य की सबसे छोटी इकाई**
संग्रहण	100 ग्रामों का समूह
खार्वटिक	200 ग्रामों का समूह
द्रोणमुख	400 ग्रामों का समूह
स्थानीय	800 ग्रामों का समूह

□

परिशिष्ट-5

मौर्यकालीन सिक्के

सिक्के	निर्माण धातु
धरण या पण	चाँदी का सिक्का
कार्षापण	चाँदी का सिक्का
काकणी	ताँबे का सिक्का

□

परिशिष्ट-6

कौटिल्य के सूत्र

किसी भी विस्तृत तथ्य को सारगर्भित संक्षिप्त रूप में अर्थात् कम-से-कम शब्दों में व्यक्त करना 'सूत्र' कहलाता है। वेद, व्याकरण आदि आरंभिक ग्रंथ इसी शैली में रचित हैं। सूत्र शैली के दो प्रमुख गुण थे—शुद्धि एवं संक्षेप। पाणिनि के अनुसार, संक्षेपण के दौरान आधी मात्रा की भी बचत पुत्र जन्म की प्रसन्नता के समान सुखद होती है—

'अर्धमात्रा लाघवेन पुत्रोत्सवं मन्यन्ते वैयाकरणाः।'

प्राचीन काल में यह शैली पर्याप्त लोकप्रिय रही है। कौटिल्य ने भी इस सूत्रात्मक शैली में रचना की है। 'अर्थशास्त्र' उनकी दृष्टि में विवेचनात्मक कम, सूत्रात्मक अधिक रहा है।

कौटिल्य ने इस शैली में कुछ स्वतंत्र सूत्रों की रचना भी की है, जिनका एकत्र संकलन 'कौटिल्य, चाणक्य के सूत्र' नाम से जाना जाता है। इन सूत्रों का मूल प्रतिपाद्य प्रायः वही है, जो 'अर्थशास्त्र' का है। अन्य शब्दों में यह भी कहा जा सकता है कि राजनीति, धर्मनीति, अर्थनीति विषयक कुछ कौटिल्यीय विचार इन सूत्रों के सहायक से जनसाधारण के समक्ष प्रस्तुत किए गए हैं, ताकि वे 'अर्थशास्त्र' के गुरु गंभीर विषयों को सहज ही समझ सकें।

- धर्म सुख का मूल है अर्थात् यदि सुख चाहिए तो धर्म का आचरण कीजिए। धर्म का त्याग करके सुख प्राप्त नहीं किया जा सकता॥ 1॥
  धर्म का मूल 'अर्थ' (राजनीति) है।॥ 2॥
- अर्थ (राजनीति) का मूल 'राज्य' है अर्थात् यदि राज्य नहीं होगा तो राजा अपनी राजनीति कैसे चला सकेगा?॥ 3॥
- राज्य का मूल इंद्रियजय है अर्थात् यदि राजा संयमी व इंद्रियजित नहीं होगा तो वह अपने राज्य को सुरक्षित रख ही नहीं सकेगा। (4)

- इंद्रियजय का आधार विनय है। (5)
- विनय का मूल वृद्धों (ज्ञानवृद्ध, वयोवृद्ध) की सेवा है। (6)
- वृद्धों की सेवा का मूल विज्ञान (विशुद्ध ज्ञान अथवा विवेक) है। (7)
- विज्ञान (विशुद्ध ज्ञान अथवा विवेक) से आत्मोन्नति होती है। (8)
- आत्मोन्नति प्राप्त करनेवाला व्यक्ति ही आत्मजयी होता है। (9)
- आत्मजयी व्यक्ति सर्वप्रकारेण, विशेषत: अर्थ-संपन्न होता है। (10)
- अर्थ-संपत्ति (राजनीतिक कौशल) ही अमात्य आदि प्रकृति-संपत्ति का आधार है। (11)
- प्रकृति-संपत्ति से नेतृत्वविहीन राज्य का संचालन भी संभव है। (12)
- अमात्य आदि का कोप अन्य सभी कोपों से अधिक कष्टकर (भारी) होता है। (13)
- अविनीत स्वामी की अपेक्षा स्वामी का न होना अधिक कल्याणकारी है। (14)
- अपने आपको योग्य एवं अधिकारी (गुण-संपन्न) बना लेने के उपरांत योग्य सहायकों की अपेक्षा करनी चाहिए। (15)
- सहायकों से रहित राजा के विचार अस्थिर व अनिश्चित रहते हैं। (16)
- कोई गाड़ी एक पहिए से नहीं चलती अर्थात् राजा व उसके सहायक राज्य रूपी गाड़ी के दो पहिए होते हैं। (17)
- सुख-दु:ख (उत्थान-पतन और उन्नति-अवनति) में साथ निभानेवाला ही सच्चे अर्थों में सहायक कहलाता है। (18)
- मनस्वी राजा को अपने समान मनस्वी व्यक्तियों को ही अपना परामर्शदाता नियुक्त करना चाहिए। (19)
- विनय विहीन व्यक्ति को मात्र स्नेह के आधार पर सलाहकार समिति का सदस्य कभी नियुक्त नहीं करना चाहिए। (20)
- सभी प्रकार की परीक्षाओं में खरे उतरनेवाले अर्थात् रिश्वत, लोभ, भाई-भतीजावाद आदि दोषों से सर्वथा मुक्त; योग्य एवं प्रामाणिक व्यक्ति को ही मंत्री-पद पर नियुक्त करना चाहिए। (21)
- राज्य के समस्त कार्य मंत्री (मंत्री की गतिविधि एवं योग्यता आदि) पर ही निर्भर होते हैं। (22)
- मंत्र (योजना) की रक्षा (दूसरों को किसी भी प्रकार से जानकारी न होने देना) से ही कार्यसिद्धि होती है। (23)
- मंत्र (योजना) का लीक होना कार्य के विनाश, यानी असफलता का सूचक है। (24)
- प्रमाद (घमंड) व्यक्ति को शत्रु के वशीभूत करनेवाला दोष है। (25)
- सर्वप्रकारेण मंत्र (योजना) की रक्षा करनी चाहिए। (26)
- मंत्र (विचार)-संपदा राज्य की समृद्धि करती है। (27)
- मंत्र की रक्षा अर्थात् उसका गोपन स्वयं महत्त्वपूर्ण है। (28)
- अंधकार में पड़े कार्यों के लिए मंत्र अर्थात् विचार या सलाह दीपक होते हैं। (29)

- मंत्र (विचार या सलाह) की आँखों से राजा दूसरों (शत्रु) के दोषों को देखने में भी समर्थ हो जाता है। (30)
- किसी के मंत्र (विचार या सलाह) के समय मन में ईर्ष्या का भाव नहीं रखना चाहिए। अभिप्राय यह है कि यह विचार उत्तम अवश्य है, परंतु अमुक व्यक्ति से मिला है। अत: इसके ग्रहण से उस व्यक्ति का महत्त्व बढ़ जाएगा, ऐसा नहीं सोचना चाहिए। (31)
- तीन व्यक्तियों के एकमत होने पर ही निर्णय को अंतिम एवं ग्राह्य मानना चाहिए। (32)
- मंत्री ही कार्य व अकार्य का निर्णायक होता है। (33)
- छह कानों अर्थात् तीसरे व्यक्ति तक मंत्र के जाते ही मंत्र फूट जाता है, उसका गुप्त रह पाना कठिन हो जाता है। (34)
- आपत्ति के समय भी प्रेम भाव बनाए रखनेवाला व्यक्ति ही सच्चा मित्र होता है। (35)
- मित्रों की संख्या में वृद्धि का अर्थ ही अपने बल में वृद्धि है। (36)
- अप्राप्य की प्राप्ति के लिए प्रयत्न करनेवाला बलवान होता है। (37)
- आलसी व्यक्ति कभी अप्राप्त वस्तु को प्राप्त नहीं कर सकता। (38)
- आलसी व्यक्ति अप्राप्त वस्तु को संयोगवश प्राप्त कर लेने पर भी उसकी रक्षा नहीं कर सकता। (39)
- अप्राप्त वस्तु के प्राप्त होने व उसके सुरक्षित रह जाने पर भी आलसी व्यक्ति द्वारा उसका संवर्द्धन नहीं हो पाता। (40)
- आलसी व्यक्ति अप्राप्त वस्तु को दैववश प्राप्त कर लेने पर भी न तो उसका स्वयं उपभोग कर पाता है और न ही उसे अनुचरों को दे पाता है। (41)
- राज्य के चार-अप्राप्त की प्राप्ति, प्राप्त का संरक्षण, संरक्षित का संवर्द्धन व संवर्द्धित का दान-उपभोग आदि ही सर्वस्व है अर्थात् राज्य का अस्तित्व इन चारों पर ही निर्भर रहता है। (42)
- राजतंत्र (राजा और राज्य की स्थिति) का आधार नीतिशास्त्र है। (43)
- आयत्त और आवाप राज्यतंत्र के अधीन होते हैं। (44)
- अपने ही देश में चार उपायों—साम, दान, दंड और भेद का प्रयोग आयत्त कहलाता है। (45)
- बाहर अर्थात् दूसरे देश में साम, दाम, दंड आदि उपायों का प्रयोग आवाप कहलाता है। (46)
- संधि और विग्रह का निर्णय मंत्रिमंडल पर ही छोड़ देना चाहिए। (47)
- नीतिशास्त्र के अनुसार राज्य-संचालन करनेवाला ही राजा कहलाता है। (48)
- अपने देश की सीमा से संबद्ध देश का राजा अर्थात् निकटतम पड़ोसी राजा सहज शत्रु होता है। (49)
- अपने राज्य की सीमा से संबद्ध राज्य की सीमा के पारवाला राजा अपना सहज मित्र होता है। (50)

- किसी राजा के मित्र अथवा शत्रु बनने के पीछे कुछ कारण होते हैं। (51)
- दुर्बल राजा को बलशाली राजा से संधि कर लेनी चाहिए। (52)
- तेज (बल, शक्ति व उत्कर्ष) ही कार्यसिद्धि का आधार है। (53)
- ठंडा लोहा गरम लोहे से नहीं जुड़ता है अर्थात् दुर्बल की बलवान से कभी नहीं निभती। (54)
- बलशाली राजा को दुर्बल राजा से विग्रह करना चाहिए। (55)
- राजा को अपने समान बलशाली या अपने से अधिक बलशाली राजा के साथ कलह (विग्रह) नहीं करना चाहिए। (56)
- दुर्बल राजा का बलवान राजा से विग्रह करना, पैदल सेना का गजारोही सेना के साथ युद्ध करने के समान है। (57)
- कच्चे बरतनों के साथ टकराव के समान समबलशाली के साथ विग्रह करने से हानि उठानी पड़ती है। (58)
- बुद्धिमान राजा को शत्रु की गतिविधियों का सदैव भली-भाँति निरीक्षण करते रहना चाहिए। (59)
- शत्रुओं की संख्या एक से अधिक होने पर एक से संधि कर लेनी चाहिए। (60)
- शत्रु के विरोध की भली-भाँति समीक्षा करते हुए अपनी सुरक्षा के उपायों के प्रति सतर्कता बरतनी चाहिए। (61)
- दुर्बल राजा के लिए बलवान राजा का आश्रय लेना ही श्रेयस्कर है। (62)
- दुर्बल राजा का आश्रय लेनेवाला राजा अपने पैरों पर स्वयं ही कुल्हाड़ी मारता है। (63)
- आश्रयी राजा के समीप रहना आग के समीप रहने के समान होता है। (64)
- आश्रित राजा को आश्रयदाता राजा के प्रतिकूल आचरण नहीं करना चाहिए। (65)
- आश्रित राजा को कभी (अहंकारवश) उद्धत वेश (मवालियों जैसी वेशभूषा) धारण नहीं करनी चाहिए। (66)
- राजा को देवताओं के चरित्र की नकल नहीं करनी चाहिए। (67)
- विवेकी राजा को परस्पर विरोधी दो राजाओं में भेद डाल देना चाहिए। (68)
- व्यसनी राजा कभी किसी कार्य को सिद्ध नहीं कर पाता। (69)
- इंद्रियवशवर्ती अर्थात् इंद्रियों पर विजय न पानेवाला राजा चतुरंगिणी—पदाति, अश्व, गज और रथ-सेना रखने पर भी नष्ट हो जाता है। (70)
- जुआरी राजा का कोई भी कार्य सिद्ध नहीं होता। (71)
- शिकारी राजा के दोनों-धर्म और अर्थ नष्ट हो जाते हैं। (72)
- अर्थ की अभिलाषा व्यसन नहीं कहलाती। (73)
- कामासक्त राजा किसी भी कार्य को सिद्ध नहीं कर पाता। (74)
- वाणी की कठोरता आग की ज्वाला से भी अधिक कष्टकर है। (75)
- कठोर दंड देनेवाला राजा समस्त प्रजा का शत्रु बन जाता है। (76)

- अर्थ से संतुष्ट अर्थात् प्राप्त धन-संपत्ति से संतुष्ट होनेवाले राजा को लक्ष्मी छोड़ देती है। (77)
- शत्रु को वश में करना दंडनीति पर निर्भर करता है। (78)
- उचित दंडनीति का आश्रय लेनेवाला राजा ही समस्त प्रजा की रक्षा करने में समर्थ होता है। (79)
- दंड से ही संपत्ति बढ़ती है। (80)
- दंडशक्ति के अभाव में मंत्रिमंडल बिखर जाता है। (81)
- दंडशक्ति के कारण ही लोग अकरणीय कार्य करने से बचते हैं। (82)
- दंडनीति से ही अपनी सुरक्षा संभव है। (83)
- अपनी सुरक्षा सुनिश्चित हो जाने पर ही दूसरों की सुरक्षा की जा सकती है। (84)
- राजा का उत्थान व पतन—दोनों ही उसके अपने हाथ में हैं। (85)
- दंड का प्रयोग भली-भाँति सोच-विचार कर ही करना चाहिए। (86)
- किसी को दुर्बल समझकर उसकी उपेक्षा करना उचित नहीं। (87)
- आग दुर्बल नहीं होती अर्थात् दुर्बल राजा भी भारी उत्पात मचा सकता है। (88)
- दंड ही व्यवहार के ज्ञान का आधार है। (89)
- व्यवहार पर ही अर्थ की प्राप्ति निर्भर करती है। (90)
- अर्थ ही धर्म और काम का मूल है। (91)
- कार्य अर्थ का मूल है। (92)
- प्रयत्न थोड़ा भी हो, परंतु सही दिशा में हो तो कार्यसिद्धि हो जाती है। (93)
- उपायपूर्वक (सोच-विचार कर) किया जानेवाला कोई भी कार्य कठिन नहीं होता। (94)
- उपाय (सोच-विचार) के बिना किया गया कार्य अर्थात् उस दिशा में किया गया प्रयास व्यर्थ हो जाता है। (95)
- कार्य सिद्धि के इच्छुक के लिए उपाय (सही दिशा में सोच-विचार) ही सहायक होता है। (96)
- पुरुषार्थ से (अभीष्ट) कार्य सिद्ध किया जा सकता है। (97)
- भाग्य भी पुरुषार्थ के पीछे चलता है। (98)
- भाग्य के प्रतिकूल होने पर, प्रयत्नपूर्वक किए गए कार्य में भी सफलता नहीं मिलती। (99)
- असावधान व्यक्ति व्यवहारकुशल नहीं होता। (100)
- निश्चय करने के उपरांत ही कार्य आरंभ करना चाहिए। (101)
- एक कार्य सिद्ध होने के उपरांत, दूसरे कार्य की सिद्धि के लिए प्रवृत्त होने में विलंब नहीं करना चाहिए। (102)
- चंचल चित्तवाला (अस्थिरबुद्धि) व्यक्ति कार्य सिद्ध नहीं कर पाता। (103)
- हाथ में आई वस्तु के तिरस्कार से बना हुआ कार्य भी बिगड़ जाता है। (104)

- दोषरहित कार्य तो अपवादस्वरूप एवं विरल हैं। (105)
- दु:खद एवं कष्टसाध्य लगनेवाले कार्यों में हाथ नहीं डालना चाहिए। (106)
- समय के साथ चलनेवाला व्यक्ति ही कार्यसिद्धि में सफल होता है। (107)
- समय ही फल का सुख देनेवाला है। तात्पर्य यह कि समय पर कार्य न करके बाद में करने पर उसका फल व आनंद दोनों जाते रहते हैं। (108)
- किसी भी कार्य की सिद्धि में क्षण भर का भी विलंब नहीं करना चाहिए। (109)
- देश और फल के विवेचन के बाद ही कार्य आरंभ करना चाहिए। (110)
- दैव की प्रतिकूलता में सरल कार्य भी असाध्य हो जाते हैं। (111)
- देशकाल का भली-भाँति विचार करके कार्यसिद्धि में प्रवृत्त होना चाहिए। (112)
- देश-काल का भली-भाँति विचार करनेवाले व्यक्ति के पास लक्ष्मी चिरकाल तक बनी रहती है। (113)
- राजा को साम, दाम आदि सभी उपायों से संपत्ति के संचय में प्रवृत्त होना चाहिए। (114)
- अविचारशील व्यक्ति भाग्यशाली होने पर भी लक्ष्मी का कृपापात्र नहीं बन पाता है। (115)
- प्रत्येक वस्तु की परीक्षा प्रमाण-चतुष्टय—प्रत्यक्ष, अनुमान, उपमान और शब्द से करनी चाहिए। (116)
- जो जिस कार्य-विशेष में कुशल हो, उसे उसी कार्य में नियुक्त करना चाहिए। (117)
- उपायज्ञ पुरुष कठिन कार्य को भी सहज में ही साध लेता है। (118)
- अज्ञानी व्यक्ति द्वारा साधे गए किसी कार्य को बहुत महत्त्व नहीं देना चाहिए। (119)
- एक साधारण कीड़ा भी रूप बदल लेता है, फिर व्यक्तियों के संबंध में तो कहना ही क्या? (काव्य में कीट-भृंगन्याय प्रचलित है, जिसके अनुसार निरंतर भृंग को देखनेवाला एक अन्य कीट भी कुछ समय में भृंग बन जाता है।) (120)
- संपन्न कार्य को ही प्रमाणित मानना चाहिए। (121)
- विवेकशील व पवित्र आचरण करनेवालों के कार्य भी कभी-कभी दैव-दोषों व मानुष-दोषों से ग्रस्त हो जाते हैं। (122)
- दैव के प्रतीकार के लिए शांति कर्म का अनुष्ठान करना चाहिए। (123)
- मानवीय विपत्तियों के निराकरण के लिए अपने बुद्धि-कौशल का प्रयोग करना चाहिए। (124)
- विपत्ति आ जाने पर प्रारंभ किए गए कार्य में दोष-दर्शन मूर्खता का लक्षण है। (125)

- कार्यसिद्धि के इच्छुक व्यक्ति को भोला-भाला (बुद्धू) नहीं बनना चाहिए, अपितु कार्यसिद्धि के उपायों का चिंतन व अनुसरण करनेवाला होना चाहिए। (126)
- (उदाहरणार्थ) दूध पीने के लिए बछड़े को भी अपने मुख से गाय के स्तनों पर आघात करना पड़ता है। (127)
- प्रयत्न न करने पर कार्यों में व्यवधान आ सकते हैं। (128)
- दैव (भाग्य) को माननेवाले जीवन में कभी सफल नहीं होते। (129)
- अकर्मण्य व्यक्ति आय के अभाव में अपने आश्रितों का पालन-पोषण नहीं कर सकता। (130)
- जो अपने कार्यों की उपेक्षा करता है वह अंधा है। (131)
- प्रत्यक्ष, अनुमान आदि प्रमाणों से कार्यों की परीक्षा करनी चाहिए। (132)
- बिना परीक्षा किए किसी कार्य में प्रवृत्त होनेवाले व्यक्ति का लक्ष्मी परित्याग कर देती है। (133)
- सोच-विचारकर कार्य करने से विपत्ति तथा व्यवधान से छुटकारा पाया जा सकता है। (134)
- अपनी सामर्थ्य के अनुसार ही किसी कार्य को आरंभ करना चाहिए। (135)
- अपने आश्रितों का पेट भरने के बाद अवशिष्ट अन्न को ग्रहण करनेवाला अमृतसेवी कहलाता है। (136)
- सभी प्रकार के कार्य करने से आय के स्रोत बढ़ जाते हैं। (137)
- अनुद्यमी, यानी डरपोक व्यक्ति को कार्य की चिंता नहीं रहती। (138)
- कार्यउसिद्धि के इच्छुक व्यक्ति को स्वामी का स्वभाव जानकर ही प्रयत्नशील होना चाहिए। (139)
- गाय के स्वभाव से परिचित व्यक्ति ही उसका सही दोहन कर सकता है। (140)
- छोटे लोगों के समक्ष अपने बड़े कार्यों एवं गुप्त योजनाओं की चर्चा नहीं करनी चाहिए। (141)
- सरल स्वभाववाला राजा अपने आश्रितों की भी उपेक्षा का पात्र बन जाता है। (142)
- उग्र स्वभाववाले राजा से सभी व्यक्ति भयभीत रहते हैं। (143)
- राजा को मध्य मार्ग अपनाते हुए उचित दंड का निर्धारण करना चाहिए। (144)
- दुर्बल राजा शास्त्रज्ञ होने पर भी प्रजा के सम्मान का पात्र नहीं बन पाता। (145)
- अधिक भार से पुरुष दुःखी हो जाता है। (146)
- जो सार्वजनिक रूप से दूसरों के दोषों का उद्‌घाटन करता है, वह प्रकारांतर से अपनी अयोग्यता का ही परिचय देता है। (147)
- असंयमी तथा क्रोधी व्यक्ति का क्रोध उसे ही नष्ट कर डालता है। (148)
- सत्य, शील एवं शुद्ध आचरण वाले व्यक्ति के लिए इस संसार में कुछ भी पाना

कठिन नहीं। (149)

- केवल साहस से ही कार्य सिद्ध नहीं होते। (150)
- विपत्ति में फँसा व्यक्ति विपत्ति के टल जाने पर विपत्ति के कष्टों अथवा उसकी कठिनाइयों को भूल जाता है। (151)
- यथासमय कार्य न करने अथवा चूक जाने पर सिद्धि में रुकावट आती है। (152)
- संशयरहित विनाश की अपेक्षा संशयग्रस्त (संदिग्ध) विनाश कहीं अधिक अच्छा है। (153)
- दूसरे की संपत्ति को धरोहर रूप में रखने के पीछे केवल स्वार्थ होता है। (154)
- दान करना धर्म है। (155)
- वणिक वृत्ति (पाने के लिए कुछ देना) से दिया गया दान कभी सफल नहीं होता। (156)
- धर्म व अर्थ की हानि न करने वाला काम ही अपनाने योग्य है। (157)
- धर्म और अर्थ के विरोधी एवं घातक काम के सेवन का अर्थ निश्चित रूप में अनर्थ को निमंत्रण देना है। (158)
- सर्वथा सरल स्वभाव के व्यक्ति का मिलना दुर्लभ है। (159)
- सत्पुरुष अपमान से प्राप्त होने वाले ऐश्वर्य को ठुकरा देते हैं। (160)
- एक ही दोष अनेक गुणों को ढक (पीछे धकेल) देता है। (161)
- श्रेष्ठ एवं धर्मात्मा शत्रु के साथ युद्ध नहीं करना चाहिए। (162)
- सदाचार का परित्याग एवं अतिक्रमण नहीं करना चाहिए। (163)
- सिंह भूखा होने पर प्राण भले ही त्याग दे, परंतु घास कभी नहीं खाता। (164)
- प्राण देकर भी अपने धर्म एवं विश्वास की रक्षा करनी चाहिए। (165)
- चुगलखोर (पीठ-पीछे बुराई करनेवाले) को तो उसके स्त्री-पुत्र भी छोड़ देते हैं। (166)
- सही एवं उपयोगी बात बालक द्वारा कही गई होने पर भी ग्रहण कर लेनी चाहिए। (167)
- अविश्वसनीय सत्य को अपनाने से लाभ नहीं होता। (168)
- थोड़े से दोष के कारण बहुत सारे गुणों की उपेक्षा उचित नहीं। (169)
- विद्वान् पुरुषों में दोष का मिल जाना असंभव नहीं। (170)
- कोई भी रत्न समूचा (अनविद्ध-अखंड) नहीं होता। (171)
- किसी का भी विश्वास एक सीमा से अधिक नहीं करना चाहिए। (172)
- शत्रु द्वारा किया गया प्रिय (हितकर) कार्य भी अंततः अप्रिय (अहितकार) ही सिद्ध होता है। (173)
- कुएँ की माल के मटके झुकने पर ही कुएँ से भरे पानी को उलीच पाते हैं। (174)

- श्रेष्ठ पुरुषों के चिंतन की उपेक्षा नहीं करनी चाहिए। (175)
- गुणी पुरुषों का आश्रय लेने से गुणहीन व्यक्ति भी गुणवान् हो जाता है। (176)
- दूध में मिला जल भी दूध ही होता है। (177)
- पाटली पुष्प मिट्‌टी के ढेले में भी गंध उत्पन्न कर देता है। (178)
- सोने के साथ मिलकर चाँदी भी सोना हो जाती है। (179)
- मूर्ख व्यक्ति अपने उपकारी का भी अपकार करना चाहता है। (180)
- पापी को लोकनिंदा का भय नहीं होता। (181)
- उत्साही व्यक्ति के शत्रु भी उसके वश में हो जाते हैं। (182)
- राजाओं का मुख्य धन है—विक्रम (शौर्य)। (183)
- आलसी व्यक्ति न तो इस लोक में सुखी और न ही परलोक में सद्‌गति प्राप्त करता है। (184)
- निरुत्साही का भाग्य भी परित्याग कर देता है। (185)
- उपयोग में आनेवाले धन को ग्रहण करने में उसी प्रकार धैर्यवान तथा सचेष्ट रहना चाहिए, जिस प्रकार मछुआरा मछली पकड़ने में सचेत रहता है। (186)
- अविश्वसनीय पुरुष पर कभी विश्वास नहीं करना चाहिए। (187)
- विष तो हर स्थिति में विष ही रहता है। (188)
- अर्थ-संग्रह के समय शत्रु को कभी साथ नहीं रखना चाहिए। (189)
- अर्थ-सिद्धि के बाद भी शत्रु का विश्वास नहीं करना चाहिए। (190)
- संबंधों की दृढ़ता और सुनिश्चितता अर्थ पर आधृत रहती है। (191)
- शत्रु के पुत्र के साथ मैत्री-संबंध होने पर उसकी रक्षा करनी चाहिए। (192)
- जब तक शत्रु के दोषों, दुर्बलताओं आदि का पता न चल जाए, तब तक अपना हाथ उसके कंधे पर रखे रहना चाहिए अर्थात् उससे मित्रता बनाए रखनी चाहिए। (193)
- शत्रु की दुर्बलता का पता चलते ही तत्काल उस पर प्रहार करना चाहिए। (194)
- अपने दोषों व दुर्बलताओं को कभी दूसरों पर प्रकट नहीं करना चाहिए। (195)
- अपने दोषों और दुर्बलताओं पर प्रहार करनेवालों व उनसे लाभ उठाने वालों को अपना शत्रु ही समझना चाहिए। (196)
- अपने वश में आए हुए शत्रु का भी विश्वास नहीं करना चाहिए। (197)
- स्वजनों की बुरी आदतों को दूर करना चाहिए। (198)
- स्वजनों द्वारा किया गया अपमान अथवा दुर्व्यवहार भी श्रेष्ठ पुरुषों के लिए दुःखदायी होता है। (199)
- एक साधारण दोष भी पुरुष के सर्वनाश का कारण बन जाता है। (200)
- सद्व्यवहार से तो शत्रु को भी जीतना संभव हो जाता है। (201)
- नीच पुरुषों को अपमानित होने में ही आनंद मिलता है। (202)
- नीच पुरुषों को सुमति देने का परिणाम उलटा ही निकलता है। (203)
- नीच पुरुषों पर कभी विश्वास नहीं करना चाहिए। (204)

- आदर-सत्कार किए जाने पर भी दुर्जन बदले में दुःख-कष्ट ही पहुँचाता है। (205)
- जिस प्रकार वन में लगी आग बबूल के साथ चंदन को भी जला देती है, उसी प्रकार दुर्जन व्यक्ति दुर्जनों के साथ-साथ सज्जनों को भी पीड़ा देता है। (206)
- किसी भी प्राणी का कभी तिरस्कार नहीं करना चाहिए। (207)
- क्षमा करने योग्य पुरुष को दंडित नहीं करना चाहिए। (208)
- मूर्ख व्यक्ति अपने स्वामी द्वारा उससे एकांत में कही बात को अतिरंजित करके प्रस्तुत करता है। (209)
- प्रेम का परिचय फल अर्थात् व्यवहार से ही मिलता है। (210)
- बुद्धि का फल ऐश्वर्य-फल लाभ है। (211)
- मूर्ख व्यक्ति देय वस्तु को भी देने में बड़े कष्ट का अनुभव करते हैं। (212)
- धैर्यहीन व्यक्ति भारी ऐश्वर्य को प्राप्त करके भी अपने विनाश को नहीं रोक पाते हैं। (213)
- धैर्यहीन व्यक्ति इहलौकिक व पारलौकिक सुखों के भोग से वंचित रह जाता है। (214)
- दुर्जन का संग कभी भूलकर भी नहीं करना चाहिए। (215)
- कलाल (मदिरा विक्रेता) के हाथ से ग्रहण किया गया दूध भी मद्य समझा जाता है। (216)
- कार्य में संकट के समय निवारण का उपाय सुझानेवाली बुद्धि ही सच्ची बुद्धि है। (217)
- परिमित भोजन करना स्वास्थ्य की सुरक्षा का उपाय है। (218)
- अजीर्ण हो जाने पर पथ्य एवं अपथ्य—कुछ भी सेवन नहीं करना चाहिए। (219)
- एक बार खाए भोजन के पच जाने के उपरांत ही दूसरी बार भोजन करनेवाला व्यक्ति कभी किसी रोग का शिकार नहीं होता। (220)
- वृद्ध शरीर में उत्पन्न व बढ़ते रोग की कभी उपेक्षा नहीं करनी चाहिए। (221)
- अजीर्ण अवस्था में भोजन करना रोगों को निमंत्रण देना है। (222)
- रोग शत्रु से भी बढ़कर कष्ट देनेवाला होता है। (223)
- अपने सामर्थ्य के अनुसार ही दान करना चाहिए। (224)
- अधिक तृष्णावाले (लोभी) व्यक्ति को अपने वश में करना सरल होता है। (225)
- तृष्णाग्रस्त व्यक्ति बुद्धि का उपयोग कर ही नहीं सकता। (226)
- अनेक कार्यों में से अधिक फल देनेवाले कार्य को ही प्राथमिकता देनी चाहिए। (227)
- राजा को आक्रमण आदि महत्त्वपूर्ण कार्यों का स्वयं ही निरीक्षण करना चाहिए। (228)
- लड़ाई-झगड़े की प्रवृत्ति मूर्खों की एक सामान्य विशेषता है। (229)
- मूर्खों से विवाद नहीं करना चाहिए। (230)

- मूर्खों के साथ मूर्खों के समान ही व्यवहार करना चाहिए। (231)
- लोहे को लोहा ही काटता है। (232)
- बुद्धिरहित (मूर्ख) व्यक्ति का कोई मित्र नहीं होता। (233)
- धर्म ने ही संसार को धारण कर रखा है। (234)
- व्यक्ति के धर्म और अधर्म मरने पर उसके साथ जाते हैं। (235)
- दया धर्म की जन्मभूमि है अर्थात् जहाँ दया है, वहीं धर्म है। (236)
- सत्य और दान का मूल धर्म है। (237)
- व्यक्ति धर्म द्वारा विश्व को जीत सकता है। (238)
- मृत्यु भी धर्मात्मा व्यक्ति की रक्षा करती है। (239)
- धर्म-विरुद्ध पाप का प्रसार धर्म का अपकार है। (240)
- स्वभाव, कारण तथा कार्य से आसन्न विनाश को जाना जा सकता है। (241)
- बुद्धि की अधर्म में प्रवृत्ति ही अधर्मात्मा के विनाश की सूचना है। (242)
- चुगलखोर अपने चरित्र को छिपाकर नहीं रख सकता। (243)
- दूसरों के रहस्यों (गुप्त तथ्यों) को कभी नहीं सुनना चाहिए। (244)
- स्वामी का कठोर होना अनुचित एवं अधर्मपूर्ण है। (245)
- अपने बंधु-बांधवों की उपेक्षा नहीं करनी चाहिए। (246)
- दुष्ट माता भी त्याज्य है। (247)
- विष से लिथड़ा अपना हाथ भी काटने के योग्य होता है। (248)
- हित करनेवाला बाहरी व्यक्ति भी अपना बंधु है। (249)
- सूखे वन से जड़ी-बूटी प्राप्त की जा सकती है। (250)
- चोरों पर कभी विश्वास नहीं करना चाहिए। (251)
- बाधारहित कार्य की कभी उपेक्षा नहीं करनी चाहिए। (252)
- व्यसन (विपत्ति) स्वल्प होने पर भी कष्टदायक होता है। अत: उसे साधारण समझने की गलती नहीं करनी चाहिए। (253)
- अपने को अजर-अमर समझकर धन के उपार्जन में प्रवृत्त होना चाहिए। (254)
- धनवान व्यक्ति सभी के आदर का पात्र बन जाता है। (255)
- निर्धन होने पर इंद्र भी लोगों की उपेक्षा का पात्र बन जाता है। (256)
- दरिद्रता पुरुष का जीते जी मर जाना है। (257)
- कुरूप होने पर भी धनवान को रूपवान समझा जाता है। (258)
- न देनेवाले धनी को भी याचक छोड़ते नहीं, अपितु आशा लगाए हुए उसे घेरे ही रहते हैं। (259)
- निम्न कुल में उत्पन्न धनी उच्च कुल में उत्पन्न निर्धन से उत्कृष्ट समझा जाता है। (260)
- नीच व्यक्ति को अपने अपमान का डर नहीं होता। (261)
- चतुर व्यक्ति को आजीविकोपार्जन की चिंता नहीं रहती। (262)

- जितेंद्रिय व्यक्ति को विषयों में ग्रस्त होने का भय नहीं होता। (263)
- तत्त्ववेत्ता को मृत्यु का भय नहीं होता। (264)
- सज्जन दूसरे के कार्य को भी अपना कार्य समझता है। (265)
- दूसरों का वैभव पाने की इच्छा नहीं करनी चाहिए। (266)
- दूसरों का वैभव पाने की इच्छा विनाश का कारण बनती है। (267)
- दूसरों का स्वल्पमात्र द्रव्य भी नहीं लेना चाहिए। (268)
- दूसरों के द्रव्य के अपहरण का अर्थ अपने धन की हानि है। (269)
- चोरी से बढ़कर कोई अन्य बंधन अधिक कष्टकर नहीं। (270)
- उपयुक्त समय पर दी गई साधारण औषधि भी प्राणरक्षक सिद्ध होती है। (271)
- मृतक व्यक्ति के लिए औषधि निष्प्रयोजन है। (272)
- संकट की स्थिति में ही ऐश्वर्य के महत्त्व का पता चलता है। (273)
- नीच व्यक्ति की विद्याएँ व गुण उसे पापकर्म में ही प्रवृत्त करते हैं। (274)
- सर्प को दूध पिलाने से उसका विष ही बढ़ता है, वह दूध कभी अमृत नहीं बन पाता। (275)
- अन्न सबसे बड़ा धन है। (276)
- भूख सबसे बड़ा शत्रु है। (277)
- निठल्ले व्यक्ति को भूखा रहना पड़ता है। (278)
- भूख से व्याकुल व्यक्ति के लिए कुछ भी अभक्ष्य नहीं रहता। (279)
- वृद्धावस्था में मनुष्य की इंद्रियाँ उसे अपने वश में कर लेती हैं। (280)
- दयालु स्वामी की सेवा द्वारा जीविकोपार्जन को सौभाग्य मानना चाहिए। (281)
- कृपण स्वामी से आजीविका पाने की इच्छा जुगनू से प्रकाश पाने की इच्छा के समान निरर्थक है। (282)
- सदैव विशेषज्ञ स्वामी का ही आश्रय लेना चाहिए। (283)
- अधिक मैथुन से पुरुष असमय में ही वृद्ध हो जाता है। (284)
- मैथुन न करने से स्त्री असमय में ही वृद्ध हो जाती है। (285)
- नीच व उत्तम कुलवालों में विवाह संबंध न शोभा देता है और न ही सफल रहता है। (286)
- अगम्या-भगिनी, पुत्री, गुरुपत्नी, भातृजाया तथा वेश्या आदि-स्त्रियों के साथ संभोग करने से व्यक्ति के तीनों—आयु, यश व पुण्य नष्ट हो जाते हैं। (287)
- व्यक्ति के अहंकार से बड़ा कोई दूसरा शत्रु नहीं। (288)
- सभा-समिति में शत्रु की निंदा नहीं करनी चाहिए। (289)
- शत्रु का संकट सुनकर व्यक्ति को सुख मिलता है। (290)
- निर्धन पुरुष बुद्धिहीन माना जाता है। (291)
- निर्धन व्यक्ति की उपयोगी एवं हितकर वाणी भी अग्राह्य होती है। (292)
- निर्धन व्यक्ति को उसकी पत्नी भी समुचित सम्मान नहीं देती। (293)

- जिस प्रकार पुष्परहित आम के पास भ्रमर नहीं जाते, उसी प्रकार निर्धन व्यक्ति की ओर भी कोई ध्यान नहीं देता। (294)
- विद्या ही निर्धन व्यक्तियों का उत्तम धन है। (295)
- विद्या रूपी धन को चोर नहीं चुरा सकते। (296)
- विद्या से व्यक्ति के यश का विस्तार होता है। (297)
- यश रूपी शरीर का कभी विनाश नहीं होता। (298)
- परोपकार के लिए आगे बढ़नेवाला व्यक्ति ही सत्पुरुष है। (299)
- शास्त्रों के अध्ययन-मनन से इंद्रियाँ वश में आ जाती हैं। (300)
- अनुचित कार्यों में प्रवृत्त व्यक्ति को संयमशील बनाने के लिए शास्त्र अंकुश का कार्य करता है। (301)
- नीच पुरुष के नीच होने के कारण ही उसकी विद्या व उसके किसी विशेष गुण की उपेक्षा नहीं करनी चाहिए। (302)
- म्लेच्छ भाषा का प्रयोग नहीं करना चहिए। (303)
- म्लेच्छ व्यक्ति द्वारा कथित हितकर एवं उपयोगी वचन को आदरपूर्वक ग्रहण कर लेना चाहिए। (304)
- किसी के गुणों से ईर्ष्या-द्वेष नहीं करना चाहिए। (305)
- शत्रु में भी गुण दिखाई देने पर उन्हें ग्रहण करने के लिए उद्यत रहना चाहिए। (306)
- विष से भी अमृत निकालने का प्रयास करना चाहिए। (307)
- व्यक्ति को उसकी अवस्था के अनुसार ही सम्मान प्रदान होता है। (308)
- अपने स्थान पर स्थिर रहने पर ही व्यक्ति को आदर मिलता है। (309)
- मनुष्य को सदैव श्रेष्ठ पुरुषों (के आचरण) का ही अनुसरण करना चाहिए। (310)
- मर्यादा का अतिक्रमण कभी नहीं करना चाहिए। (311)
- श्रेष्ठ पुरुष का कोई मूल्य नहीं। (312)
- त्री रत्न (रूपवती तथा गुणवती स्त्री) के समान कोई दूसरा रत्न नहीं है। (313)
- रत्न का मिलना बड़ा ही कठिन होता है। (314)
- सभी प्रकार के भयों में अपयश का भय बड़ा होता है। (315)
- आलसी व्यक्ति शास्त्र का ज्ञान प्राप्त नहीं कर सकता। (316)
- स्त्रियों में आसक्त पुरुष न तो धर्मकार्य कर पाता है और न ही स्वर्ग-लाभ (अपनी सद्गति) कर पाता है। (317)
- काम में आसक्त व्यभिचारी पुरुष का तो स्त्रियाँ भी अपमान करती हैं। (318)
- फल-फूल की इच्छा करनेवाले व्यक्ति सूखे वृक्ष को कभी नहीं सींचते। (319)
- बिना धन के कोई कार्य संपन्न करने की सोचना बालू में से तेल निकालने के समान है। (320)
- महापुरुषों का कभी उपहास नहीं करना चाहिए। (321)
- कार्य संपन्न करते समय उसके लक्षण पूर्व में ही उसकी सिद्धि-असिद्धि की सूचना दे

देते हैं। (322)

- नक्षत्रों से भी कार्य में सिद्धि-असिद्धि की पूर्वसूचना प्राप्त हो जाती है। (323)
- त्वरित सफलता का इच्छुक व्यक्ति नक्षत्र गणना को महत्त्व नहीं देता। (324)
- परिचय हो जाने पर व्यक्ति के दोष छिपे नहीं रहते। (325)
- अशुद्ध विचारोंवाला व्यक्ति ही दूसरों की शुद्धता पर संदेह करता है। (326)
- व्यक्ति के स्वभाव को बदलना असंभव है। (327)
- अपराध के अनुरूप ही दंड देना चाहिए। (328)
- प्रश्न के अनुरूप ही उत्तर देना चाहिए। (339)
- वैभव के अनुसार ही आभूषण धारण करने चाहिए। (330)
- अपनी कुल-परंपरा व मर्यादा के अनुसार ही आचरण करना चहिए। (331)
- कार्य की गुरुता-लघुता के अनुरूप ही प्रयास करना चाहिए। (332)
- पात्र की योग्यता के अनुसार ही उसे दान देना चाहिए। (333)
- अपनी अवस्था के अनुसार ही वेश धारण करना चाहिए। (334)
- स्वामी की रुचि के अनुसार ही सेवक को कार्य-व्यवहार करना चाहिए। (335)
- पति के अधीन रहनेवाली एवं पति के प्रति समर्पित स्त्री ही भार्या अर्थात् भरण पोषण के योग्य बनती है। (336)
- गुरु के अधीन रहने वाला अर्थात् आज्ञाकारी शिष्य ही सच्चे अर्थों में शिष्य कहलाता है। (337)
- पिता का आज्ञाकारी ही पुत्र कहलाने का अधिकारी है। (338)
- अत्यधिक आदर-सम्मान भी आशंका योग्य होता है। (339)
- स्वामी की आज्ञा का निश्छल भाव से पालन करनेवाला ही सच्चा सेवक है। (340)
- माता से पिटा बालक भी माता के आगे ही रोता है अर्थात् सच्चे हितैषी द्वारा उपेक्षित व अपकृत व्यक्ति भी उसे नहीं छोड़ता। (341)
- स्नेही व्यक्ति का क्रोध क्षणिक होता है। (342
- मूर्ख व्यक्ति अपने दोषों को न देखकर दूसरों के दोष देखता है। (343)
- दिखावे के पीछे छल रहता है। (344)
- प्रयोजन-विशेष सिद्धि के लिए की जानेवाली सेवा भी उपचार कहलाती है। (345)
- सुपरिचित व्यक्ति द्वारा अतिरिक्त (सामान्य से हटकर) आदर-सम्मान का प्रदर्शन संशय में डालनेवाला होता है। (346)
- सौ उत्कृष्ट कुत्तों की अपेक्षा एक साधारण गाय का महत्त्व कहीं अधिक है। (347)
- कल प्राप्त होनेवाले (अनिश्चित) मोर की अपेक्षा आज हाथ में आया कबूतर कहीं अधिक अच्छा है। (348)
- अधिक समय तक साथ-साथ रहने से मन-मुटाव होने की आशंका रहती है। (349)
- क्रोध न करनेवाला व्यक्ति सर्वत्र विजयी होता है। (350)
- अपकारी व्यक्ति पर भी क्रोध करने से पहले अपने को प्रबोधित करना चाहिए कि मैं

अपने पर संयम क्यों नहीं रख पाया ? (351)

- मूर्खों, मित्रों, गुरुजनों एवं प्रिय व्यक्तियों के साथ विवाद न करना ही बुद्धिमत्ता है। (352)
- ऐसा कोई ऐश्वर्य नहीं होता, जिसमें पतन की संभावना न छिपी हो। (353)
- साधन सुलभ होने के कारण शुभकार्य करने में धनिकों को श्रम नहीं करना पड़ता। (354)
- वाहन पर सवार व्यक्ति को थकावट का अनुभव नहीं होता। (355)
- स्त्री कोमल होते हुए भी लोहे की बेड़ी है। (356)
- जो जिसमें कुशल है, उसे उसके उपयुक्त ही कार्य सौंपना चाहिए। (357)
- अधिक संभोगप्रिय स्त्री मनस्वी पुरुष के बलिष्ठ शरीर को भी क्षीण कर देती है। (358)
- प्रमाद छोड़कर सदैव स्त्रियों का निरीक्षण करना चाहिए। (359)
- स्त्रियों पर जरा भी विश्वास नहीं करना चाहिए। (360)
- स्त्रियों में न तो विवेक होता है और न ही उन्हें लोक-व्यवहार एवं लोक-मर्यादा का ज्ञान होता है। (361)
- आदरणीय व्यक्तियों में माता का स्थान सर्वोपरि है। (362)
- हर अवस्था में माता का भरण-पोषण करना चाहिए। (363)
- अपने को सजाने-सँवारने से विद्वत्ता पीछे जा पड़ती है। (364)
- लज्जा स्त्री का उत्तम आभूषण है। (365)
- वेदों का ज्ञान ब्राह्मणों का उत्तम आभूषण है। (366)
- धर्म (कर्तव्य-पालन) सभी प्राणियों का उत्तम आभूषण है। (367)
- विद्या तथा विनय-संपन्नता (उत्कृष्ट चरित्र एवं आदर्श आचरण) सभी आभूषणों का आभूषण है। (368)
- उपद्रवों से मुक्त देश ही निवास के लिए उपयुक्त स्थान है। (369)
- सज्जनों द्वारा बनाया गया अपना निवास स्थान ही रहने योग्य है। (370)
- राजा से सदा भयभीत रहना चाहिए। (371)
- इस पृथ्वी पर राजा से बड़ा कोई दूसरा देवता नहीं। (372)
- राजा का क्रोध दूर रहनेवाले व्यक्ति को भी नष्ट कर देता है। (373)
- राजा के पास कभी खाली हाथ नहीं जाना चाहिए। (374)
- गुरुत व देवता के पास जाते समय कुछ-न-कुछ भेंट रूप में अवश्य ले जाना चाहिए। (375)
- बड़े परिवारवाले व्यक्ति से सदा डरते रहना चाहिए। (376)
- राजपरिवार में जाने के अवसर को गँवाना नहीं चाहिए। (377)
- राजपुरुषों से यथासंभव संबंध बनाए रखना चाहिए। (378)
- राजपरिवार की सेविकाओं से किसी प्रकार का कोई संबंध नहीं रखना चाहिए। (379)

- राजा की ओर आँख उठाकर, अर्थात् अवज्ञा के भाव से कभी नहीं देखना चाहिए। (380)
- पुत्र के गुणवान होने पर परिवार स्वर्गतुल्य बन जाता है। (381)
- पुत्र को सभी विद्याओं में पारंगत बनाना चाहिए। (382)
- जनपद के हित की रक्षा के लिए गाँव के हित की उपेक्षा में संकोच नहीं करना चाहिए। (383)
- ग्राम-हित के सामने परिवार-हित को महत्त्व नहीं देना चाहिए। (384)
- पुत्र लाभ बहुत बड़ा लाभ है। (385)
- पुत्र ही माता-पिता को दुर्गति से बचाता है। (386)
- पुत्र ही अपने वंश को उजागर करता है। (387)
- पुत्रहीन व्यक्ति को स्वर्ग की प्राप्ति नहीं होती। (388)
- जो संतान उत्पन्न करे, वही स्त्री भार्या होती है। (389)
- एकाधिक पत्नियों के एक साथ ऋतुमती होने पर पहले से पुत्रवती पत्नी के साथ ही सर्वप्रथम संभोग करना चाहिए। (390)
- रजस्वला स्त्री के साथ संभोग करने से मनुष्य का तेज नष्ट हो जाता है। (391)
- पराई स्त्री की योनि में अपना वीर्य नहीं छोड़ना चाहिए। (392)
- पुरुष स्त्रियों से पुत्र-प्राप्ति के लिए ही विवाह करते हैं। (393)
- दासी के साथ संभोग करना अपने आपको उसका दास बनाना है। (394)
- आसन्न विनाशवाला व्यक्ति अपने हित की बात नहीं सुनता। (395)
- सुख और दुःख प्रत्येक देहधारी के नित्य धर्म हैं। (396)
- जिस प्रकार बछड़ा (हजारों गायों में) अपनी माँ को ढूँढ़ लेता है, उसी प्रकार सुख दुःख भी शुभ-अशुभ के कर्ता को ढूँढ़ निकालते हैं। (397)
- सज्जन दूसरे के तिल मात्र उपकार को भी पर्वततुल्य महत्त्व देते हैं। (398)
- दुष्ट पुरुष का उपकार करना व्यर्थ है। (399)
- उपकार का बदला चुकाने के भय से दुष्ट व्यक्ति शत्रु बन जाता है। (400)
- सज्जन थोड़े से उपकार का भी अत्यधिक परिमाण में बदला चुकाने के लिए सदैव उद्यत रहते हैं। (401)
- देवों का कभी अनादर नहीं करना चाहिए। (402)
- चक्षु के समान दूसरी कोई ज्योति नहीं। (403)
- शरीर में चक्षु सबसे अधिक महत्त्वपूर्ण अंग है। (404)
- नेत्रहीन व्यक्ति के लिए तो शरीर धारण करना ही व्यर्थ है। (405)
- जल (नदी, नद तथा सरोवर आदि) में कभी मूत्र-विसर्जन नहीं करना चाहिए। (406)
- नग्न होकर, नदी-नद आदि में स्नान नहीं करना चाहिए। (407)
- मनुष्य का जैसा शरीर (कृश-स्थूल, सुंदर-असुंदर तथा ऊँचा-नाटा) होता है, वैसा ही उसका ज्ञान अर्थात् मस्तिष्क का विकास होता है। (408)

- बुद्धि के अनुरूप ही मनुष्य वैभव प्राप्त करता है। (409)
- आग में आग नहीं डालनी चाहिए अर्थात् क्रुद्ध व्यक्ति को और अधिक क्रोध नहीं दिलाना चाहिए। (410)
- तपस्वी पूजनीय होते हैं। (411)
- परस्त्रीगमन नहीं करना चाहिए। (412)
- अन्नदान से भ्रूणहत्या (गर्भस्थ शिशु का वध) तक का पाप शांत हो जाता है। (413)
- वेदसम्मत धर्म ही सच्चा धर्म है। (414)
- धर्म का आचरण जिस रूप में भी संभव हो, अवश्य करना चाहिए। (415)
- सत्य एवं मधुर वाणी स्वर्ग की सीढ़ी है। (416)
- सत्य से बढ़कर कोई तप नहीं। (417)
- सत्य ही स्वर्ग-प्राप्ति का आधार है। (418)
- सत्य ने ही संसार को धारण कर रखा है। (419)
- सत्य के बल से ही देवता वर्षा करते हैं। (420)
- असत्य भाषण से बड़ा कोई दूसरा पाप नहीं। (421)
- अपने गुरुजनों में दोष-दर्शन अथवा उनकी आलोचना कभी नहीं करनी चाहिए। (422)
- दुष्टता के आगे झुकना नहीं चाहिए। (423)
- दुष्ट व्यक्ति का कोई सच्चा मित्र नहीं होता। (424)
- दरिद्र व्यक्ति के लिए जीवन-निर्वाह मुश्किल होता है। (425)
- दानवीर सबसे बड़ा वीर है। (426)
- गुरु, देवता और ब्राह्मण में सेवा अर्थात् श्रद्धा-सम्मान का भाव रखना मानवता का आभूषण है। (427)
- विनय (चरित्र की उच्चता) सभी प्राणियों का सच्चा आभूषण है। (428)
- कुलीन अविनीत की अपेक्षा अकुलीन विनीत श्रेष्ठ है। (429)
- सदाचार से आयु व यश में वृद्धि होती है। (430)
- प्रिय लगनेवाली, परंतु अहितकर वाणी कभी नहीं बोलनी चाहिए। (431)
- अनेक लोगों के विरोधी को किसी एक व्यक्ति का अनुगमन नहीं करना चाहिए। (432)
- दुर्जनों के साथ अपना भाग्य नहीं जोड़ना चाहिए। (433)
- जीवन में सफल दिखाई देनेवाले नीच पुरुष के साथ कभी संबंध नहीं जोड़ना चाहिए। (434)
- ऋण, शत्रु व रोग को जड़ से उखाड़ फेंकना चाहिए। (435)
- अपने लिए कल्याणकारी मार्ग पर चलना ही मनुष्य के लिए उत्तम है। (436)
- याचकों से घृणा नहीं करनी चाहिए। (437)
- नीच पुरुष दुष्कर्म स्वयं करता है और फल मिलने पर विधाता को दोषी ठहराता है। (438)

- कृतघ्न के लिए नरक के अतिरिक्त कोई दंड नहीं। (439)
- अपनी उन्नति व अवनति अपनी वाणी पर निर्भर है। (440)
- वाणी विष और अमृत—दोनों का कोष है। (441)
- प्रियवादी का इस संसार में कोई शत्रु नहीं होता। (442)
- स्तुति से तो देवता भी प्रसन्न हो जाते हैं, फिर मनुष्यों का तो कहना ही क्या? (443)
- असत्य एवं दुष्ट वचन की स्मृति चिरकाल तक ही बनी रहती है। (444)
- राजा के विरुद्ध एवं उससे शत्रुता उत्पन्न करनेवाली वाणी का कभी उच्चारण नहीं करना चाहिए। (445)
- काले रंग की (कुरूप) होने पर भी कोयल की मीठी वाणी सबके मन को मुग्ध करती है। (446)
- अपने धर्म पर स्थिर एवं दृढ़ रहने के कारण ही सज्जन श्रेष्ठ माने जाते हैं। (447)
- याचक का कोई गौरव (आदर-सम्मान) नहीं होता। (448)
- सौभाग्य ही स्त्री का सच्चा आभूषण है। (449)
- आजीविका तो शत्रु की भी नष्ट नहीं करनी चाहिए। (450)
- बिना विशेष प्रयास के जल की सुलभतावाला क्षेत्र ही श्रेष्ठ होता है। (451)
- एरंड वृक्ष के भरोसे पर हाथी से क्रोध नहीं करना चाहिए। (452)
- सेमल वृक्ष कितना ही बड़ा क्यों न हो जाए, परंतु उससे हाथी को नहीं बाँधा जा सकता। (453)
- कनेर का वृक्ष कितना भी बड़ा क्यों न हो जाए, परंतु उसकी लकड़ी मूसल बनाने के काम नहीं आ सकती। (454)
- जुगनू कितना भी बड़ा हो जाए, उससे आग का कार्य नहीं लिया जा सकता। (455)
- समृद्ध हो जाने का अर्थ गुणी हो जाना नहीं है। (456)
- नीम का वृक्ष कितना ही पुराना क्यों न हो जाए, लकड़ी का सरौता (सुपारी काटने की कैंची) नहीं बनाया जा सकता। (457)
- बीज की गुणवत्ता के अनुरूप ही फल उपजता है। (458)
- जैसा सुनोगे, वैसी बुद्धि होगी। (459)
- जैसा कुल होगा, वैसा ही आचार होगा। (460)
- संस्कार करने से भी नीम को आम नहीं बनाया जा सकता। (461)
- प्राप्त (स्वल्प) सुख का भी परित्याग नहीं करना चाहिए। (462)
- मनुष्य स्वयं ही दुःखों को आमंत्रित करता है। (463)
- रात के समय (अँधेरे में) व्यर्थ भ्रमण नहीं करना चाहिए। (464)
- आधी रात तक जागते नहीं रहना चाहिए। (465)
- विद्वानों के साथ तत्त्व-ज्ञान की चर्चा करनी चाहिए। (466)
- बिना प्रयोजन के दूसरे के घर नहीं जाना चाहिए। (467)
- लोग जानते हुए भी गलत काम करते हैं। (468)

- शास्त्र के निर्देशानुसार ही लोक-व्यवहार होना चाहिए। (469)
- शास्त्रीय निर्देश के अभाव में श्रेष्ठ पुरुषों का आचरण ही आदर्श होता है। (470)
- सदाचार से बढ़कर शास्त्र का कोई दूसरा निर्देश नहीं। (471)
- राजा गुप्तचर रूपी नेत्रों से दूर तक देखता है। (472)
- संसार के प्राणी प्रायः लकीर के फकीर होते हैं। (473)
- जीविका के आधारभूत साधन की अथवा व्यक्ति की कभी निंदा नहीं करनी चाहिए। (474)
- तप का सार (उपलब्धि) इंद्रियजय है। (475)
- स्त्री के बंधन से मुक्त होना अर्थात् काम पर विजय पाना बड़ा ही कठिन है। (476)
- समस्त अवांछनीय कार्यों की जननी स्त्री है। (477)
- पुरुष स्त्रियों की जाँच-परख करने में अर्थात् उनके पातिव्रत्य को सुनिश्चित करने में कभी सफल नहीं होता। (478)
- स्त्री का मन क्षण-प्रतिक्षण परिवर्तित होता रहता है। (479)
- अशुभ के प्रति सचेष्ट एवं विवेकशील व्यक्ति ही स्त्रियों में आसक्त नहीं होते। (480)
- ऋग्वेद, यजुर्वेद व सामवेद का ज्ञाता ही यज्ञ के फल (महत्ता) को समझ पाता है। (481)
- जब तक पुण्य का फल है, तभी तक स्वर्ग में आवास संभव है। (482)
- स्वर्ग-पतन से बढ़कर कोई दूसरा दुःख नहीं है। (483)
- व्यक्ति शरीर त्यागने के बदले इंद्रासन भी ठुकरा देता है। (484)
- मोक्ष ही सभी दुःखों की निवृत्ति रूप औषधि है। (485)
- दुष्ट की मित्रता की अपेक्षा सज्जन से शत्रुता अधिक अच्छी है। (486)
- अपशब्द कुल को कलंकित कर देते हैं। (487)
- पुत्र के स्पर्श-सुख से बड़ा, कोई दूसरा सुख नहीं। (488)
- विवाद की स्थिति में धर्म को आधार बनाकर ही निर्णय लेना चाहिए। (489)
- प्रातःकाल उठकर उस दिन निपटाए जानेवाले कार्यों पर विचार करना चाहिए। (490)
- संध्याकाल में स्त्री-गमन नहीं करना चाहिए। (491)
- विनाश के कगार पर खड़ा व्यक्ति ही अन्याय करने पर उतारू होता है। (492)
- दूध के इच्छुक व्यक्ति को हथिनी की आवश्यकता नहीं होती। (493)
- दान के समान दूसरा कोई वशीकरण मंत्र नहीं। (494)
- दूसरों की वस्तु पर आँख नहीं गड़ानी चाहिए। (495)
- दुर्जनों की समृद्धि दुर्जनो के उपभोग के ही योग्य होती है। (496)
- नीम के फल को कौए ही खाते हैं। (497)
- समुद्र अथाह जल का भंडार होने पर भी किसी की प्यास नहीं बुझा पाता। (498)
- बालू भी अपने गुण (धूल का उड़ना) को अपनाती है। (499)

- सज्जन दुर्जनों से मिलने पर कभी आनंदित नहीं होते। (500)
- हंस श्मशान में नहीं रहते। (501)
- सारा संसार धन के पीछे पागल है। (502)
- संसार के सभी प्राणी आशा की डोर से बँधे हैं। (503)
- आशा पर टिके रहनेवाले वैभव प्राप्त नहीं कर पाते। (504)
- आशावान अधीर होता है। (505)
- दीनता का जीवन जीने की अपेक्षा मृत्यु उत्तम है। (506)
- आशा मनुष्य को निर्लज्ज बना देती है। (507)
- माता के साथ सहवास नहीं करना चाहिए। (508)
- अपने मुँह मियाँ मिट्ठू नहीं बनना चाहिए। (509)
- दिन में सोना नहीं चाहिए। (510)
- ऐश्वर्य के मद में अंधा व्यक्ति न तो समीपस्थ अपने पूज्य व्यक्ति को देख पाता है और न ही अपने हित की बात सुन पाता है। (511)
- स्त्रियों के लिए पति से बढ़कर कोई दूसरा देवता नहीं है। (512)
- पति की आज्ञा का पालन करनेवाली स्त्री को इहलोक में सुख और परलोक में सद्गति लाभ को प्राप्त होती है। (513)
- अतिथि की विधि-विधान से पूजा करनी चाहिए। (514)
- देवताओं के निमित्त दिया गया द्रव्य कभी नष्ट नहीं होता। (515)
- आवश्यकता पड़ने पर शत्रु भी मित्र के समान प्रतीत होता है। (516)
- मृग की तृष्णा धूप की ज्वाला से जलते-चमकते रेतकणों को जल समझने की भ्रांति उत्पन्न कर देती है। (517)
- शास्त्रों का गलत अर्थ निकालनेवाले व्यक्ति की दुर्बुद्धि उसे भटकाती रहती है। (518)
- सत्संग स्वर्ग का सुख देनेवाला होता है। (519)
- श्रेष्ठ पुरुष दूसरों को अपने समान समझते हैं। (520)
- व्यक्ति के रूप के अनुसार ही उसमें गुणों का अनुमान लगाया जाता है। (521)
- जहाँ व्यक्ति को सुख-लाभ मिलता है, वही उसके निवास के लिए उपयुक्त स्थान है। (522)
- विश्वासघाती मनुष्य के उद्धार का कोई उपाय नहीं। (523)
- दैवाधीन विषय के संबंध में सोच-विचार करना व्यर्थ है। (524)
- सज्जनों का लक्षण है, अपने आश्रितों के दुःखों को भी अपना दुःख समझना। (525)
- दिल की बात को छिपाकर बनावटी बातें करना अनार्यता का लक्षण है। (526)
- बुद्धिहीन मनुष्य पिशाच के समान निंदनीय है। (527)
- साथी के बिना यात्रा नहीं करनी चाहिए। (528)
- पुत्र की प्रशंसा उसके सामने नहीं करनी चाहिए। (529)

- सेवक को सदैव अपने स्वामी का गुणगान करना चाहिए। (530)
- सेवक को अपने धर्मकार्यों के अनुष्ठान का श्रेय भी अपने स्वामी को ही देना चाहिए। (531)
- राजा (नौकरी देनेवाले) की आज्ञा का कभी उल्लंघन नहीं करना चाहिए। (532)
- स्वामी की जैसी आज्ञा हो, वैसा ही कार्य करना चाहिए। (533)
- बुद्धिमान व्यक्ति का कभी कोई शत्रु नहीं होता। (534)
- अपने दोषों को दूसरों पर प्रकट नहीं करना चाहिए। (535)
- क्षमाशील व्यक्ति अपने सभी कार्य सहज ही सिद्ध कर लेता है। (536)
- आपातकाल के लिए कुछ-न-कुछ धन बचाकर रखना चाहिए। (537)
- साहसी व्यक्तियों की सदैव प्रशंसा करनी चाहिए। (538)
- कल के लिए निर्धारित कार्य को आज ही निपटाने का प्रयास करना चाहिए। (539)
- मध्याह्न के उपरांत निपटाए जानेवाले कार्य को पूर्वाह्न में ही निपटा देना चाहिए। (540)
- धर्म की परख व्यवहार से होती है। (541)
- लोक-व्यवहार में निपुणता ही सर्वज्ञता है। (542)
- लोक-व्यवहार से अपरिचित व्यक्ति शास्त्रों का ज्ञाता होने पर भी मूर्ख के समान ही है। (543)
- शास्त्र-ज्ञान का प्रयोजन भी लोक-व्यवहार में निपुणता प्राप्त करना है। (544)
- यथार्थ ज्ञान के द्योतक (प्रमाण) कार्य व आचरण हैं। (545)
- न्याय करते समय पक्षपात नहीं करना चाहिए। (546)
- न्याय धर्म से भी बढ़कर है। (547)
- आत्मा न्याय-अन्याय की साक्षी होती है। (548)
- आत्मा समस्त उचित-अनुचित कार्यों की साक्षी होती है। (549)
- कपट रूप से साक्षी नहीं बनना चाहिए। (550)
- झूठा साक्ष्य देनेवाले नरकगामी होते हैं। (551)
- पृथ्वी, जल, अग्नि, वायु और आकाश मनुष्य द्वारा छिपकर किए गए कर्मों के द्रष्टा एवं साक्षी होते हैं। (552)
- पापी अपने पापों को छिपा नहीं पाता, स्वयं ही उन्हें प्रकट कर देता है। (553)
- मनुष्य का चेहरा व्यवहार के समय उसके मन के गुप्त भाव को प्रकट कर ही देता है। (554)
- देवता भी मन के भावों को छिपाने में सफल नहीं हो पाते। (555)
- चोरों व सरकारी अधिकारियों से अपना धन छिपाकर रखना चाहिए। (556)
- प्रजा को कठिनाई से मिलनेवाला राजा अपनी प्रजा को खो बैठता है। (557)
- अपनी प्रजा के सुख-दुःख को सुननेवाले राजाओं से उनकी प्रजा संतुष्ट रहती है। (558)

- प्रजा न्यायशील राजा को अपनी माता के समान गौरव देती है एवं उसका आदर सम्मान करती है। (559)
- प्रजावत्सल राजा इस लोक में यश, सुख, वैभव को तथा परलोक में सद्गति को प्राप्त करता है। (560)
- अहिंसा धर्म की कसौटी है। (561)
- सज्जन अपने शरीर को भी दूसरों के लिए मानते हैं। (562)
- मांस-भक्षण सभी प्राणियों के लिए अनुचित है। (563)
- ज्ञानी पुरुषों को सांसारिक भय नहीं सताते। (564)
- विज्ञान (ब्रह्मज्ञान) के दीपक से सांसारिक भय रूपी अंधकार नष्ट हो जाता है। (565)
- दृश्यमान जगत् नश्वर है। (566)
- कृमि-कीट व मल-मूत्र से भरा यह शरीर ही पापों व पुण्यों का आधार है। (567)
- जन्म और मरण-दोनों में दुःख-ही-दुःख है। (568)
- बुद्धिमान पुरुष को जन्म-मरण के बंधन से मुक्ति के लिए प्रयत्नशील होना चाहिए। (569)
- मनुष्य तप से स्वर्ग-लाभ कर लेता है। (570)
- क्षमाशील पुरुष का तप बढ़ता जाता है। (571)
- तप से समस्त कार्य सिद्ध हो सकते हैं। (572)

□

सहायक ग्रंथसूची

पार्थ बोस, नई दिल्ली, 2003।

आचार्य चाणक्य

(ह.) डॉ. शांतिस्वरूप त्रिपाठी, दिल्ली, 1990।

इंडिया एज डिसक्राइब्ड बाई अर्ली ग्रीक राइटर

(अं.) ब्रजनाथ पुरी, वाराणसी (1939) 1971।

ए मिलिटरी हिस्टरी ऑफ एंट इंडिया,

(अं.) मेजर जनरल गुरचरणसिंह संधू, नई दिल्ली, 2000।

ए मिलिटरी हिस्टरी ऑफ मेडिकल इंडिया,

(अं.) मेजर जनरल गुरचरण सिंह संधू, नई दिल्ली, 2003।

ए स्टडी ऑफ इसलामिक हिस्टरी

(अं.) प्रो. के. अली, तीसरा संस्करण, 1974।

एंशेंट इंडिया एज डिसक्राइब्ड बाई मेगस्थनीज एंड एरिअन

(अं.) जोन मकक्रिंडल, नई दिल्ली (1926) 2000।

करप्शन इन एंशेंट इंडिया,

(अं.) उपेंद्र ठाकुर, नई दिल्ली, 1979

करपशन इन इंडिया,

(अं.) एन. विट्ठल, नई दिल्ली, 2003

कौटिल्यकालीन भारत

(हि.) आचार्य दीपंकर, लखनऊ, 1968

कौटिल्य अर्थशास्त्र

(सं.हि.), उदयवीर शास्त्री, नई दिल्ली (1925), 2001

(सं.) पंचटीकोपेतम्, वाराणसी, 1991

प्राचीन भारत की सांग्रामिकता,
(हि.) पं. रामदीप पांडेय, पटना, 1957
प्राचीन भारत में दासप्रथा,
(हि.) देवराज चानना, हिंदी अनु. शंभुदत्तशर्मा, दिल्ली 1989
जदुनाथ सरकार, अनु. सुशील कुमार त्रिवेदी, भोपाल, 1971
भारतीय युद्ध (कला)
(हि.) मेजर ऐल्फ्रेड डेविड, अनु. एस.सी. चोपड़ा, भोपाल, 1972
भारतीय समाज का ऐतिहासिक विश्लेषण
(हि.) डॉ. भगवतशरण उपाध्याय, नई दिल्ली, 1973
मनुस्मृति,
(सं. हि.) हरगोविंद शास्त्री, वाराणसी, 1970
मुद्राराक्षसनाटकम्, विशाखदत्त,
डॉ. गंगासागर कृत कला संस्कृत-हिंदी टीका, वाराणसी
वेदों में राजनीतिशास्त्र
(हि.) डॉ. कपिलदेव द्विवेदी, ज्ञानपुर, 1997
शुक्रनीति : संस्करण, 1999
शुक्रनीतिसार :
(स.हि.) स्वामी जगदीश्वरानंद, बहालगढ़ (सोनीपत), दूसरी बार, 1997
श्रीमद्भगवद्गीता, (सं.), गीताप्रेस, गोरखपुर
संस्कृत-हिंदी कोश
(स.हि.) वामन शिवराम आप्टे, दिल्ली, 1981
नीतिसार

□□□